生态智汇：生态文明教育的学科融合

——北京市中关村中学知春分校生态文明课程

祁建欣　李梅／等著

中国环境出版集团・北京

图书在版编目（CIP）数据

生态智汇 ：生态文明教育的学科融合：北京市中关村中学知春分校生态文明课程 / 祁建欣，李梅等著. 北京：中国环境出版集团，2025. 6. － ISBN 978-7-5111-6009-6

Ⅰ. G633.982

中国国家版本馆 CIP 数据核字第 2024RQ5428 号

策划编辑　葛　莉
责任编辑　范云平
封面设计　彭　杉

出版发行　中国环境出版集团
（100062　北京市东城区广渠门内大街 16 号）
网　　址：http://www.cesp.com.cn
电子邮箱：bjgl@cesp.com.cn
联系电话：010-67112765（编辑管理部）
发行热线：010-67125803，010-67113405（传真）

印　　刷　北京鑫益晖印刷有限公司
经　　销　各地新华书店
版　　次　2025 年 6 月第 1 版
印　　次　2025 年 6 月第 1 次印刷
开　　本　787×1092　1/16
印　　张　16
字　　数　330 千字
定　　价　118.00 元

著作委员会

主 任

祁建欣 李 梅

成 员

序　言

伟大的时代产生伟大的理论，伟大的理论引领伟大的时代。党的十八大以来，以习近平同志为核心的党中央从中华民族永续发展的高度出发，深刻把握生态文明建设在新时代中国特色社会主义事业中的重要地位和战略意义，大力推动生态文明理论创新、实践创新、制度创新，创造性提出一系列富有中国特色、体现时代精神、引领人类文明发展进步的新理念新思想新战略，形成了习近平生态文明思想，高高举起了新时代生态文明建设的思想旗帜。

自2019年我首次走进北京市中关村中学知春分校（以下简称知春分校）后，便通过调研、访谈等形式了解学校，帮助学校的生态文明课程从无到有，逐步建构起来。在这个过程中，我深切感受到这是一所有追求、有温度、有干劲儿的学校。一路走来，学校的特色在课程建构过程中从模糊走向清晰，从碎片化走向体系化。同时，老师们的课程意识，也从原本自上而下的要求转变为自下而上的自觉。生态文明理念也逐渐成为学科教研的关键词。在这样的背景下，这本书悄然酝酿，自然生成。

自2002年起，知春分校就开启了以雨水收集为主题的可持续发展项目，并持续迭代更新。基于该项目的研究成果，学校先后荣获“北京市中小学文明校园”“海淀区新优质学校”“北京市综合实践课程实施特色学校”“绿色校园”等荣誉称号，这些都是知春分校在环境可持续发展教育方面不懈努力的见证。2023 年 2 月 21 日，知春分校成立了海淀区首家校园“青少年低碳学院”和“教师生态文明课程研修坊”，以生态文明教育为引领，统筹、融合各个学科，推动生态文明教育进课堂、进活动、进实践，以生态滋养生命。

在学校生态文明教育理念的引领下，各学科组积极探索、开发学科生态课程。以“课程标准”为依据，以“立德树人”为根本目标，依据国家课程，结合本学科的教材与课标，开展学科特色课程的实施，不断积累案例，逐步形成以生态文明为主题的学科特色。学校以此为基础，引领各学科围绕“生态文明”这一大主题，设计学科 Logo，建构学科特色课程体系，丰富课程案例……这本书稿凝聚了学校的育人情怀，蕴含着老师们的职业追求，也彰显了现代教育应有的方向——让学生在做中学，在做中悟，在做中形成自己的责任担当和家国情怀。

我深感欣慰，能够见证知春分校的进步与成长，也倍感荣幸受邀为本书写序，同时更加期待知春分校在课程五育融合方面有更多更新的建树。

北京市教育科学研究院

教材发展研究中心主任　王凯

2024 年 12 月

目 录

第一章

生态文明教育融入语文学科教学实施方案

一、生态文明教育与学科课程性质的关系

（一）生态文明教育

生态文明是指人类遵循人、自然、社会和谐发展这一客观规律，为保护和建设美好生态环境而取得的物质成果、精神成果和制度成果的总和，是贯穿经济建设、政治建设、文化建设、社会建设全过程和各方面的系统工程，反映了一个社会的文明进步状态，是人类文明发展的历史趋势。

生态文明教育是节约教育，是环保教育，是国情教育，是一个人一生中顺应自然的人性的教育。通过生态文明教育，有助于推动人类、社会、自然的和谐发展。

（二）语文学科生态文明作文系列化课程目标

语文学科生态文明作文系列化课程旨在帮助学生树立“尊重自然、顺应自然、保护自然”的生态文明理念，使学生自觉地成为生态文明的践行者，在平时的学习生活中积极主动地倡导绿色低碳生活方式，为绿色发展、循环发展、低碳发展贡献自己的力量。

（三）语文学科生态文明作文系列化课程内容

语文学科生态文明作文系列化课程以“生态文明”为主题，以“立德树人”为核心，以作文序列化为载体，从“人与自我”“人与技术”“人与文化”“人与国家”“人与自然”五个方面对学生进行作文指导，以提升学生的作文素养和生态文明素养。

1．落实作文素养目标，提升学生的写作表达能力

作文素养是指学生在写作训练中所表现出来的稳定的写作知识、能力和情意的一种综合素养。

作文素养目标

<table>
<tr><th>要素</th><th colspan="2">含义</th><th>课标中相应的表述</th></tr>
<tr><td rowspan="4">写作知识</td><td>内容</td><td>构成作文的具体材料和信息，用心支撑和表达作文主旨</td><td rowspan="4">考虑不同的目的和对象；合理安排内容的先后和详略，条理清楚地表达自己的意思；能正确使用常用的标点符号</td></tr>
<tr><td>结构</td><td>作文的组织架构与层次条理</td></tr>
<tr><td>语言</td><td>在字词、句段、修辞等方面的运用技巧</td></tr>
<tr><td>思维</td><td>贯穿于作文构思、立意、布局等过程中的思考方式与逻辑线索</td></tr>
<tr><td>能力</td><td colspan="2">将作文知识理论转化为实践操作的一种心智力量，包括观察、思维、想象、表达等一般能力，以及素材积累、审题立意、材料取舍、语言组织运用等特殊能力</td><td>运用联想和想象，丰富所要表达的内容；注重写作过程中搜集素材、构思立意、列纲起草、修改完善等环节；多角度地观察生活</td></tr>
<tr><td>情意</td><td colspan="2">表现为对写作的兴趣倾向、情感投入、态度秉持、习惯养成与意志坚守（兴趣、态度是学生写作的内部动力，因此，作文教学首先要激发学生的兴趣，帮助其建立写作自信，养成正确的写作态度；其次要加强对学生良好写作习惯的培养；此外，写作能力与习惯的养成需要意志来支撑）</td><td>引导学生关注现实，热爱生活，表达真情实感；有独立完成写作的意识；养成修改完善作品的习惯</td></tr>
</table>

2．落实生态文明目标，培养学生的生态文明素养

语文学科生态文明作文系列化课程旨在将生态文明教育融入写作教学，培育学生知行合一的精神，提升他们未来参与生态文明建设的实际能力，为国家培养具有生态文明价值观和实践能力的建设者与接班人。

生态文明素养目标

<table>
<tr><th rowspan="7">生态文明</th><th>内容</th><th>在作文中的体现</th><th>人与生态文明</th></tr>
<tr><td>人与自我</td><td>审视自己、超越自己、做好自己，实现自我和谐</td><td rowspan="6">站在人与自然和谐共生的高度谋划发展。
生态惠民；生态利民；生态为民</td></tr>
<tr><td>人与技术</td><td>①发展绿色低碳科技；
②利用技术，快捷地获取最新资讯，使自身得到更进一步的发展；
③尽可能地多发挥科技的正面效应；
④在发展科技、享受科技的过程中，投注更多的人文关怀；
⑤把“科技进步”与“制度约束”结合起来，创造一个良性的科技发展环境，使科技进步真正服务于“人的发展”</td></tr>
<tr><td>人与文化</td><td>①人创造了文化；
②人每时每刻都受到各种文化因素的影响和塑造</td></tr>
<tr><td>人与国家</td><td>①国家强盛，人民就幸福；
②国家的兴衰，取决于每一个个体的表现</td></tr>
<tr><td>人与自然</td><td>绿水青山就是金山银山，人与自然和谐共生</td></tr>
</table>

具体来说，语文学科生态文明作文系列化课程包括国家课程与校本课程两部分。

1）国家课程

（1）义务教育阶段

《义务教育语文课程标准（2022 年版）》“表达与交流”部分这样要求：“多角度观察生活，发现生活的丰富多彩，能抓住事物的特征，为写作奠定基础。写作要有真情实感，表达自己对自然、社会、人生的感受、体验和思考，力求有创意。”要求学生“写作时考虑不同的目的和对象。根据表达的需要，围绕表达中心，选择恰当的表达方式。合理安排内容的先后和详略，条理清楚地表达自己的意思。运用联想和想象，丰富表达的内容。正确使用常用的标点符号。写记叙性文章，表达意图明确，内容具体充实；写简单的说明性文章，做到明白清楚；写简单的议论性文章，做到观点明确，有理有据；能根据生活需要，写常见应用文。能从文章中提取主要信息，进行缩写；能根据文章的基本内容和自己的合理想象，进行扩写；能变换文章的文体或表达方式等，进行改写。尝试诗歌、小小说的写作。”

根据以上的课标表述，在写作内容与要求方面，国家课程这样规定：

学段	内容	要求
七年级	①兴趣习惯； ②初步培养学生写人记事的能力（文体类写作、作文程式类写作）	①阅读教学配合； ②从兴趣习惯到文体教学； ③写作教材强调一课一得，并要求增强活动性和指导性
八、九年级	①文体类写作； ②改编式写作； ③作文程式学习	

义务教育阶段各学段在写作文体方面，国家课程这样规定：

文体类	记叙文	学会记事（七上）	写人要抓住特点（七上）	写出人物的精神（七下）	抓住细节（七下）	学习抒情（七下）	学习描写景物（八上）	发挥联想和想象（七上）
	说明文	说明事物要抓住特征（八上）	说明的顺序（八下）					
	议论文	观点要明确（九上）	议论要言之有据（九上）	论证要合理（九上）				
	实用类	学写故事（八下）	学写传记（八上）	新闻写作（八上）	撰写演讲稿（八下）	学写读后感（八下）	学写游记（八下）	学写诗歌（九上）
改编类		学习仿写（八下）	学习缩写（九上）	学习改写（九上）	学习扩写（九下）			
作文程式类		思路要清晰（七上）	如何突出中心（七上）	怎样选材（七下）	文从字顺（七下）	语言简明（七下）	语言要连贯（八上）	表达要得体（八上）
		布局谋篇（九下）	审题立意（九下）	选择恰当的表达方式（九下）	修改润色（九下）			

义务教育阶段各学段在写作内容方面，国家课程这样规定：

七年级上册	八年级上册	九年级上册
热爱生活，热爱写作（人与自我）	新闻写作（人与自我、人与国家、人与文化、人与技术、人与自然）	学写诗歌（人与自我、人与国家、人与自然、人与文化）
学会记事（人与自我）	学写传记（人与自我）	观点要明确
写人要抓住特点	学习描写景物（人与自然）	议论要言之有据
思路要清晰	语言要连贯	学习缩写
如何突出中心	说明事物要抓住特征	论证要合理
发挥联想和想象	表达要得体	学习改写
七年级下册	八年级下册	九年级下册
写出人物的精神（人与自我、人与国家、人与技术、人与文化、人与自然）	学习仿写	学习扩写
学习抒情（人与自我、人与国家、人与自然、人与文化、人与技术）	说明的顺序	审题立意
抓住细节	学写读后感	布局谋篇
怎样选材	撰写演讲稿（人与自我、人与国家、人与自然、人与文化、人与技术）	修改润色
文从字顺	学写游记（人与自我、人与国家、人与自然、人与文化、人与技术）	选择恰当的表达方式
语言简明	学写故事（人与自我、人与国家、人与自然、人与文化、人与技术）	有创意地表达

（2）高中阶段

《普通高中语文课程标准（2017 年版 2020 年修订）》“语言表达与交流”部分这样要求：“能凭借语感和对语言运用规律的把握，根据具体的语言情境和不同的对象，运用口头和书面语言文明得体地进行表达与交流；能将具体的语言文字作品置于特定的交际情境和历史文化情境中理解、分析和评价。”

“文学阅读与写作”任务群这样要求：“引导学生阅读古今中外诗歌、散文、小说、剧本等不同体裁的优秀文学作品，使学生在感受形象、品味语言、体验情感的过程中提升文学欣赏能力，并尝试文学写作，撰写文学评论，借以提高审美鉴赏能力和表达交流能力。”

“思辨性阅读与表达”任务群这样要求：“引导学生学习思辨性阅读和表达，发展实证、推理、批判与发现的能力，增强思维的逻辑性和深刻性，认清事物的本质，辨别是非、善恶、美丑，提高理性思维水平。”

必修上册	单元主题	所属任务群、生态文明
第一单元	青春激扬	文学阅读与写作（一） 人与自我
第二单元	劳动光荣	实用性阅读与交流（一） 人与自我、人与自然
第三单元	生命的诗意	文学阅读与写作（二） 人与自我
第四单元	我们的家园	当代文化参与 人与自然、人与国家、人与文化
第五单元	乡土的中国	整本书阅读与研讨（一） 人与文化
第六单元	学习之道	思辨性阅读与表达（一） 人与自我
第七单元	自然情怀	文学阅读与写作（三） 人与自然
第八单元	语言家园	语言积累、梳理与探究（一） 人与文化

必修下册	单元主题	所属任务群、生态文明
第一单元	文明之光	思辨性阅读与表达（二） 人与文化
第二单元	良知与悲悯	文学阅读与写作（四） 人与自我
第三单元	探索与创新	实用性阅读与交流（二） 人与技术、人与文化
第四单元	媒介素养	跨媒介阅读与交流 人与文化、人与技术
第五单元	使命与抱负	实用性阅读与交流（三） 人与国家
第六单元	观察与批判	文学阅读与写作（五） 人与文化、人与自我
第七单元	不朽的红楼	整本书阅读与研讨（二） 人与文化
第八单元	责任与担当	思辨性阅读与表达（三） 人与国家、人与自我

	选择性必修上册	**选择性必修中册**	**选择性必修下册**
第一单元	伟大的复兴 中国革命传统作品研习（一） 人与国家	理论的价值 科学与文化论著研习（一） 人与国家、人与文化、人与技术	诗的国度 中华传统文化经典研习（三） 人与文化、人与自我
第二单元	百家争鸣 中华传统文化经典研习（一） 人与文化	苦难与新生 中国革命传统作品研习（二） 人与国家、人与自我	时代镜像 中国现当代作家作品研习 人与自我、人与国家
第三单元	多样的文化 外国作家作品研习（一） 人与文化	历史现场 中华传统文化经典研习（二） 人与国家、人与文化	至情至性 中华传统文化经典研习（四） 人与自我
第四单元	逻辑的力量 语言积累、梳理与探究（二） 人与自我	丰富的心灵 外国作家作品研习（二） 人与文化	求真务实 科学与文化论著研习（二） 人与技术、人与文化

必修上册	必修下册	选择性必修上册	选择性必修中册	选择性必修下册
1. 写诗	1. 写议论文	1. 写人物	1. 写议论类文章	1. 写古诗鉴赏文章
2. 写一个劳动者（记叙）	2. 写剧评	2. 选名句写议论类文章	2. 写札记	2. 写语言鉴赏札记
3. 写文学短评	3. 写事理说明文	3. 写小小说	3. 写历史人物短评	3. 写书信，谈职业选择
4. 写“劝学”新说（议论）	4. 写“我们的使命”演讲稿	4. 写驳论	4. 写申论	
5. 写散文	5. 写记叙类文章			
	6. 写议论类文章（阅读方式、“底线”）			

年级	第一学期				第二学期			
高一	写作单元	写作内容	写作文体	写作素材	写作单元	写作内容	写作文体	写作素养
	第一单元	写自己	记人散文	故事•个性	第一单元	写历史人物	人物传记	叙、议结合
	第二单元	写他人	记人散文	故事•人性	第二单元	写历史事件	纪事本末	写出事件的波澜
	第三单元	写家庭生活	记事散文	抓住动情点	第三单元	塑造人物性格	小说	学习虚构
	第四单元	写学校生活	记事散文	选材典型	第四单元	咏史、怀古	格律诗	格律诗写作常识
	第五单元	写物	记物散文	比兴寄托	第五单元	表达思想观点	演讲稿	观点与得体
	第六单元	写社会、自然生活	记人叙事散文	叙述线索	第六单元	社会实践	小品	学习幽默

年级	第一学期				第二学期			
高二	第一单元	建言献策	建议书	突出针对性	第一单元	评论当下人物	人物评论	学习分析
	第二单元	语文学习心得	总结	清晰·实在	第二单元	评论时代热点	时事评论	学习反驳
	第三单元	读书心得	读书报告	归纳·提炼	第三单元	鉴赏一首诗（词）	文学评论	景与情
	第四单元	家国情怀	词	词写作常识	第四单元	鉴赏一篇散文	文学评论	语言的魅力
	第五单元	热门话题	杂文	学习讽刺	第五单元	评论一部小说	文学评论	思想·艺术
	第六单元	国家·社会·人生	随笔	角度·深度	第六单元	评论一部话剧	文学评论	对话·冲突

2）校本课程

语文学科生态文明作文系列化课程主要包括“记叙文”与“议论文”两种文体的写作。其中，义务教育阶段主要注重“记叙文”的写作（教材序列与随笔序列并行）；高中阶段“记叙文”与“议论文”并重。

（1）义务教育阶段

实行“教材序列”和“随笔序列”双线并行的思路。其中，“教材序列”主要落实国家课程的要求；“随笔序列”主要写生活、写社会，如写校园生态环境、学校集体活动、个人成长感悟、同学交往、师生情谊、读书感悟、对社会热点问题的思考等。在写作中培养学生的生态文明素养与作文素养。

“生态文明作文”练习题目梳理如下：

2020年中考作文题（二选一）

题目一：2020年，不同寻常的年份，不同寻常的改变，你也经历了不同寻常的备考：学习方式的转变，居家的自我管理，中考时间的调整，短暂而珍贵的返校……此刻，你已在考场。考场外，家人、老师正牵挂着你；医务人员、警察以及众多行业的工作者们坚守岗位。他们默默付出，为考试保驾护航。关于这次中考，你有哪些难忘的人或事？有怎样的体验或感悟？请以“2020，我的中考”为题，写一篇文章。不限文体（诗歌除外）。（人与自我　人与国家）

题目二：如果你得到一个神奇的控制器，可以让时间放缓、快进、后退和暂停，你会在什么情况下使用？使用后会发生什么事情？请你以“此刻，我按下时间控制器”为开头，发挥想象，写一篇故事。题目自拟。（人与技术　人与自我）

2021年中考作文题（二选一）

（1）“共和国勋章”获得者、“杂交水稻之父”袁隆平说：“人就像一粒种子。”袁隆平以及他的这句话引发了你怎样的思考？请将“做一粒_____的种子”补充完整，构成你的题目，写一篇文章。不限文体（诗歌除外）。（人与自我　人与国家）

（2）有学者说：“读史使人明智。”了解过去，可以让我们增长智慧，对现实生活产生新的思考。假如有一部可以跨越时间的电话，可以打给过去的任何人，你会打给谁？想了解什么？打完之后会发生什么事情？请你以“我挂断了跨越时间的电话”为开头，发挥想象，写一篇故事。题目自拟。（人与技术　人与文化　人与自我　人与国家）

2022年中考作文题（二选一）

（1）运动赛场上，求学生涯中，每一项新纪录的诞生，都是对自己的突破与超越。个人的生命历程里，人类的历史进程中，每一次创造新纪录，都翻开了发展和进步的新篇章。创造新纪录，一直是我们人类共同的梦想与追求。以“我创造了新纪录”为题作文。可写实，可想象。文体不限，诗歌除外。（人与自我　人与国家）

（2）作家史铁生的《那个星期天》，记述了自己小时候一个星期天的经历，表达了真实的情感体验。在你的记忆中是否有一个星期天，发生过特别的事情，遇见过特殊的风景，获得了别样的体验？在你的想象中是否有一个星期天，经历一场奇遇，解开一个谜团，见证一个奇迹？以“那个星期天”为题作文。可写实，可想象。文体不限，诗歌除外。（人与自我　人与自然　人与国家）

（2）高中阶段

采用专题的形式集中训练：高一阶段以记叙文的写作为主（充分利用教材）；高二阶段以议论文的写作为主（充分利用教材）；高三阶段综合记叙、议论文体的写作。在写作过程中，注重“作文素养目标”与“生态文明目标”双渗透。

“生态文明作文”练习题目梳理如下：

人与自我·文体不限

【2010北京卷】以仰望星空与脚踏实地为题。写一篇不少于800字的文章，除诗歌外，不限文体。

【2012北京卷】阅读下面的材料，按要求作文。（60分）

老计一个人工作在大山深处，负责巡视铁路，防止落石、滑坡、倒树危及行车安全，每天要独自行走二十多公里。每当列车经过，老计都会庄重地敬礼。此时，列车也鸣响汽笛，汽笛在深山中久久回响……

大山深处的独自巡视，庄重的敬礼，久久回响的汽笛……这一个个场景带给你怎样的感受和思考？

请在材料含义范围之内，自定角度，自拟题目，自选文体（诗歌除外），写一篇不少于800字的文章。

人与自我·记叙文

【2021北京卷】瓜熟蒂落、羽翼丰满，这是草木鸟兽成熟的模样；但对我们而言，真正的成熟却不仅仅指身体的长成……

请以“这，才是成熟的模样”为题目，写一篇记叙文。

【2022朝阳期中】谁没有旅行过？生活中的一次远足，心灵的一次探寻，梦境的一次追求……都可以看作一段旅程。

请以“这是一段温暖的旅程”为题目，写一篇记叙文。

【关联2002全国卷“心灵的选择”】总有一些人，在人生的选择中彰显人格的魅力。这个选择可能涉及超脱与拘束、光明与黑暗、利己与利他、救赎与毁灭……这种选择在叩问心灵、考验人性。请以“心灵的选择”为标题，写一篇不少于750字的记叙文。

要求：1. 设定人物身份，通过叙写故事塑造人物形象，展现人物内心冲突。2. 主题积极健康。3. 刻画人物要有细节。4. 书写规范、清晰。

【关联2009西城二模“五四”。关联2010海淀二模“青年精神”】

阅读下面材料，按照要求写一篇作文。（50分）

在你心中，青春该是什么样子？有什么气度？有年龄限制吗？“青春的姿态”是激情洋溢拥抱生活，还是勇于开拓绽放光彩？是面对坎坷不言放弃，还是功成名就仍然进取？

……

请根据对以上内容的理解，选择一个人物，以“青春的姿态”为题，写一篇记叙文。

要求：①思想健康，内容充实，“青春的姿态”突出。②灵活运用记叙、描写和抒情等多种表达方式。③书写清晰，不少于750字。

【2022门头沟一模】如果我是山，就不迷恋大海，我要站成一种尊严，让山花灿烂；如果我是水，我就不迷恋草原，我要完成一种磅礴，让帆船远航。生活中我们找准位置，就能在自己的天空中自由飞翔。

请以“找准位置”为题，写一篇记叙文。

要求：思想健康，叙事合理。不少于700字。

【2022东城期末】从前，海上航行的人靠灯塔指引方向，后来，人们常用“灯塔”象征希望、智慧，比喻人生的理想和目标。在成长的道路上，有人会因疲惫停下追寻的脚步，有人会因迷茫怀疑求索的意义，但是总有一些人，能在人生的山重水复中，再次见到灯塔的亮光。

请以“又见灯塔”为题目，写一篇记叙文。

要求：思想健康；内容充实，有细节描写；语言流畅，书写清晰。

【2022 昌平期末】世界上有各式各样的门，在人生历程中，我们推开过无数的门，总有一扇门被推开后的景象，让你记忆犹新……

请以“推开一扇门”为题，写一篇记叙文。

要求：思想健康；内容充实，有细节描写；语言流畅，书写清晰。

【2022 通州一模】歌曲《孤勇者》致敬平凡英雄，其中有这样一段歌词：

爱你孤身走暗巷 爱你不跪的模样 爱你对峙过绝望 不肯哭一场

爱你破烂的衣裳 却敢堵命运的枪 爱你和我那么像 缺口都一样

请以“平凡英雄”为题目，写一篇记叙文。

要求：思想健康；内容充实，有细节描写；语言流畅，书写清晰。

【2022 房山二模】人最大的敌人就是自己，所以战胜自己是最难的。如果战胜了自己，就会飞得更高，走得更远。个人如此，国家亦然。

请以“战胜自己”为题目，写一篇记叙文。

要求：思想健康，内容充实，有细节描写，语言流畅，书写清晰。

【2021 丰台二模】请以“自我发现”为题，写一篇记叙文.

要求：思想健康；内容充实，有细节描写；语言流畅，书写清晰。

人与自我·议论文

【2022 朝阳期中】在我们的生活中，经常会谈到“尊严”。大到国家、民族，小到家庭、个人，都需要“尊严”。关于“尊严”，你有哪些思考和认识？

请以“浅谈尊严”为题目，写一篇议论文。

要求：论点明确，论据充实，论证合理；语言流畅，书写清晰。

【2021 朝阳期中】关于“勇”的理解有多种，如孔子说，“见义不为，无勇也”，又说，“仁者必有勇，勇者不必有仁”，“好勇不好学，其蔽也乱”；在生活中，人们用实际行动也诠释了“勇敢”的含义，如巾帼英雄花木兰，代父从军，钟南山面对疫情，逆行出征。从古到今，关于“勇”的理解，还有很多……

阅读上述材料，请以“论勇敢”为题，写一篇议论文。要求：观点明确，论据充足，论证合理。

【2021 海淀期末】有人说，多方听取不同意见，会让我们明辨是非、智慧通达，所谓“兼听则明”。也有人说，大数据时代每天都有各种各样的“声音”向我们涌来，“兼听”更容易让人产生困惑，甚至迷失自我。

以上关于“兼听”的看法，引发了你怎样的联想和思考？请写一篇文章。

要求：题目自拟，立意自定；文体不限（诗歌除外）。将题目写在答题纸上。

【2022 昌平期末】任何时代都不乏有所作为的人，他们或是有胆识，或是够细致，但更多

的是兼具胆识与细致。

请以“胆识与细致”为题目，写一篇议论文。

要求：论点明确，论据充实，论证合理；语言流畅，书写清晰。

【2022 东城一模】有人说，一个人的成长需要以规矩为边界；也有人说，顺着人的天性发展，人才能成长得更健康。

请以“规矩与天性”为题目，写一篇议论文。

要求：论点明确，论据充实，论证合理；语言流畅，书写清晰。

【2022 门头沟一模】有人说：“自己动手，丰衣足食”，自己动手是自立的一种表现，拥有自立，常常表现为有思想见解，意志坚强，敢于搏击生活；也有人说：“君子生非异也，善假于物也”，是借力的一种表现，借助外力可以弥补不足之处。个人发展如此，国家发展亦如此……

以上材料引发了你怎样的联想和思考？请以“自立与借力”为题，写一篇议论文。

要求：思路清晰，理由充分。不少于 700 字。

【2022 西城期末】课堂上，同学们读了梁遇春的散文《途中》，老师说：“无论人类、国家、社会，还是学校、家庭、个人，我们总是在途中。你们对‘在途中’有哪些思考呢？”

一个学生说：“沿途佳景是迷人的，要学会领受那些额外之得。”

一个学生说：“途中的诱惑太多了，唯有心无旁骛，才不会误入歧途。”

一个学生说：“途中的诱惑与困惑也不是没有意义，就算中途易辙，也有可能另辟蹊径啊。”

……

你是怎样看待或面对“在途中”呢？请以“也说‘在途中’”为题，联系现实生活，自选角度，写一篇议论文，不少于 700 字。

要求：不要局限于梁遇春散文的内容或套作梁文；论点明确，论据充实，论证合理；语言流畅，书写清晰。

【2022 石景山期末】霜气，让一棵植物寂然自守，向内生长，追求内部的丰饶、内部的重量。

请以“向内生长”为题目，自选文体，写一篇文章。

【2021 海淀期中】《荀子》中说：“道虽迩，不行不至。”是的，如果不迈开双腿向前走，即使是很近的路，也永远到达不了目的地。何况，个人成长，事业进步，国家发展，文明延续，都有一条漫长的路要走，“行”是到达远方所必需的。

这段文字引发了你怎样的联想和思考？请以“行以致远”为题，写一篇议论文。

要求：文体明确，思想健康，内容充实，语言流畅，书写清晰。

【2021 朝阳一模】现代教育家陶行知先生说：“千教万教教人求真，千学万学学做真人。”这能引发你怎样的思考与感悟？……请以“一个‘真’字见精神”为题，写一篇议论文。要求：

论点明确，论据充实，论证合理；语言流畅，书写清晰。

【2021 东城二模】1936 年，浙江大学校长竺可桢在与新生的谈话会上，这样问学生："诸位在校，有两个问题应该自己问问：第一，到浙大来做什么？第二，将来毕业后要做什么样的人？"

八十五年后的今天，这两个问题依然值得每一位即将升入大学的高三同学认真思考。请以"人生两问"为题，写一篇议论文。

要求：观点明确，论据充实，论证合理；语言流畅，书写清晰。

【2022 丰台一模】有一种力量伴随我们一路同行。这种力量，就是相信。因为相信，我们会全力以赴；因为相信，你我会看到更多光明。但也有人指出，我们是相信者，也理应成为所信的实现者。

对"我们是相信者，也理应成为所信的实现者"，你有何看法和思考？请自拟题目，写一篇议论文。

要求：论点明确，论据充分，论证合理；语言流畅，书写清晰。

【2022 西城二模】以色列生物化学家阿龙·切哈诺沃因发现泛素调节的蛋白质降解机理，于 2004 年获得诺贝尔化学奖。他在接受记者采访时说："小时候，妈妈教导我说，人走入一条河流，可以顺水而行，也可以逆水而行，你这辈子如果想成功，就永远要选择后者，尽管它可能并不舒服。我能有今天，就是按照妈妈给我画的'路线'而行的。"

材料中"可以顺水而行，也可以逆水而行"，引发了你怎样的联想和思考？请联系现实生活，自选角度，自拟题目，写一篇议论文。

【2022 海淀一模】语文课上，同学们正在展开激烈辩论。一方观点是"历尽千帆，归来不再少年"；另一方观点是"历尽千帆，归来仍是少年"。

请你任选一方观点，联系实际，或破或立，写一篇议论文。要求：自拟题目，观点明确，有理有据，语言顺畅。

【2021 东城一模】人能走多远？这话不是要问两脚，而是要问志向；人能攀多高？这话不是要问双手，而是要问意志。

这句话引发了你怎样的联想和思考？请联系现实生活，自选角度，自拟题目，写一篇议论文。

要求：观点明确，论据充实，论证合理；语言流畅，书写清晰。

【2021 海淀二模】生活中，许多人之所以坚持做某件事，并不是因为做了就会有效果，而是坚信这样做是正确的。

这句话引发了你怎样的联想与思考？请自定立意，自拟题目，写一篇议论文。

要求：观点明确，内容充实，论证合理。将题目写在答题纸上。

【2022 密云一模】唐朝杜荀鹤有绝句《泾溪》:“泾溪石险人兢慎，终岁不闻倾覆人。却是平流无石处，时时闻说有沉沦。”该诗写了急流险滩之处鲜有船只倾覆，而水流缓慢之处却常有沉没的“反常”现象。对此你有怎样的思考？请自拟题目，自定立意，写一篇议论文。

要求：论点明确，论据充实，论证合理；语言流畅，书写清晰。

人与自然·记叙文

【2018 北京卷】生态文明建设关乎中华民族的永续发展，优美生态环境是每一个中国人的期盼。请展开想象，以“绿水青山图”为题，写一篇记叙文，形象展现人与自然和谐相处的美好图景。

要求：立意积极向上，叙事合理。时间、地点、人物、叙事人称自定。有细节、有描写。不少于 700 字。将题目写在答题卡上。

【2021 海淀一模】春花烂漫、冬雪飞舞，长河落日、深山鸣泉，我们喜欢探寻大自然的美丽风光。其实，我们何尝不是一处风光？少年意气、白首风华，向阳奔跑、迎风屹立，我们感慨于生活里的动人风光，不知不觉中，我们也成了一处风光。

请以“我们也成了一处风光”为题，写一篇记叙文。

要求：思想健康。有情节，有描写。可写实，可虚构。

【2021 海淀二模】每个人心中都有一个最想去的地方：或是极地冰川，或是热带沙漠，或是艰险的边境，或是山里的村庄，又或是地球之外的某个星球……如果你到了那个地方，将会发生怎样的故事？

请以“到了那个地方以后”为题，写一篇记叙文。

要求：思想健康；内容充实；有情节，有描写。将题目抄在答题纸上。按要求作文。不少于 700 字。

【2022 海淀一模】大千世界里，有各种各样的相遇。除了人与人的相遇，还有一路向北的野生亚洲象与人类的相遇，2022 年冬奥与北京的相遇……总有一次相遇美得刻骨铭心。

请展开联想，以“你是我最美的相遇”为题写一篇文章，文体不限。要求：思想健康，内容充实，语言顺畅。

人与自然·议论文

【2022 通州一模】2021 年，云南野生亚洲象群历经数月集体北上南返。一路上，各地政府及社会力量，对象群实施监控，做了大量保护村民、保护野象的工作，很多中外媒体也对“野象旅行团”进行了跟踪报道，团结互助、憨态可掬的大象成了“团宠”。野象之旅，让人们对于象与象、人与人、人与自然的关系有了更深入的思考。

请以“感悟‘野象之旅’”为题目，写一篇议论文。

要求：论点明确，论据充实，论证合理；语言流畅，书写清晰。

人与社会·文体不限

【2022 海淀期末】散文《岭上多白云》的作者称汪曾祺是“一个苍茫远行者”。其实，我们生活中有很多“远行者”，各自演绎着精彩的故事。

请以“远行者才有故事”为题，写一篇文章，文体不限。

要求：思想健康，内容充实。

【2022 西城一模】2022 年立春，40 多个来自太行山革命老区河北保定阜平县城南庄镇的孩子，站在北京鸟巢体育场宏大的舞台上，在举世瞩目下用希腊语共同唱出了天籁般的《奥林匹克圣歌》。几年前，他们还站在穷乡僻壤的山村里，不知歌唱为何物。直到有一天，一位曾站立在大城市讲台上的老师站到这个小山村里，教他们发出第一个乐音。直到有一天，几位站立在北京冬奥组委会选拔台上的叔叔阿姨也站到这个小山村里，向他们伸出双手：更大的舞台需要你们……于是，这些原本站在大山深处的孩子站立在祖国首都，站立在全世界面前。

无论何时，无论何人，无论何事，都要面对置身何处、价值几何等问题。请以“你和你站立的地方”为题，自选文体（诗歌除外），自主立意，写一篇文章。

要求：思想健康，内容充实，有故事，有细节，有描写；语言流畅，书写清晰。

人与社会·记叙文

【2019 北京卷】色彩，指颜色；不同的色彩常被赋予不同的意义。2019 年，我们隆重纪念“五四运动”100 周年，欢庆共和国 70 华诞。作为在这个特殊年份参加高考的学生，你会赋予 2019 年哪一种色彩，来形象地表达你的感受和认识？

请以“2019 的色彩”为题，写一篇记叙文。

要求：思想健康，内容充实，感情真挚，运用记叙、描写和抒情等多种表达方式。

【2022 丰台期末】有一首歌唱道：

“微微晨光点亮这喧嚣世界/微微温暖融化昨夜的冰雪/就像是每一秒都称为岁月……”

“微微”是谁？“微微”是什么？

“‘微微’代表渺小，但所有的伟大都是由渺小构成的。对于世界来说，我们虽然渺小，但是并不弱小。”歌手这样回答导师的提问。

“微微”引发了你怎样的联想？请自拟题目，写一篇记叙文。

要求：思想健康；内容充实，有细节描写；语言流畅，书写清晰。

【2022 房山期末】"破防"是"破除防御"的缩写，多用于军事领域、体育比赛等。而今官方释义是：心理防线被突破后产生不可抑制的震动。2021 年，感动、振奋、震撼、怀念等难忘的故事记录了这一年的温暖与感动，其中一定有让你"破防"的难忘故事。

请你以"破防"为题目，写一篇记叙文。

要求：思想健康，内容充实，有细节描写，语言流畅，书写清晰。不少于 700 字。

【2022 顺义期末】不久前，神舟十三号乘组航天员在"天宫课堂"为中国青少年上了特殊的一节课；奥运选手苏炳添在《开学第一课》中告诉我们"努力奔跑，实现你们的梦想"……同学们不仅在学校的课堂上能接受老师的谆谆教诲，在社会的大课堂中，也能感受到"特殊"的教育。这些都是我们成长不可或缺的"营养"。

请以"特殊的一课"为题，写一篇记叙文。

要求：思想健康；内容充实，有细节描写；语言流畅，书写清晰。

【2023 海淀期中】一座城，是一个人身心栖居的家园；一个人，又会给一座城带来温度与活力，甚至会影响一座城的气质与精神……人和城的故事，一直都在上演着。

请以"一个人和一座城"为题目，写一篇记叙文。

要求：思想健康；内容合理、充实，有细节描写；语言流畅，书写清晰。

【2021 东城期末】《雷锋日记》开篇写道："如果你是一滴水，你是否滋润了一寸土地？如果你是一线阳光，你是否照亮了一分黑暗？如果你是一颗粮食，你是否哺育了有用的生命？"

看到这几句话，你头脑中会闪现出哪些与此相关的人或事呢？请你展开联想或想象，自拟题目，写一篇记叙文。

要求：思想健康，积极向上；内容充实，有细节描写；语言流畅，书写清晰。

【2021 房山二模】新时代涌现出了无数的"愚公"，他们将风沙走石的"干沙滩"建设成寸土寸金的"金沙滩"；他们带领村民向绝壁挑战，历经 7 年时间在悬崖绝壁上凿出一条"天路"；他们帮助 1645 名大山里的女孩从山里走进大学完成学业……

以上材料引发了你怎样的联想或想象？请联系现实生活，自选角度，自拟题目，写一篇记叙文。

要求：思想健康；内容充实，有故事，有细节，有描写；语言流畅，书写清晰。

人与社会 · 议论文

【2017 北京卷】纽带是能够起联系作用的人或事物。人心需要纽带凝聚，力量需要纽带汇集。当今时代，经济全球化的发展、文化的交流、历史的传承、社会的安宁、校园的和谐等都需要纽带。请以"说纽带"为题，写一篇议论文。

要求：观点明确，论据充分，论证合理。

【2020 北京卷】2020 年 6 月 23 日，北斗三号的最后一颗卫星成功发射，标志着我国自主

建设、独立运行的北斗卫星导航系统完成全球组网部署。整个系统由 55 颗卫星构成，每一颗都有自己的功用，它们共同织成一张“天网”，可服务全球。

材料中“每一颗都有自己的功用”，引发了你怎样的联想和思考？请联系现实生活，自选角度，自拟题目，写一篇议论文。

要求：论点明确，论据充实，论证合理；语言流畅，书写清晰。

【2021 北京卷】每个人都生活在特定的时代，每个人在特定时代中的人生道路各不相同。在同一个时代，有人慨叹生不逢时，有人只愿安分随时，有人深感生逢其时、时不我待……

请以“论生逢其时”为题目，写一篇议论文。

【2023 海淀期中】课堂上，同学们就如何理解“应运而生”展开了讨论。

小张同学说：“应运而生”就是“应时而生”“顺时而生”，正所谓“春来草自青”“凌寒梅怒放”。

小李同学说：“应运而生”中“运”很关键，历史上有不少例子可以证明。有了“运”，“生”就是自然而然的事了。

小赵同学说：我有一点不同的理解。比如，人们常说互联网成就了很多新业态，其实，新生事物的成长可不是只有简单地去“顺应”时运就可以的。

这几位同学对“应运而生”的理解引发了你怎样的联想和思考？请以“说应运而生”为题目，写一篇议论文。

要求：论点明确，论据充实，论证合理；语言流畅，书写清晰。

【2022 房山期末】英雄是指才能勇武过人的人，也指为人民利益而英勇奋斗的人，还指在平凡的岗位上做出贡献而令人敬佩的人……对待英雄，有人崇尚、礼敬，有人淡漠、无视，有人鄙视、诋毁……

请以“尊崇英雄，担当使命”为题写一篇议论文。

要求：论点明确，论据充实，论证合理；语言流畅，书写清晰。不少于 700 字。

【2022 东城期末】2022 年北京冬奥会，中国向世界发出了“一起向未来”的邀约，呼吁彼此相依，奔向未来。纵观人类文明的发展，“同行”一直是鲜明的主题：无论是“王于兴师，修我甲兵，与子偕行”的壮歌，还是“如果你想走得远，一群人走”的谚语，抑或“与智者同行，必得智慧”的箴言……都传达出携手并进、不惧荆棘、共赴前路的意愿。

请以“说同行（xíng）”为题，写一篇议论文。

要求：论点明确，论据充实，论证合理；语言流畅，书写清晰。

【2022 海淀期中】“十四五”开局之年，某媒体开辟了“中学何为”这一专题，请你围绕“中学应塑造什么样的人”这一话题写一篇文章，参与讨论。

要求：身份自定，角度自选，题目自拟，观点正确，以理服人。

【2022 海淀期末】近年来，一些流行语令人印象深刻。如：2019 年的“阿中”“垃圾分类”

“硬核”等，2020年的“逆行者”“云监工”“飒”等，2021年的“强国有我”“碳中和”“格局”等。

综观近几年的流行语，它们引发了你哪些联想与思考？请根据以上材料，写一篇文章，文体不限。

要求：自选角度，自拟标题，思想健康，内容充实。

【2022朝阳期末】你认为什么样的时代是大时代，怎样的幸福才算是小幸福，大时代与小幸福有怎样的关系……

请以“大时代与小幸福”为题目，写一篇议论文。

要求：论点明确，论据充实，论证合理；语言流畅，书写清晰。

【2022丰台二模】最近，一位在校学生多次向他所在的城市建言。建议有的是细节方面的，比如，公交站可以有创意设计，红绿灯、人行横道可以采用粉色斑马线，垃圾桶、井盖可以有不同图案等；还有一些建议，反映出他对“更好城市”的向往。建言得到了积极回应。有人进一步指出，建言本身固然可贵，而这位学生对自己所在城市的热情和主人意识更值得珍视。因为“成为一个市民”，是相当重要的青春课题。

你对材料中“成为一个市民”有何看法和思考？请联系现实生活，自选角度，自拟题目，写一篇议论文。

要求：论点明确，论据充实，论证合理；语言流畅，书写清晰。

【2022东城二模】快递小哥偶遇走失老人并将其护送回家，一句“看见了就不能不管”冲上热搜；全球疫情反复，大型体育赛事能否如期举办，北京2022年冬奥会作出了回答；国际空间站即将退役，空间合作前景渺茫，中国“天宫”后起之秀，闪耀太空……

我们生活的世界有太多的不确定性，是什么支撑着我们从容面对，做出明确的回答？请联系现实生活，自选角度，自拟题目，写一篇议论文。

要求：论点明确，论据充实，论证合理；语言流畅，书写清晰。

【2021丰台期末】一人为“人”，二人为“从”，三人为“众”。

“人”，强调自我，小我，是特立独行，也是孤独寂寞。

“从”，表示相随，相伴，我追随人，也有人跟从我。

“众”，指多人组成一个群体，可万众一心，也可能盲目从众。

上述材料引发了你怎样的联想和思考？自选角度，自拟题目，写一篇议论文。

要求：论点明确，论据充实，论证合理；语言流畅，书写清晰。

【2021西城期末】选择研究数学、物理、化学、生物及历史、哲学、古文字学等基础学科，也许意味着出成果慢、受关注度低、没“钱途”……而强化基础学科有助于解决我国面临的技术难题，有助于深入了解中华文明，增强文化自信。因此，教育部2020年起实施“强基计划”，重视高校基础学科的招生和建设。

其实，不只教育和科学研究，其他领域乃至个人也要考虑强化基础的问题。

请以“说强基”为题，写一篇议论文。

【2021 朝阳期末】2020 年 8 月，考出湖南省文科第四名好成绩的农村女孩钟芳蓉，在选报专业时，毅然选择了北京大学考古专业，一时间引起人们热议。有人说，这姑娘有头脑，能辩证地看待冷和热的选择问题；也有人说，钟芳蓉能将个人发展和时代进步紧密结合起来；还有人说，考这么高的分数，完全可以选报最好的专业……

围绕上述材料，自拟题目，写一篇议论文。

要求：观点明确，论据充足，论证合理。不少于 700 字。

人与文化 · 文体不限

【2014 北京卷】北京过去有许多“老规矩”，如“出门、回家都要跟长辈打招呼”“吃菜不许满盘子乱挑”“不许管闲事儿”“笑不露齿，话不高声”“站有站相，坐有坐相”“做客时不许随便动主人家的东西”“忠厚传世，勤俭持家”等，这些从小就被要求遵守的准则，点点滴滴，影响了一辈辈北京人。

世易时移，这些“老规矩”渐渐被人们淡忘了。不久前，有网友陆续把一些“老规矩”重新整理出来贴到网上，引发了一片热议。

“老规矩”被重新提起并受到关注，这种现象引发了你哪些思考？

请自选角度，自拟题目写一篇文章，文体不限（诗歌除外），不少于 700 字。

人与文化 · 记叙文

【2016 北京卷】书签，与书相伴，形式多样。设想你有这样一枚神奇的书签：它能与你交流，还能助你实现读书的愿望……你与它之间会发生什么故事呢？

请展开想象，以“神奇的书签”为题，写一篇记叙文。

要求：表现爱读书、读好书的主题；有细节，有描写。

【2022 门头沟期末】在人类发展的历史长河里，总有一些星光穿越时空，闪烁着文明的光芒，照进我们的现实，点亮我们的梦想。生活中，“星光”往往能点亮我们的生活，触动我们的心灵，引发我们的思考。

请以“星光”为题，写一篇记叙文。

要求：思想健康，叙事合理；有故事，有细节，不少于 700 字。

【2022 西城二模】《但是还有书籍》是一部人文纪录片，它从图书编辑、古籍校对、装帧设计、二手书收藏等侧面，聚焦隐身于书后的那些理想主义者，将他们的经历化作一个个有情趣、有温度、有深度的故事。

其实，在某种情态下依然会陪伴我们的岂止是书籍啊。请在植物、动物、器物等名物中任选一物（书籍除外），用它将“但是还有__________”填充完整并以此为题，联系现实生活，展开联想或想象，写一篇记叙文。

要求：思想健康；内容充实，有细节描写；语言流畅，书写清晰。

人与文化·议论文

【2016 北京卷】《白鹿原上奏响一支老腔》记述老腔的演出每每“撼人胸腑”，令人有一种“酣畅淋漓”的感觉。某种意义上，可以说“老腔”已超越其艺术形式本身，成为一种象征。请以“‘老腔’何以令人震撼”为题，写一篇议论文。

要求：从老腔的魅力说开去，不要局限于陈忠实散文的内容，观点明确，论据充分，论证合理。

【2019 北京卷】“韧性”是指物体柔软坚实、不易折断的性质。中华文明历经风雨，绵延至今，体现出“韧”的精神。回顾漫长的中国历史，每逢关键时刻，这种文明的韧性体现得尤其明显。中华民族伟大复兴，更需要激发出这种文明的韧性。

请以“文明的韧性”为题，写一篇议论文。可以从中国的历史变迁、思想文化、语言文字、文学艺术、社会生活及中国人的品格等角度，谈谈你的思考。

要求：观点明确，论据充分，论证合理。

【2022 北京卷】古人说，“学不可以已”，重视学习是中华民族的优良传统。在当代中国，人们对学习的理解与古人有相同之处，也有不一样的地方。

请以“学习今说”为题目，写一篇议论文。可以从学习的目的、价值、内容、方法、途径、评价标准等方面，任选角度谈谈你的思考。

要求：论点明确，论据充实，论证合理；语言流畅，书写清晰。

【2019 海淀一模】电影《流浪地球》中，人类化险为夷的策略，尽显中华传统文化所蕴含的“化”的智慧。“化”是化干戈为玉帛，是化惊涛为细流，是化腐朽为神奇……

请以“说化”为题，写一篇议论文。

要求：观点明确，论据充分，论证合理。

【2018 海淀二模】故宫博物院院长单霁翔，被人们尊称为故宫“掌门人”，他自称是故宫的“守门人”。他说，一定要看护好故宫的 9371 间房屋，1807558 件藏品。2020 年故宫就 600 岁了，我们要把壮美的故宫完整地交给下一个 600 年。我们这一代人要上对祖先，下对子孙，保护、传承好中华民族的传统文化。

其实，在我们的生活中，有许许多多的“守门人”“守护者”。他们或平凡或伟大，我们对他们或熟悉或陌生……

要求：自选角度，自拟题目，写一篇议论文。

【2023 朝阳期中】礼貌、礼节、礼乐、礼教……都属于“礼”的范畴。中国自古就是“礼

仪之邦”，“礼”在多方面影响着人们的思想言行。“礼”延续至今，不断被赋予新的内容、发挥新的作用，未来也会如此……

请以“说‘礼’”为题，写一篇议论文。

要求：论点明确，论据充实，论证合理；语言流畅，书写清晰。

【2020 海淀期末】从下面两个题目中任选一题，按要求作答。不少于 700 字。

①丹麦设计师瓦格纳设计的“Y 型椅”，既吸取了中国明式圈椅外形和意蕴的精髓，又体现了北欧设计的简洁思想。中国味与北欧风的完美融合，使“Y 型椅”成为现代家具设计中的经典之作。

②从美洲传到中国的辣椒，最早只是被当作盐的代替品。后来中国人创造出了许多“辣味十足”的美食，辣椒成为中国烹饪的重要食材。而今，有些“辣味十足”的美食已经跨出国门，走向世界了。

由此可见，不同的文化可以相互借鉴、融合、发展。

请以“文化互鉴”为题目，写一篇议论文，谈谈你的认识和思考。

要求：观点明确，论据充实，论证具有逻辑性；语言得体。

【2022 丰台期末】首钢滑雪大跳台融入敦煌壁画“飞天”飘带元素，国家跳台滑雪中心形似吉祥的玉如意，北京冬奥制服以中国山水画为主题，京张高铁筑就“中国速度”……北京冬奥会每一处细节都承载着满满的“中国浪漫”元素。有人惊呼：中国式浪漫来了！同时，这种“中国式浪漫”也引发了人们的思考：当我们“浪漫”的时候，我们是在向世界传达什么？

请自拟题目，写一篇议论文，发表你的看法。

要求：论点明确，论据充实，论证合理；语言流畅，书写清晰。

【2021 丰台一模】今年春节，河南春晚的舞蹈《唐宫夜宴》火遍网络，引发热议。

网友甲：一群“唐朝胖妞儿”，体态圆润，穿唐三彩色样的纱衣，画唐代“斜红”妆容，原汁原味，这才是传统啊！

网友乙：采用 5G+AR 技术，打造的虚拟场景和现实舞台结合的视觉盛宴，一下子吸引了我。

网友丙：从穿戴造型看，舞蹈表现的是一群唐代少女。但她们嬉笑打闹，嗔怒搞怪，又和当下的少女毫无二致。

网友丁：听说舞蹈灵感源于博物馆的唐三彩乐俑，我最近就预约了博物馆的门票。

网友们关于《唐宫夜宴》的热议，引发了你怎样的联想和思考？请自选角度，自拟题目，写一篇议论文。

要求：观点明确，论据充分，论证合理；语言流畅，书写清晰。不少于 700 字。

【2021 房山二模】2021 年 2 月 12 日，《典籍里的中国》第一期在中央电视台综合频道播出

之后立即得到了广大观众的积极响应与高度评价。节目展现了典籍中蕴含的中国智慧、中国精神和中国价值，是传递文化精神、树立文化自信的典范；节目综合运用环幕投屏、实时跟踪等新科技手段，创新设计出“历史空间”“现实空间”，并以跨越时空对话的形式营造了“故事讲述场”，生动演绎中华典籍精华的源远流长。

以上材料引发了你怎样的联想和思考？请联系现实生活，自选一个角度，自拟题目，写一篇议论文。

要求：论点明确，论据充实，论证合理；语言流畅，书写清晰。

【2022 石景山一模】明清之际一批思想家提出“经世致用”的主张，认为学问必须有益于解决社会问题；李白吟出“天生我材必有用”的千古名句。庄子却说“无用之用，方为大用”；有现代学者认为：“读一些无用的书，做一些无用的事，花一些无用的时间，都是为了在一切已知之外，保留一个超越自己的机会。”

对于“有用”与“无用”的内涵与关系，你有怎样的思考？请自定角度，自拟题目，写一篇议论文。

要求：论点明确，论据充实，论证合理；语言流畅，书写清晰。

【2021 昌平期末】诸葛亮《诫子书》中说：“静以修身，俭以养德。”《朱子家训》有言：“一粥一饭，当思来处不易；半丝半缕，恒念物力维艰。”

以上材料引发了你怎样的思考？请自选角度，自拟题目，写一篇议论文。不少 700 字。

要求：观点明确，论据充实；语言流畅，书写清晰。

【2020 北京适应性训练】《三字经》里说：“养不教，父之过。教不严，师之惰。”这些话引发你怎样的思考？

写一篇议论文，阐述你的观点和看法。

要求：自主立意，自拟题目；观点明确，论据充实，论证具有逻辑性；语言得体。

人与国家 · 文体不限

【2022 海淀期中】请以“该怎样爱你——这脚下的土地”为题，写一篇文章，文体不限。

要求：思想健康，内容充实，语言流畅，书写清晰。

人与国家 · 记叙文

【2017 北京卷】2049 年，我们的共和国将迎来百年华诞。届时假如请你拍摄一幅或几幅照片来展现中华民族伟大复兴的辉煌成就，你将选择怎样的画面？

请展开想象，以“共和国，我为你拍照”为题，写一篇记叙文。

要求：想象合理，有叙述，有描写。可以写宏大的画面，也可以写小的场景，以小见大。

【2021 朝阳二模】假如你是一台摄像机，你将为我们这个时代留下哪些镜头，你怎样表达

对这个时代的感悟和思考？

请以“假如我是一台摄像机”为题，写一篇记叙文，表达你对新时代的印象和感悟。

要求：思想健康，内容充实，有细节描写；语言流畅，书写清晰。

【2022 东城一模】扎根西部支农、支教；坚守防疫一线，筑起“青春堤坝”；热情服务北京 2022 年冬奥会、冬残奥会……越来越多的青年人争做志愿者，践行“奉献、友爱、互助、进步”的志愿精神。

请以“青春的志愿”为题目，写一篇记叙文。

要求：思想健康；内容充实，有细节描写；语言流畅，书写清晰。

人与国家·议论文

【2018 北京卷】今天，众多 2000 年出生的考生走进高考考场。18 年过去了，祖国在不断发展，大家也成长为青年。

请以“新时代新青年——谈在祖国发展中成长”为题，写一篇议论文。

要求：观点明确，论据恰当充实，论证合理。

【2022 顺义期末】一个民族的进步，国家的发展，需要一代又一代人接力努力，因此未来的竞争一定是年轻人的竞争。我们身处新时代，就要适应时代要求，练好过硬本领。时代是出卷人，我们都是答卷人。

请以“我们都是答卷人”为题，写一篇议论文。

要求：论点明确，论据充实，论证合理；语言流畅，书写清晰。

【2022 房山一模】“新时代是追梦者的时代，也是广大青少年成就梦想的时代。”作为新时代的新青年，我们应该心系祖国，志存高远，脚踏实地，在奋斗中创造精彩人生，为祖国和人民贡献青春和力量……

请以“追梦”为题目，写一篇议论文。

要求：论点明确，论据充实，论证合理；语言流畅，书写清晰。

【2022 门头沟期末】接力跑是田径运动中的唯一的集体项目，以队为单位，每队四人，每人跑相同距离。中华民族伟大复兴的中国梦终将在一代代青年的接力奋斗中变为现实，各个领域都有接力，接力让生命得以传承，让辉煌得以延续……

以上关于“接力跑”的看法，引发了你怎样的联想和思考？请写一篇文章。

要求：题目自拟，立意自定；文体不限（诗歌除外），不少于 700 字。

【2022 朝阳一模】2022 年北京冬残奥会开幕式由视觉障碍运动员李端点燃主火炬。在现场所有人的鼓励与掌声中，经过长达 1 分多钟的摸索，他成功地将火炬稳稳地插进了主火炬台。李端说“我看不见火炬，但如果能把这最后一棒火炬插好，就能让世界看见我们。”有网友说“他虽然看不见光，却用微火为我们点亮了夜空”；还有网友说“他不是一个人在完成这项光荣

而艰巨的任务，他的身后是十四亿中国人”……

请以“微火何以成炬”为题目，写一篇议论文。

要求：论点明确，论据充实，论证合理；语言流畅，书写清晰。

【2022 朝阳二模】2022 年 4 月 16 日，随着神舟十三号飞船平安降落，太空出差半年的三名航天员顺利回到地球怀抱。神舟十三号载人飞行任务取得圆满成功。光彩夺目的“显功”离不开几代航天人的呕心沥血、累积潜绩，也离不开无数无名英雄的深藏功与名。其实，任何事情的成功都是如此，既有“显功”，也有“潜功”。

材料中“既有‘显功’，也有‘潜功’”，引发了你怎样的思考？请联系现实生活，自选角度，自拟题目，写一篇议论文。

要求：论点明确，有理有据；语言流畅，书写清晰。

【2021 海淀一模】1933 年，29 岁的郑大章获得法国国家理化博士学位后，拒绝了导师居里夫人的挽留，回国筹建镭学研究所，筚路蓝缕，成为“中国放射化学的奠基人”。

1950 年，26 岁的旅美物理学博士朱光亚归心似箭，他在《给旅美同学的一封公开信》中写道：“让我们回去，把我们的血汗洒在祖国的土地上，灌溉出灿烂的花朵。”

1989 年，26 岁的著名体操运动员、奥运冠军李宁退役后，创立了自主研发专业体育用品的“李宁”公司，致力于打造领先全球的民族品牌。

2020 年，北京航天飞行控制中心指控大厅里，随处可见洋溢着自信的青春面孔。数百个关键测控岗位上的负责人，大多为“80 后”“90 后”，平均年龄仅 33 岁。

正如钟南山院士所说，青年人“不但要有志气，还要争气”。对此，你有怎样的认识和思考？请以“志气与争气”为题，写一篇议论文。

要求：观点明确，内容充实，论证合理。

【2021 丰台二模】国家最高科学技术奖获得者王泽山院士，大学时选择了当时最冷门的专业——火炸药。后来有人问他为何不选一个热门研究？他回答：专业无所谓冷热，国家需要的，就要有人去做。

材料中“专业无所谓冷热，国家需要的，就要有人去做”，引发了你怎样的联想和思考？请联系现实生活，自选角度，自拟题目，写一篇议论文。

【2022 海淀二模】华夏祖先神农氏播下的种子，一直生长到如今，让我们每天都咀嚼着远古的味道。

为建国家种子库而献出生命的钟扬曾在演讲中说：“一个基因能够拯救一个国家，一粒种子能够造福万千苍生。”

袁隆平的墓碑上镌刻着他生前的一句话：“人就像种子，要做一粒好种子。”

开国领袖毛泽东曾经说：“我们共产党人好比种子，人民好比土地……”

以上材料引发了你怎样的联想与思考？请自选角度，自拟题目，写一篇文章，文体不限。

要求：思想健康，内容充实，语言流畅。

【2021 朝阳二模】中国的安全、中国的速度、中国的承诺、中国的信心、中国的团结、中国的生命至上……这一切都已成为中国社会持续发展的宝贵财富。

请从“安全、速度、承诺、信心、团结、生命至上”等词语中，任选两个词语组成作文标题“______与______”，写一篇议论文。

要求：论点明确，论据充实，论证合理；语言流畅，书写清晰。

人与科技·记叙文

【2020 北京卷】当今时代，我们每天都会面对各种各样的信息。其中有一条信息，或引发了你的感悟，或影响了你的生活，或令你振奋，或使你愧疚，或让你学会辨别真伪……

请以“一条信息”为题，联系现实生活，展开联想或想象，写一篇记叙文。

要求：思想健康；内容充实，有细节描写；语言流畅，书写清晰。

【2022 北京卷】网络时代、疫情期间，很多活动转向“线上”，你一定有不少关于“在线”的经历、见闻和感受。

请以“在线”为题目，写一篇记叙文。

要求：思想健康；内容合理、充实，有细节描写；语言流畅，书写清晰。

【2021 东城期末】近日，20 多包珍贵的“太空种子”由载人航天办公室赠送给某学校，这些种子将在校园中播种、生长。如果你是该校学生，得到了一粒“太空种子”，将会发生什么故事呢？

请你展开联想或想象，自拟题目，写一篇记叙文。

要求：思想健康，积极向上；内容充实，有细节描写；语言流畅，书写清晰。

人与科技·议论文

【2013 北京卷】阅读下面的对话，按要求作文。(60 分)

科学家：假如爱迪生来 21 世纪生活一周，最让他感到新奇的会是什么呢？

文学家：我想，手机会不会让他感到不可思议呢。

科学家：我同意，手机是信息时代的一个标志物，简直称得上是一部掌中电脑，丰富的功能一定会让这位大发明家感到新奇。

文学家：手机的广泛应用，深刻地影响着人们的交往方式、思想情感和观念意识，或许这也是爱迪生意想不到的吧。

科学家和文学家各自对手机的看法，引发了你哪些思考、想象？

请自选角度，自拟题目，自定文体（诗歌除外），写一篇不少于 800 字的文章。

【2022 石景山期末】近期，72 岁的同济大学物理学教授吴於人在短视频平台上火了，吸引

了全网上百万粉丝的关注。用铁锅演示天眼，用扫帚模拟宇宙射线……这位灰白短发的“吴姥姥”通过“脑洞大开”的道具、妙趣横生的演示、绘声绘色的讲解，将一个个晦涩难懂的物理知识变得通俗有趣，展现了物理科学的真正魅力，也成为展现健康、智慧、深度内容的另一种“流量担当”。

对这一现象，你有怎样的思考？请自选角度，自拟题目，写一篇议论文。

要求：论点明确，论据充实，论证合理；语言流畅，书写清晰。

【2021 房山期末】北京时间 2020 年 12 月 17 日凌晨，经历 23 天太空之旅的嫦娥五号怀揣来自月球的岩石和土壤返回地球。这是一趟满载而归的科学探索，它推动着科技发展，激励人类为共同的梦想向着星辰大海扬帆远行。

上述材料引发了你怎样的联想和思考？请联系现实生活，自选角度，以“探索与发展”为题，写一篇议论文。

要求：论点明确，论据充实，论证合理；语言流畅，书写清晰。不少于 700 字。

【2021 西城一模】近几年，人脸识别、VR、大数据、人工智能等新技术飞速发展，使用这些技术已经成为潮流。

科技潮流给很大一部分人带来了便捷和乐趣：科普爱好者穿梭在各种专业网站之间获取知识、分享智慧；卖瓜菜的小摊贩们都在各自摊位前贴上二维码，无现金交易方便省事；有的老年人戴上 VR 眼镜玩无人机航拍，享受新时代的退休生活……

然而，科技潮流也给一小部分人带来了困难：有些老年人在自助银行里无所适从，或者因为不会下载手机 App 而无法预约挂号……

以上材料引发了你怎样的联想和思考？请以“潮流中的多数与少数”为题，联系现实生活，自选角度，写一篇议论文。

要求：论点明确，论据充实，论证合理；语言流畅，书写清晰。

【关联 2019 山东日照一模“电子阅读与纸质阅读”。关联“以屏观世、以书修心”】

一项阅读调查显示，有相当比例的成年人倾向于传统纸质图书阅读，也有不少成年人倾向于电子阅读。对此，有人认为“读屏”意味着碎片化的浅阅读，有人则不以为然，认为两种阅读方式可以共存融合、相得益彰。写一篇不少于 700 字的文章谈谈你的看法，题目自拟。

【2019 西城二模】随着互联网时代的发展，我们发现，一些文化作品的生产与传播出现了如下情态：

发表作品相当容易，人人都可以成为作家、音乐家；

产品被广泛共享，甚至免费欣赏，人们可以从中各取所需，尽情吸纳；

很多文学奖、音乐奖不再受到大家的过分关注，海量的作品中，没有几部小说、几首歌曲能在全民中流行；

一位歌手说，尽管在网络海洋中我的声音不一定会被很多人听到和喜爱，但我依然要创作与歌唱。

以上文字，引发了你怎样的联想和思考？请综合材料内容及含义，选好角度，确定立意，文体不限，自拟标题，写一篇文章。

（四）语文学科生态文明作文系列化课程实施

“语文学科生态文明作文系列化课程”的实施，主要对应于课程内容来进行。一方面利用每次的习作课去完成国家课程序列；另一方面，利用课后、寒暑假、测试、专题讲座等时段去完成校本课程的内容。在练习的过程中，注重培养学生的作文素养、生态文明素养。

案例（高中校本课程的实施）：

高中　记叙文（5个“45+45”分钟，约10课时）

供参考的练笔题目	作文素养目标	生态文明目标
《这，才是成熟的模样》《这是一段温暖的旅程》《心灵的选择》《找准位置》《青春的姿态》《又见灯塔》《平凡英雄》《战胜自己》	两难选择 凸显人物	人与自我（审视自己、超越自己、实现自我和谐）
《一条信息》《在线》《太空种子》	变换角色 构思故事	人与技术（科技发展的最终目的是人的发展，“科技发展”与“人的发展”相得益彰、和谐统一）
《神奇的书签》《星光》《但是还有________》	虚实结合 拓展空间	人与文化（①人创造了文化；②人每时每刻都受到各种文化因素的影响和塑造）
《该怎样爱你——这脚下的土地》《共和国，我为你拍照》《假如我是一台摄像机》《青春的志愿》《你和你站立的地方》《2019的色彩》	以小见大 主题鲜明	人与国家（①国家强盛，人民就幸福；②国家怎样，取决于每一个个体的表现）
《绿水青山图》《我们也成了一处风光》《你是我最美的相遇》《到了那个地方以后》	描写生动 逻辑严密	人与自然（绿水青山就是金山银山，人与自然和谐共生）

高中　议论文（5个“45+45”分钟，约10课时）

供参考的练笔题目	作文素养目标	生态文明目标
《浅谈尊严》《论勇敢》《关于“兼听”的看法》《胆识与细致》《规矩与天性》《自立与借力》《向内生长》《行以致远》	思路明确 搭建基本结构	人与自我（做好自己、学会学习、实现自我和谐）
《对手机的看法》《流量担当》《探索与发展》《潮流中的多数与少数》《读屏》	层层深入 阐释核心概念	人与技术（科技发展的最终目的是人的发展，“科技发展”与“人的发展”相得益彰、和谐统一）

供参考的练笔题目	作文素养目标	生态文明目标
《“老腔”何以令人震撼》《文明的韧性》《说化》《故宫的“守门人”》《说礼》《文化互鉴》《中国式浪漫》《唐宫夜宴》	类比一致 找准对应关系	人与文化（①人创造了文化；②人每时每刻都受到各种文化因素的影响和塑造）
《该怎样爱你——这脚下的土地》 《新时代新青年——谈在祖国发展中成长》 《我们都是答卷人》《追梦》《接力跑》《微火何以成炬》《专业无所谓冷热，国家需要的，就要有人去做》《一粒种子》	明确关系 注意前后照应	人与国家（①国家强盛，人民就幸福；②国家怎样，取决于每一个个体的表现）
《感悟“野象之旅”》	紧扣材料 层层展开论证	人与自然（绿水青山就是金山银山，人与自然和谐共生）

（五）语文学科生态文明作文系列化课程 Logo

笔代表写作。笔垂直矗立，立足于天地之间，寓意顶天立地，为人正直。笔上的祥云花纹是中国文化的独特象征，笔杆上的文字“（向）上、（向）善”，有着立德树人的象征意义。毛笔笔锋从“人”字入手，意在表达写作当以人为先，表达“人”的思想。

①人与自我。作文，是自我的表达，我手写我想。“人”的图案撇和捺向左向右延伸出来的部分代表大地，表示“人屹立在大地上”，寓意“人”要脚踏实地、端正做人。

②人与技术。以区块链代表技术，用小圆圈加折线的方式表达。把象征着技术的元素设计成松树的外形，其从土地上生长开来，并永无止境地向上创新发展，象征着 “立德树人”，寓意要培养像松树一样高洁、高尚、坚韧的人。

③人与文化。以江山间的祥云代表文化，画面呈现出自然界云雾缭绕的意境。

④人与国家。土地、江山、流水，组合起来象征着我们的国家。

⑤人与自然。整个画面代表大自然。“人与自然和谐共生”是生态文明的核心。万物生长离不开太阳；太阳象征着党的领导。教育教学工作，包括语文教学、作文写作，都是在党的思想指引下、党的光辉照耀下开展的。

整个设计浑然一体，呈一个圆，象征多元共生的生态系统。边框图案突出了语文学科的特征，也进一步强化了 Logo 的国韵风格。

二、语文学科核心素养与生态文明素养的融合

语文学科核心素养是学生在积极的语言实践活动中积累与构建起来，并在真实的语言运用情境中表现出来的语言能力及品质；是学生在语文学习中获得的语言知识与语言能力、思维方法与思维品质、情感态度与价值观的综合体现。语文学科核心素养主要包括“语言建构与运用”“思维发展与提升”“审美鉴赏与创造”“文化传承与理解”四个方面。

生态文明的内涵是：在社会生活中，人们以自觉、主动的态度去尊重他人，履行自己的义务，维护自然环境，推动现代文明进步。具体表现为：遵守行为准则，尊重他人，节约用水用电，积极参加文化活动，维护社会文明，推动社会进步。

语文学科生态文明作文系列化课程旨在培养学生的作文素养与生态文明素养。在践行此课程的过程中，学生在“语言建构与运用”“思维发展与提升”“审美鉴赏与创造”“文化传承与理解”四个方面都可以得到发展与提升；同时，当需要把“人与自我”“人与自然”“人与国家”“人与文化”“人与技术”的关系融入作文时，学生就会在思考中意识到生态文明的价值在于“维护国家的安全与发展利益，实现人类社会的全面协调可持续发展”。

语文学科生态文明作文系列化课程把生态文明教育融入育人全过程，为国家、为全人类培养具有生态文明价值观和实践能力的建设者和接班人。

在平时的语文教学中，可以打通阅读与写作的联系，同时将生态文明理念深植于课程，巧妙融入课堂，于潜移默化、润物无声中提升学生的生态文明素养。

案例：

教学设计模板

基本信息			
姓　　名	陈书干	学　　校	北京市中关村中学 知春分校
学　　科	语文	联系电话及邮箱	
年　　级	高一	教科书版本及章节	部编教材·必修下册 第七单元 （《红楼梦》整本书阅读）
学习领域/模块	整本书阅读与研讨		

单元教学设计

单元学习主题	不朽的红楼

1．单元教学设计说明（依据学科课程标准的要求，简述本单元学习对学生学科素养发展的价值；简要说明教学设计与实践的理论基础。学习单元可以按教材内容组织，也可以按学科学业发展和学科核心素养发展的进阶来组织，还可以按真实情境下的学习任务跨学科组织。）

部编教材必修下册第七单元隶属课程标准设置了“整本书阅读与研讨”学习任务群。课程标准对于该任务群的学习目标与内容有以下表述：“在阅读的过程中，探索阅读整本书的门径，形成和积累自己阅读整本书的经验。重视学习前人的阅读经验，根据不同的阅读目的，综合运用精读、略读与浏览的方法阅读整本书，读懂文本，把握文本丰富的内涵和精髓。”“联系个人经验，深入理解作品；享受读书的愉悦，从作品中汲取营养，丰富自己的精神世界，逐步形成正确的世界观、人生观和价值观。”

本单元的“人文主题”，以及在“语文素养”“写作”方面的要求如下：

单元	学习任务群	人文主题	语文素养	课文（或学习活动）	写作
第七单元	整本书阅读与研讨	不朽的红楼： ①养成爱读书的习惯，享受读书的愉悦，丰富精神世界，逐步形成正确的世界观、人生观和价值观； ②与经典作品对话，提升审美情趣和审美品位。	①坚持读完一本长篇小说，完整阅读，培养读书的耐心与兴趣； ②探索阅读长篇小说的门径，建构阅读长篇小说的方法和经验； ③综合运用精读、略读、浏览、跳读与猜读等阅读方法，把握文本的丰富内涵和精髓； ④撰写故事梗概或作品提要、读书笔记，学写综述。	《红楼梦》	

2．学习者分析（学生与本课时学习相关的学习经验、知识储备、学科能力水平、学生兴趣与需求分析，学生发展需求、发展路径分析，学习本课时可能碰到的困难）。

①2023年1—2月，利用寒假时间，学生阅读了《红楼梦》前80回，完成了前80回的学案。2023年4月29日开始，利用“五一”假期，学生阅读了《红楼梦》81—100回，完成了81—100回的学案。2023年5月4日开始，学生阅读了《红楼梦》101—120回，完成了101—120回的学案。

②2023年2月，重点讲解了《林黛玉进贾府》。

③2023 年 2—3 月，利用中午时间，学生观看了 87 版《红楼梦》电视剧。

④2023 年 3 月，学生着手排演“宝玉挨打”片段，并在 3 月 29 日的课堂上，向全班同学展示（留有演出的视频）；5 月 11 日，在学校报告厅向全校师生展示。

⑤高一上学期以及本学期，部分学生选修了《红楼梦》。

3．单元学习目标与重点难点（根据国家课程标准和学生实际，指向学科核心内容、学科思想方法、学科核心素养的落实，设计单元学习目标，明确重点和难点。）

①阅读《红楼梦》全书，体会作者在日常生活的细腻叙写中寄寓的深刻思想内容与丰厚文化内蕴，了解小说展现的社会风貌和生活习俗，领悟小说深厚的社会内涵。

②梳理小说主要情节，理清情节主线，把握小说精巧的艺术结构；建构并积累阅读长篇小说的方法和经验。

③理清人物关系，欣赏人物形象，把握主要人物复杂的性格，深入探究作品的内涵和主旨。

④分析小说的艺术手法，整体把握小说的艺术价值，获得审美感悟，丰富自己的精神世界；品味和欣赏小说语言，提高语言鉴赏能力和运用能力。

4．单元整体教学思路（教学结构图）（介绍单元整体教学实施的思路，包括课时安排、教与学活动规划，以结构图等形式整体呈现单元内的课时安排及课时之间的关联。）

时间		学习任务
2022 年秋学期、2023 年春学期		《红楼梦》选修课
《红楼梦》整本书阅读	2023.01—02（寒假）	阅读《红楼梦》前 80 回，并完成前 80 回的学案 （了解《红楼梦》的故事情节）
	2023.04.29—05.03 （“五一”假期）	阅读《红楼梦》81—100 回，并完成 81—100 回的学案 （了解《红楼梦》的故事情节）
	2023.05.04 开始	阅读《红楼梦》101—120 回，并完成 101—120 回的学案 （了解《红楼梦》的故事情节）
2023 年 2 月		专题一： 与开学测试相结合，精讲第三回《林黛玉进贾府》（理清人物关系；欣赏人物形象；分析凤姐与宝玉的出场艺术）
2023 年 2、3 月每天的中午时间		观看 87 版《红楼梦》电视剧 （进一步了解情节；欣赏人物）
2023 年 3 月		专题二： 精读《红楼梦》第 33、34 回，并且排演“宝玉挨打”片段。3 月 29 日，16 位演员在课堂上演出“宝玉挨打”。5 月 11 日，16 位演员在报告厅面向全校师生演出“宝玉挨打” （把握主要人物复杂的性格；探求矛盾冲突）
2023 年 5 月		专题三： 精读《红楼梦》第 17、18、40 回。探讨《红楼梦》主要人物居所与人物形象之间的关联，与学校的“生态文明”教育相结合，引领学生思考“人与环境”的关系 （环境描写、人物性格）
2023 年 6 月		主题四： 精读《红楼梦》第 5 回，从判词中解读主要人物的最终结局 （欣赏判词，解读人物命运）

由《红楼梦》主要人物的居所分析“人与环境”之间的关联·流程图

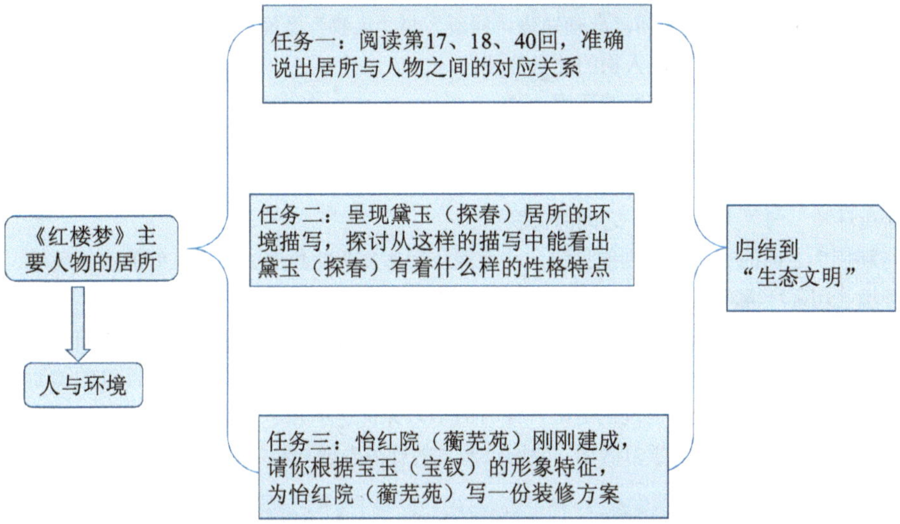

课时教学设计

（在本单元内选择1～3个课时进行撰写）

课题	**由《红楼梦》主要人物的居所环境分析“人与环境”之间的关联**
课型	新授课 ☑　章/单元复习课□　专题复习课□　习题/试卷讲评课□ 学科实践活动课□　其他□

1．教学内容分析（分析本课时教学内容在单元中的位置，核心内容对发展学生核心素养的功能价值分析，蕴含的正确价值观念，已学内容与本课内容的关联。可用结构图呈现。）

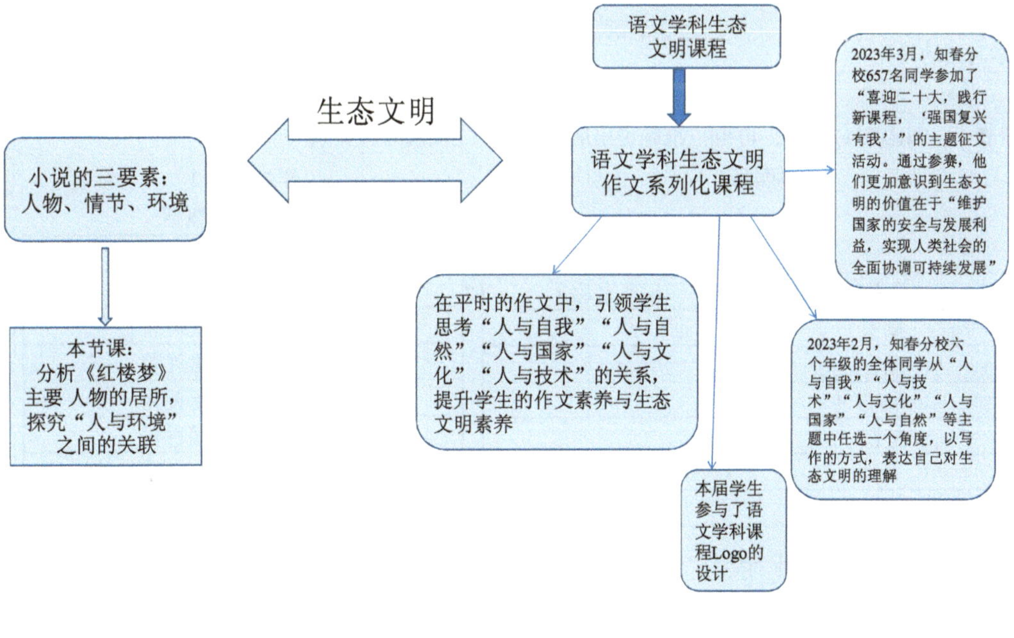

2．学习目标确定（根据国家课程标准和学生实际，指向学科核心内容、学科思想方法、学科核心素养的发展进阶，描述学生经历学习过程后应达成的目标和应做到的事情。可分条表述。）

①阅读《红楼梦》第 17、18、40 回，准确知晓“居所”与“人物”之间的对应关系；

②根据所展示的居所环境，能说出人物的性格特征；

③根据人物性格特征，能描述其居所的环境；

④对“人与环境”之间的关联有自己独到的见解。

3．学习重点难点

①理解“居所环境”与“人物形象”之间的关联；

②对“人与环境”之间的关联有独到的见解，从而能从生态文明的角度去思索良好的班级环境、校园环境、社会环境、国际环境对人（班级、国家）发展的重要性。

4．学习评价设计（从知识获得、能力提升、学习态度、学习方法、思维发展、价值观念培育等方面，设计过程性评价的内容、方式与工具等，通过评价持续促进课堂学习深入开展，突出评价的诊断性、表现性和激励性。体现学科核心素养发展的进阶，课时的学习评价是单元学习过程性评价的细化，要适量、适度，不应因评价而中断学生的学习活动，要通过学生的行为表现判断学习目标的达成度。）

关系	阅读达人	阅读新秀	阅读新手
居所与人物之间的对应	对应准确	对应准确	对应准确
从居所环境推出人物性格特征（黛玉、探春）	能准确概括黛玉、探春的性格特征	比较准确概括黛玉、探春的性格特征	在老师与同学的提示、帮助下，能概括出黛玉、探春的性格特征
根据人物性格特征尝试描述其居所环境（宝玉、宝钗）	准确描述宝玉、宝钗的居所环境，并且富有文采	比较准确描述宝玉、宝钗的居所环境，欠风采	在描述宝玉、宝钗的居所环境时，有差错
对生态文明（人与环境）的思考	有独到的见解	准确，但欠深入	认识浅显
评价方式	自评、互评、师评		

5．学习活动设计

教师活动	学生活动

环节一：阅读第 17、18、40 回，准确说出居所与人物之间的对应关系

教师活动 1

导入

出示学习任务

人物	居所名称
黛玉	
探春	
宝玉	
宝钗	
李纨	
迎春	
惜春	
妙玉	

学生活动 1

学生阅读、概括

人物	居所名称
黛玉	潇湘馆
探春	秋爽斋
宝玉	怡红院
宝钗	蘅芜苑
李纨	稻香村
迎春	紫菱洲上的缀锦楼
惜春	暖香坞、藕香榭、蓼风轩
妙玉	栊翠庵

活动意图说明：

激趣，引发学生探求《红楼梦》主要人物的居所的兴趣

环节二：根据黛玉（探春）的居所环境描写，探讨黛玉（探春）的形象特征

教师活动 2

展示黛玉、探春的居所环境描写，探讨这样的环境描写能看出黛玉、探春什么样的性格特点

潇湘馆	描写环境的句子	环境特点	人物特点
室外环境	一带粉垣，里面数楹修舍……	纤巧雅致	
	院前：		
	院后：		
室内布置		书香盈室	
	绿纱糊窗		
“潇湘馆”的含义	“潇湘馆”谐音“________”，预示______命运 “有凤来仪”，凤以_____为食，寓其______的品性		

秋爽斋	描写环境的句子	环境特点	人物特点
室外环境	院中种植________和________	清爽大气	
室内布置	三间屋子，不曾隔断		
	花梨大理石大案______________，__________ 大鼎______________ 葱绿双绣花卉草虫的纱帐	高贵不俗	
	各种名人法帖，______________， 各色笔筒，________ ______________ ______________		有书卷气……
		磬为乐器、礼器	

学生活动 2

学生阅读思考

潇湘馆	描写环境的句子	环境特点	人物特点
室外环境	一带粉垣，数楹修舍，曲折游廊，石子甬路，清泉绕阶，缘屋盘竹，月夜窗下，适宜读书。	纤巧雅致，清幽寂静，自然灵动	纤弱风雅，饱读诗书，诗意性灵
	院前：千百竿翠竹遮映，凤尾森森，龙吟细细，娥皇女英洒泪在竹上成斑。	孤直傲岸、宁折不弯	孤高自许
		清幽，寂静	喜静，好幽
		凄清，幽寂	凄楚，惆怅
	院后：大株梨花兼芭蕉	梨花清白素雅，芭蕉凄清哀怨	遗世独立，多愁善感
室内布置	设着笔砚、书架磊满书，	书香盈室	饱读诗书
	绿纱糊窗	清新雅致	超凡脱俗
“潇湘馆”的含义	“潇湘馆”谐音“消香馆”，预示悲剧命运 “有凤来仪”，凤以“竹”为食，寓其“高洁”的品性		

秋爽斋	描写环境的句子	环境特点	人物特点
室外环境	院中种植芭蕉和梧桐	清爽大气	爽朗大气，志向高远
室内布置	三间屋子，不曾隔断	明快，阔朗，轩豁	素喜阔朗，豁达洒脱
	花梨大理石大案，斗大的汝窑花囊，插满白菊；	雅致，气派，	洒脱爽朗，志趣高雅

	大观窑的大盘，数十个娇黄玲珑大佛手，大鼎，葱绿双绣花卉草虫的纱帐。	高贵不俗	
	各种名人法帖，数十方宝砚，各色笔筒，一大幅米襄阳《烟雨图》(暗示远嫁的命运)，颜鲁公对联（颜真卿，其字遒劲有筋骨）。	浓郁书卷气，大气风雅	有书卷气，无脂粉气，秀外慧中，洒脱豪爽
	白玉比目磬，旁边挂着小锤	磬为乐器、礼器	借玉磬言志向

活动意图说明：

赏析居所的环境描写，概括人物性格特征；为下一个教学环节做准备

环节三：怡红院（蘅芜苑）刚刚建成，请你根据宝玉（宝钗）的形象特征，为怡红院（蘅芜苑）设计一份装修方案

教师活动 3

出示任务：

根据宝玉、宝钗的性格特点，试着按照自己的理解去描写他们的居所环境；并与原著作比较

怡红院	描写环境的句子	环境特点	人物特点
室外环境	外围： 四周：		尊重女性，怜香惜玉，真挚率真
	院内：		
室内布置			富贵闲人，备受宠爱，富有雅趣，有脂粉气
			向往自由，不愿受拘束
			喜爱美好少女

学生活动 3

学生撰写装修方案；并且与原著进行对比

怡红院	描写环境的句子	环境特点	人物特点
室外环境	外围：碧桃花，竹篱花障编的月洞门。四周：粉墙环护，绿柳周垂。	色彩明丽，诗情画意	尊重女性，怜香惜玉，真挚率真
	院内：游廊相接，山石点衬，青溪、大山脚下、平坦宽阔的大路。	疏朗阔大	
	芭蕉、海棠（女儿棠）、蔷薇、宝相（蔷薇花的一种）。	色彩明丽（红绿）	

"怡红院"的含义	①"怡红"，喜爱美好的少女； ②"使红怡"，尊重怜惜女儿，使女儿得到尊重关心； ③"怡红院"谐音"遗红怨"，寓众女儿的悲剧，宝玉的遗恨

蘅芜苑	描写环境的句子	环境特点	人物特点
室外环境			清雅大气，稳重内敛，藏愚守拙
			高雅不俗，外冷内热
室内布置			清冷/稳重低调/隐藏心机
			清淡，内敛
"蘅芜苑"的含义	"蘅芜苑"谐音"恨无缘"		

室内布置	四面皆是雕空玲珑木板，流云百蝠、岁寒三友等花样；置书鼎笔砚、花瓶盆景，墙壁皆依古董玩器之形抠成的槽子，悬琴剑瓶炉，锦笼纱罩，金彩珠光，碧绿凿花砖，床帐最精致。	富贵奢华，花团锦簇，剔透玲珑，精致风雅	富贵闲人，备受宠爱，富有雅趣，有脂粉气
	门、窗、屏、书架、大镜，错落摆置。	精妙繁复，隔而不断	向往自由，不愿受拘束
	少女画像		喜爱美好少女
"怡红院"的含义	①"怡红"，喜爱美好的少女； ②"使红怡"，尊重怜惜女儿，使女儿得到尊重关心； ③"怡红院"谐音"遗红怨"，寓众女儿的悲剧，宝玉的遗恨		

蘅芜苑	描写环境的句子	环境特点	人物特点
室外环境	清凉瓦舍，水磨砖墙，青瓦花堵，山脉穿墙，插天的大玲珑山石，四绕石块，房屋皆遮住。	清雅幽闭，自然大气	清雅大气，稳重内敛，藏愚守拙
	无一花木，只见异草，牵藤引蔓，垂绕萦盘，味芬气馥，异香扑鼻。	奇异美好，攀附缠绕，香气浓郁	高雅不俗，外冷内热

室内布置	雪洞一般，玩器全无，土定瓶供菊，并两部书。	清冷、雅致、简单	清冷/稳重低调/隐藏心机
	茶奁茶杯、青帐素衾	素净、朴素	清淡内敛
“蘅芜苑”的含义	“蘅芜苑”谐音“恨无缘”		

活动意图说明：

由第二环节的“说”到此环节的“写”，难度加大，有助于学生对“性格特征”与“居所环境”之间关联的理解走向深入。

环节四：由《红楼梦》主要人物居所与人物形象之间的关联思考“生态文明”

教师活动 4	学生活动 4
生态文明是以“人与自然、人与人、人与社会”和谐共生、良性循环、全面发展、持续繁荣为基本宗旨的社会形态。 教师出示一些照片，引领学生思考“人与环境”的关联，提升学生的生态文明素养。	学生思考 学生练笔： **结合知春分校的校园环境和知春分校的校训，写一段抒情文字（诗歌也可以），思考知春分校的学子应该成为怎样的人。**

活动意图说明：

引领学生树立“尊重自然、顺应自然、保护自然”的生态文明理念，主动加入生态文明建设中去，为绿色发展、循环发展、低碳发展贡献自己的力量。

6. 板书设计（板书完整呈现教与学活动的过程，最好能呈现建构知识结构与思维发展的路径与关键点。使用 PPT 应注意呈现学生学习过程的完整性。）

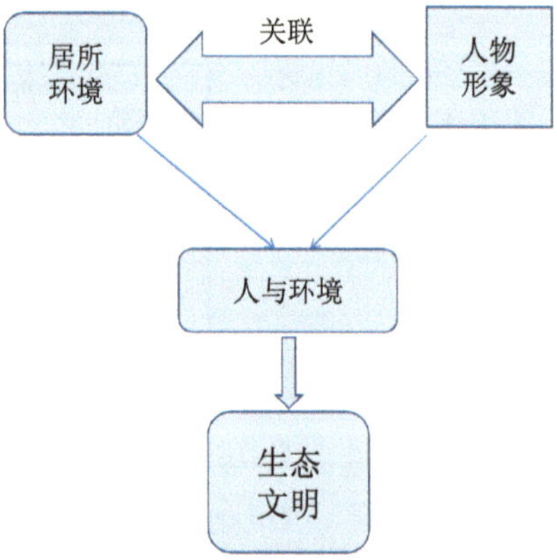

7. 特色学习资源分析、技术手段应用说明（结合教学特色和实际撰写）

①《红楼梦》以及探讨《红楼梦》的书籍、音像视频资料；

②在教师的引领下，学生能够有一种亲近传统文化的情怀，愿意去阅读、去探索、去反思，在阅读经典中提升自己的学科素养；

③在平时的教学中，需要对学生进行生态文明教育。

8．教学反思与改进（单节课教与学的经验性总结，基于学习者分析和目标达成度进行对比反思、教学自我评估与教学改进设想。课后及时撰写，突出单元整体实施的改进策略，思考后续课时教学如何运用本课学习成果，如何持续促进学生发展。） ①因为对《红楼梦》有比较系统的阅读，学生在学习 “居所环境与人物关联”这一专题时比较顺畅。 ②在平时的写作训练中，学生对“生态文明”有了比较深入的理解。 ③本节课打通了“阅读”与“写作”之间的壁垒，同时把生态文明理念巧妙地融入教学。以阅读带动写作，以写作促进阅读，在培养学生阅读能力的同时，帮助学生积累写作素材，揣摩写作技法；在写作训练这一环节，借鉴阅读中所掌握的材料和技法，指导学生写作。阅读与写作同步互动，有助于提升学生的语文核心素养与生态文明素养

三、语文学科生态文明作文系列化课程内容与生态文明议题的关联

语文学科生态文明作文系列化课程，旨在通过写作培养学生的作文素养与生态文明素养。在实施国家课程时，教师重点关注那些能体现“人与自我”“人与自然”“人与国家”“人与技术”“人与文化”关系的写作任务，通过对写作任务的具体设计，着力培育学生知行合一的精神，培养学生未来参与生态文明建设的行动能力。在实施校本课程时，教师侧重选择那些能引发学生思考“人与自我”“人与自然”“人与国家”“人与技术”“人与文化”关系的素材，使学生在写作中思索，在思索中提升作文素养、生态文明素养。

生态文明是以“人与自然、人与人、人与社会”和谐共生、良性循环、全面发展、持续繁荣为基本宗旨的社会形态。生态文明的核心要素是公正、高效、和谐和人文发展。生态意识的提高和生态文明的塑造，依赖于生态教育。

语文学科生态文明作文系列化课程引领学生在写作中不断增长见识、增加体验，树立生态文明理念，从而自觉地成为生态文明的践行者。

四、语文学科实施生态文明教育的关键建议

从新课改的语文学科课程内容来看，我们会发现其中蕴含了许多生态文明教育的内容，为语文教师在课堂上有机地渗透生态文明教育提供了基本条件。所以，无论是从传承文明的角度出发，还是基于课程改革的需求，语文学科都应与生态文明紧密相连，充分发挥语文学科在育人方面的作用。

首先，要充分挖掘语文教材中蕴藏的生态文明教育内容，找准渗透点。通览全套教材，努力挖掘其中有关生态文明教育的素材，确定渗透生态文明教育的总体目标；然后再根据总目标设计每个单元的生态文明教育渗透点，使各单元的渗透连点成串，连串成

片，分层次地逐步深入。例如，在部编教材必修上册（普通高中）第一单元，在“人文主题”方面，教师可以引导学生探讨“青春之美”，思考“青春的价值”；在写作方面，可明确要求学生尝试创作诗歌。“人与自我”是生态文明的重要基础，通过写作“青春礼赞”的诗歌，教师可以引领学生审视自己、超越自己，思考“自我”在美丽中国建设中应该交出怎样的答卷。

其次，要充分发挥语文课堂教学在渗透生态文明教育中的主渠道作用，采用多种方式进行渗透。例如，可以通过“随堂作文、课前五分钟演讲、口头作文”等形式，引导学生关注生态文明。

最后，要充分利用第二课堂，拓展生态文明教育的渗透空间。除课堂教学外，学校内外的各种学习空间，如家庭等，都可以作为第二课堂。在教师的引领下，学生可以把生态文明教育延展到第二课堂。例如，让学生从“人与自我”“人与自然”“人与技术”“人与国家”“人与文化”关系的角度准备课前五分钟的演讲；可以做摘抄，积累写作素材等。“学习在课堂，贯通在课外；认识在课堂，拓展在课外；问题在课堂，思索在课外。”在第二课堂上，学生可以实际行动践行生态文明，提升生态文明素养。

第二章

生态文明教育融入数学学科教学实施方案

一、生态文明教育融入数学学科的基本设计框架

（一）生态文明教育融入数学学科的 Logo 设计

数学学科的 Logo 整体由正六边形、字母“ZC”和圆周率 π 共同组成。其中，“ZC”是“知春”的英文首字母，代表着学校；字母“C”以圆弧的形式呈现，寓意为包容；字母“Z”作为图形的支撑，寓意为担当。正六边形向外延伸寓意为上进，与学校生态文明教育的育人目标相契合；正六边形代表着数学学科的六大核心素养：数学抽象、逻辑推理、数学建模、直观想象、数学运算和数据分析；圆周率 π 象征着学生通过课程的学习，能够激发无限潜能，不断完善自我。

（二）生态文明教育融入数学学科的目标设计

数学是研究数量关系和空间形式的科学。数学源于对现实世界的抽象，通过对数量和数量关系、图形和图形关系的抽象，得到数学的研究对象及其关系；基于抽象结构，通过对研究对象的符号运算、形式推理、模型构建等，形成数学的结论和方法，帮助人们认识、理解和表达现实世界的本质、关系和规律。

数学教育的目标是提升学生的数学素养，引导学生运用数学的视角观察世界，用数学思维思考世界，用数学语言表达世界；促进学生思维能力、实践能力和创新意识的发展，探寻事物变化规律，增强学生的社会责任感；在学生形成正确世界观、人生观、价值观等

方面发挥独特的作用。

（三）生态文明教育融入数学学科的实施设想

随着初中、高中数学教学改革的不断推进，社会对学生数学能力的培养提出了更高的要求。新时期，生态文明理念应运而生，生态文明理念是一种新型的教育理念，旨在让学生学习数学知识的同时，培养生态环境保护意识，以促进学生全面发展。将习近平生态文明思想融入数学教学中，不仅可以改变数学课程的教学模式，还可以帮助学生在日常的数学学习中，不断地优化、调整学习思路，深刻领悟数学的精髓。因此，把生态文明教育与数学教学结合起来，不仅符合新课改的教育要求，更是培养符合社会发展需求的综合素质人才的重要途径。

二、学科核心素养与生态文明素养的融合

数学学科核心素养是数学课程目标的集中体现，是具有数学基本特征的思维品质、关键能力以及情感、态度与价值观的综合体现，是在数学学习和应用的过程中逐步形成和发展的。

将数学教育与生态文明教育相融合，通过课程学习，引导学生体会数学与其他学科之间、数学与生活之间的联系，在探索真实情境所蕴含的关系中，发现问题和提出问题，运用数学和其他学科的知识与方法分析问题和解决问题。进一步发展数学学科核心素养与生态文明素养，使数学教育与生态文明教育形成一个有机的整体。

三、学科课程内容与生态文明议题的关联

在数与代数主题的学习中融入生态文明教育。在中学数学课程中，代数内容占有举足轻重的位置。通过将生态文明理念融入课堂教学，能够创新教学模式，帮助学生更好地理解本主题解决问题的思维特点，为学生进一步掌握学科知识和思想方法奠定扎实的基础。

例如，在函数与导数单元的教学中，教师可以引导学生了解导数的作用，并学会利用导数解决与函数性质有关的简单问题和某些实际问题。学生通过参与易拉罐的设计，建立函数模型，运用导数的方法达到求解最优化。通过易拉罐的最优化设计，提高学生的节能环保意识，从而在实践中深化对生态文明的理解。

姓　名	刘雪莲	学　校	北京市中关村中学知春分校
学习领域/模块	导数	教科书版本及章节	人教B版
课时教学设计			
课题	易拉罐的最优化设计		
课型	新授课		

1．教学内容分析

《导数及其应用》是在必修一函数的基础上，提供的一种研究函数的新工具，是对函数学习的延续和完善。导数是研究函数和解决实际最优化问题的重要工具。学习导数，有利于学生理解函数特性，掌握函数思想。高中数学课程中的《导数及其应用》是初等数学到高等数学的过渡。

2．学习者分析

授课对象为高二年级学生，他们已经学习了函数的相关知识，掌握了导数的研究方法，能够利用所学知识解决一些函数问题。他们对数学问题的研究兴趣浓厚，对新鲜事物有探究的热情；但是在知识的运用上不够灵活，而且把生活问题抽象为数学问题较为困难。

3．教学目标

（1）学生了解导数的作用，能够利用导数解决与函数性质有关的简单问题和某些实际问题；

（2）学生通过易拉罐的设计，建立函数模型，运用导数的方法求解最优化；

（3）通过易拉罐的最优化设计问题，提高节能环保意识。

4．学习重点难点

【教学重点】

（1）根据实际问题，为易拉罐的设计建立相应的函数模型；

（2）运用导数的方法求解模型的最优解。

【教学难点】

如何将实际问题转化为数学问题。

5．学习评价设计

学生自我评价内容	不会（0分）	会（10分）	熟练（20分）
（1）能够测量相应的数据			
（2）能够将易拉罐的形状近似看成我们学过的几何体			
（3）能够根据要求建立函数模型			
（4）能够用导数的方法（或者其他数学知识）来解决最优解问题			
（5）能够评判模型，并提出优化方案			

6．学习活动设计

教师活动	学生活动
环节一：问题提出	
教师活动1 小组研究易拉罐的形状和尺寸的最优设计问题。具体来说，请你们完成以下的任务： 取一个容量为 330 mL 的易拉罐，例如，330 mL 的可口可乐饮料罐，测量你们认为验证模型所需要的数据，例如，易拉罐各部分的直径、高度、厚度等，并把数据列表加以说明；如果数据不是自己测量得到的，那么必须注明出处。 	学生活动1 提出问题后，学生要亲自动手利用一些物理仪器，如游标卡尺、螺旋测微仪测量易拉罐的高度、直径、顶面、底面、圆台侧面、圆柱侧面的厚度等相关数据。

活动意图说明：

树立节能意识，生态的维护需要我们每个人都付诸行动。同时学生动手实践，运用物理的手段实际测量，体会不同学科的工具性作用。

环节二：建构数学

教师活动 2

学生假设易拉罐是一个正圆柱体。什么是它的最优设计？其结果是否可以合理地说明你们所测量的易拉罐的形状和尺寸，例如，半径和高之比，等等。

（Ⅰ）模型一假设：

①将易拉罐近似看成圆柱体；

②上盖、下底、侧壁的厚度不考虑；

③上盖、下底、侧壁所用金属相同；

④易拉罐接口处的所用材料忽略不计

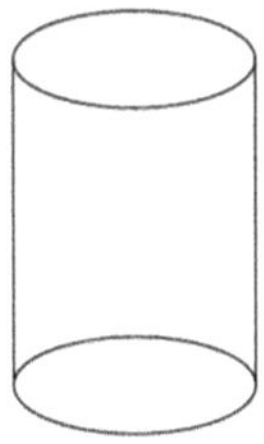

（Ⅱ）建立模型：

记圆柱体积为V，高为h，底面半径为r，金属用料总量为C

由几何知识得到如下数量关系：

①$V=\pi r^2 h$

②$C=2\pi r^2+2\pi rh$

由①得$h=\dfrac{V}{\pi r^2}$，代入②整理得

$C=2\pi r^2+\dfrac{2V}{r}$

其中V是常数

（Ⅲ）求解模型：

所以，在$r=$＿＿＿＿＿＿（用a,b表示）时，C取得最小值，即在此种情况下用料最省

（Ⅳ）检验模型：

当$r=\sqrt[3]{\dfrac{V}{2\pi}}$时，即$V=2\pi r^3$用料最少

所以$h=\dfrac{V}{\pi r^2}=\dfrac{2\pi r^3}{\pi r^2}=2r$

实际生活中，我们很少看到直径和高相等的易拉罐。

学生活动 2

假设易拉罐为一个正圆柱体，问题便简化为：已知圆柱体的体积，求其高度和底面半径为多少时表面积最小。进一步分析问题建立目标函数，用导数的方法求解。

解：由$C=2\pi r^2+\dfrac{2V}{r}$可得

$$C'=4\pi r-\frac{2V}{r^2}$$

当$C'=0$时，$r=\sqrt[3]{\dfrac{V}{2\pi}}$；

当$C'>0$时，$r>\sqrt[3]{\dfrac{V}{2\pi}}$，所以$C(r)$的单调递增区间是$(\sqrt[3]{\dfrac{V}{2\pi}},+\infty)$；

当$C'<0$时，$r<\sqrt[3]{\dfrac{V}{2\pi}}$，所以$C(r)$的单调递减区间是$(0,\sqrt[3]{\dfrac{V}{2\pi}})$；

所以，在$r=\sqrt[3]{\dfrac{V}{2\pi}}$时，$C$取得最小值，即在此种情况下用料最省

预设答案

模型计算结果与现实数据存在较大差异的原因可能为：

①模型假设过于简单，把易拉罐近似看成圆柱体，且没有厚度的，实际上下底面，还有瓶体都是有一定厚度的

相应改进措施：测量上下底面的厚度和侧面的厚度分别为多少

②模型只考虑了表面积最小，使得用料最省，但实际上易拉罐是有厚度的。

相应改进措施：重新测量相应数据。

（V）模型评价与改进：

模型计算结果与现实数据存在较大差异的原因可能为：________________________

相应改进措施为：________________________

活动意图说明：

学生运用立体几何中的圆柱体面积公式和体积公式，用导数知识解决最优化问题。

环节三：优化模型

教师活动 3

（Ⅰ）模型二假设：

①易拉罐近似看成圆柱体；

②上盖、下底、侧壁的厚度处处均匀；

③上盖、下底、侧壁所用金属相同；

④易拉罐接口处的所用材料忽略不计。

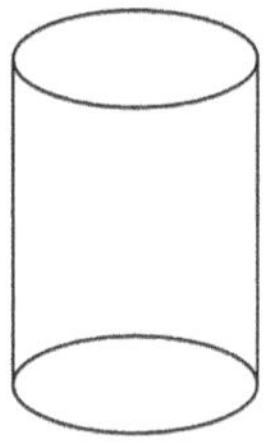

（Ⅱ）建立模型：

记圆柱体积为 V，高为 h，底面半径为 r，上盖、下底和侧壁的厚度分别为 d_1,d_2,d_3，金属用料总量为 C。

由几何知识得到如下数量关系：

① $V=\pi r^2 h$

② $C=\pi r^2 d_1+\pi r^2 d_2+2\pi rhd_3$

> 由①得 $h=\dfrac{V}{\pi r^2}$，代入②整理得
>
> $C=\pi(d_1+d_2)r^2+\dfrac{2Vd_3}{r}$

因为 V,d_1,d_2,d_3 都是常数，不妨设 $a=\pi(d_1+d_2)$，$b=2Vd_3$，

则用料总量的函数简化为 $C=ar^2+\dfrac{b}{r}$

请写出表格中代入整理这一步的目的是：________________________

（Ⅲ）求解模型：

所以，在 $r=$ ________（用 a,b 表示）时，C 取得最小值，即在此种情况下用料最省。

学生活动 3

假设易拉罐为一个正圆柱体，问题简化为：已知圆柱体的体积，求其高度和底面半径为多少时所用的材料体积最小。进一步分析问题建立目标函数，用导数的方法求解。

表格中代入整理这一步的目的是：消元，消去变量 h，使②中 C 的表达式只含有一个自变量 r。

解：由 $C=ar^2+\dfrac{b}{r}$ 可得 $C'=2ar-\dfrac{b}{r^2}$，

当 $C'=2ar-\dfrac{b}{r^2}=0$ 时，$r=\sqrt[3]{\dfrac{b}{2a}}$；

当 $C'=2ar-\dfrac{b}{r^2}>0$ 时，$r>\sqrt[3]{\dfrac{b}{2a}}$，所以 $C(r)$ 的单调递增区间是 $(\sqrt[3]{\dfrac{b}{2a}},+\infty)$；当 $C'=2ar-\dfrac{b}{r^2}<0$ 时，$r<\sqrt[3]{\dfrac{b}{2a}}$，所以 $C(r)$ 的单调递减区间是 $(0,\sqrt[3]{\dfrac{b}{2a}})$。

<table>
<tr>
<td>
（Ⅳ）检验模型：
上网查阅到目前 330 mL 可乐易拉罐的数据，得知 $d_1 = 0.028\ \text{cm}$，$d_2 = 0.021\ \text{cm}$，$d_3 = 0.011\ \text{cm}$，代入（III）的模型结果，
经计算得到 $r \approx 2.868\ \text{cm}$
经验算，确认计算无误，但是这与实际罐体半径 3.305 cm 差异较大。
实际上，在经济利益驱动之下，目前的罐体成本应该已经达最优。
（Ⅴ）模型评价与改进：
模型计算结果与现实数据存在较大差异的原因可能为：______________________
相应改进措施为：______________________

我们是否能继续优化模型，使得结果更准确？同学们如果仔细观察，会发现易拉罐的上部近似一个正圆台，这样问题就变为：上部圆台和下部圆柱体体积和一定的条件下，求其表面积和最小，与模型一采取类似的步骤建立函数模型。
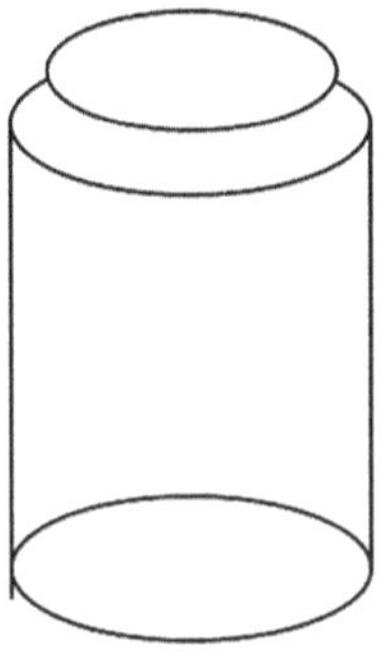
</td>
<td>
所以，在 $r = \sqrt[3]{\frac{b}{2a}}$ 时，C 取得最小值，即在此种情况下用料最省。

预设答案
模型计算结果与现实数据存在较大差异的原因可能为：
①模型假设过于简单，把易拉罐近似看成圆柱体，但实际上易拉罐的上部为近似圆台体，尤其是底部有凹进去的部分；
相应改进措施：更精细地描述易拉罐，例如，将易拉罐体看作圆台和圆柱的组合体；
②模型主要考虑了如何设计使用料最省，但实际上还需要考虑生产与运输中的其他限制条件，还有消费者的喜好等其他因素。
相应改进措施：了解在现实中，商家认为的最优内涵要素，重新界定问题。

学生将易拉罐看作圆台与圆柱的组合体。此时易拉罐体积由圆柱体和圆台两部分体积构成，函数表达式变得比较复杂。但是误差比模型一要更小。
</td>
</tr>
<tr>
<td colspan="2">
活动意图说明：
让学生体会不同模型之间数据的差异，在解决实际问题时要考虑的因素更多。
</td>
</tr>
<tr>
<td colspan="2">环节四：创意设计</td>
</tr>
<tr>
<td>教师活动 4</td>
<td>学生活动 4</td>
</tr>
<tr>
<td>在容积一定的条件下，球体是最节省材料的，利用你们的想象力，同时考虑人们拿着易拉罐时的手感舒适度和放置时的稳定性等，易拉罐还可以设计成哪些形状呢？</td>
<td>学生根据自己的生活经验开展讨论，设计自己理想的易拉罐。</td>
</tr>
<tr>
<td colspan="2">
活动意图说明：
学生发挥想象，参与到设计中，为节能降耗献计献策。
</td>
</tr>
</table>

<table>
<tr><td colspan="2">环节五：总结提高</td></tr>
<tr><td>教师活动 5</td><td>学生活动 5</td></tr>
<tr><td>问题 1：对使用完的易拉罐，你觉得应该怎样处理呢？
问题 2：生活中，你还能提出哪些问题，可以最优化？你能用我们所学知识解决吗？</td><td>易拉罐属于可回收垃圾，应该放到相应的垃圾桶中。
学生自由讨论，比如包装问题的最优化。</td></tr>
<tr><td colspan="2">活动意图说明：
从易拉罐的最优化问题，延伸到我们日常生活中，思考更多的节约资源、保护环境的问题。</td></tr>
<tr><td colspan="2">7. 课后分层作业
实践作业：
国家邮政局发布的数据显示，2023 年春运期间，全国累计揽收邮件快件 103.67 亿件，日均业务量 2.59 亿件，较 2022 年同期增长 6.14%，较 2019 年同期增长 159%。快递包裹数量迅速增加，在便利人们生产生活的同时，也产生大量包装废弃物，由此带来的资源浪费和环境问题值得重视。
目前大部分快递用的是怎样的包装箱？是否统一？是否有浪费现象？
你对快递包装绿色化有什么建议？
快递包装到底减量到多少才算绿色化？
可循环使用的包装箱应采用何种材料？需要重复使用多少次才合格？</td></tr>
<tr><td colspan="2">8. 特色学习资源分析、技术手段应用说明
为了提高课堂效率，可采取多媒体辅助教学。测量仪器螺旋测微器、直尺等。</td></tr>
</table>

在统计与概率教学中渗透生态文明教育。在高中数学课程中，统计与概率是具有很强实践性的内容。统计与概率包括统计图、收集整理数据、调查以及简单抽样等。将生态文明教育融入统计与概率的教学中，能够让学生更好地理解统计知识，了解生态文明的内涵，从而提高自身的生态文明意识。

例如，在统计的相关教学中，让学生调查并统计每个人每周使用一次性餐具的数量，计算整个班级一年使用一次性餐具的数量，进而引导学生思考：我国一年因使用一次性餐具，需要砍伐多少树木。学生进行反复类推，会发现得出的结果数字是非常庞大的。同时意识到，爱护资源，每年都能节约大量的支出，并减少环境的污染。通过这样的设计，学生的心灵受到了极大的冲击，很多学生会拒绝使用一次性餐具，在不知不觉中树立了对植物的保护意识。此外，学生在统计调查问题的时候，还能够独立地进行思考，开阔眼界，从宏观视角去观察生活、体验生活。

在实践活动中渗透生态文明教育。生态文明教育除了与课堂相结合，还要与数学实践活动有机地联系在一起，实现认知和行为相统一，全面提升学生的整体素养。在此基础上，引导学生参与小型社会活动，让学生自己动手，将高中数学知识应用于日常生活中，从而实现学以致用。

例如，在学习数据的收集相关内容时，可以开展节约用水的实践活动，让学生记录自家的用水量以及水费。这样，学生可以利用课余时间收集自家的用水数据和每月的水费，学会比较不同月份的用水量，并学习相关的生态文明知识。在课堂上，教师可以采取小组合作的方式，让学生讨论他们的记录结果，分享自己的观察和见解，有的可能会说自家的用水量比较大，有的可能说自家平时用水比较节省。最后，教师根据学生的讨论情况进行讲解，并总结出节约用水的方法。通过营造浓厚的学习氛围，学生不仅能够掌握数学知识，还能够学到生态文明的内容，从而保证了生态文明教育的有效渗透。

四、学科实施生态文明教育的关键建议

生态文明教育在课堂教学的渗透点是重点。这需要教师依托教材中蕴含的生态文明教育素材，挖掘与实际生活息息相关的内容，深入钻研教材，深刻领会教材的内涵和外延。

生态文明教育在课堂教学的渗透时机是难点。由于数学教学知识性较强、注重知识的运用，对课堂结构的严谨性和连贯性要求较高。因此，需要我们遵循课程标准，关注学情，适度渗透生态文明教育。

生态文明教育的实施不仅带来了教育理念、教育思想的变化，也深刻影响了教育内容、方法和方式。生态文明教育基于人们的生活实践，是践行素质教育的关键任务。在数学教学中渗透生态文明教育，能够帮助教师转变教学模式。教师可以结合生态文明理念，考虑学生的实际生活情况，设计贴近生活的教育方案，使课堂教学更加新颖有趣，从而提高学生的学习兴趣。

第三章

生态文明教育融入英语学科教学实施方案

一、生态文明教育融入英语学科的基本设计框架

（一）生态文明教育融入英语学科的 Logo 设计

英语学科课程的整体设计思路是在学校生态文明大主题下的英语阅读，因此，Logo 的设计主体是一本翻开的书，书中的英文字母跳跃而出，寓意着英语阅读；书的下方是一株由六片叶子组成的藤蔓，绿叶寓意着绿色与生机，契合生态文明的主题，代表着从初一到高三的六个年级，体现出英语学科课程初高中一体化的教育理念；书页上方是绿色的穹顶和远处的高山，高山之巅，用英文字母 reading（阅读）拼成的飞鸟展翅飞翔，寓意着在生态文明大主题下，学生通过阅读获得自由和快乐。

（二）生态文明教育融入英语学科的目标设计

英语学科课程的总目标是在生态文明大主题下，通过英语小说的阅读，唤起学生对生态文明的关注，使他们了解自然、激发探索自然的兴趣，进而思考更深层次的人与自然和谐共生等问题。

（三）生态文明教育融入英语学科的主体内容

（1）初中部分

人与自然主题群包括自然生态、环境保护、灾害防范和宇宙探索等，子主题内容涉及世界主要国家的地理位置，不同地区的生态特征与自然景观；热爱与敬畏自然，与自然和谐共生；环境污染及原因，环保意识和行为；自然灾害与防范措施，人身安全与自我保护；地球与宇宙探秘，航天事业发展。

（2）高中部分

人与自然的四大主题群保持不变，子主题有所调整，包括主要国家地理概况；自然环境、自然遗产保护；人与环境、人与动植物；自然灾害与防范，安全常识与自我保护；人类生存、社会发展与环境的关系；自然科学研究成果；地球与宇宙奥秘探索。

（3）校本课程

根据初一到高三学生的英语水平和认知水平的不同，选择合适的阅读材料，从绘本阅读、短文阅读到原版小说，每个年级的阅读材料都紧扣生态文明大主题下的一个子话题，确保阅读难度和学生的语言水平相匹配，阅读任务的设计紧扣阅读主题。

（四）生态文明教育融入英语学科的实施设想

初步设想：

各年级的英语学科课程实施根据各年级具体情况，以选修课、兴趣小组、阅读素养课及课后阅读任务等方式进行。

二、学科核心素养层面的融合点分析

英语核心素养是学生通过课程学习逐步形成的适应个人终身发展和社会发展需要的正确价值观、必备品格和关键能力。英语课程旨在培养学生的语言能力、文化意识、思维品质和学习能力等核心素养。

（一）初中学段核心素养的融合点分析

在义务教育阶段，课标中对初中学生语言能力的要求是：在教师的引导和启发下，围绕相应级别的主题，理解日常生活中的简单语言材料，具备一定的获取和归纳特定信息或关键信息的能力，抓住要点，分析、推断隐含的信息；能够运用所学语言与他人交流，描述现象与经历，介绍熟悉的人和事物，表达观点和情感态度等，表达基本准确、连贯、顺畅。

初中阶段对文化意识的要求是：在教师的引导和协助下，采用合适的方式、方法认识与中外文化有关的具体现象和事物；尊重并包容不同文化，涵养家国情怀，初步理解人类命运共同体的概念；能通过语言简单、主题相关的语篇材料获取并归纳中外文化信息；在参与交际活动时，意识到文化差异在于眼神交流中的表现，能尝试采用多种策略进行沟通和交流；能基于已有经验和知识，用所学英语描述熟悉的文化现象和文化差异；具备比较、判断常见的中外文化差异和相似性的基本能力；能理解与感悟优秀文化的内涵，有正确的价值观、健康的审美情趣和良好的品质。

初中阶段对学生思维品质的要求是：在教师的引导和协助下，自主采用合适的方式、方法，观察和理解所学语篇中语言和文化的各种现象；通过比较，识别关键信息，区分事实性和非事实性信息，分析和推断各种信息之间的关联和逻辑关系；能根据获取的信息，尝试归纳、概括主要观点和规律，发现问题、分析问题，并逐步创造性地解决新的问题；能从不同角度认识和理解世界，对各种观点进行独立思考，判断信息的真实性，作出正确的价值判断，尝试提出合理疑问。

初中阶段对学生学习能力的要求是：在教师的引导和协助下，认识到英语学习的重要性；进一步激发英语学习的兴趣，遇到困难时具备一定的抗挫折能力；了解英语学习的特点和规律，积极尝试运用不同的英语学习策略提高学习效率，制订适合自己的学习计划并努力完成；及时反思，并根据学习进展对学习计划和策略进行调整，找到适合自己的英语学习方法并加以运用；能主动利用图书馆和其他资源进行拓展学习，初步具备自主学习、合作学习、探究学习的能力，养成良好的学习习惯。

根据初中阶段学生特点和核心素养的要求，各年级选定了不同层级的阅读内容，紧扣生态文明的不同主题，分别设计了相应的阅读任务，帮助学生更好地阅读和理解文本。

（二）高中学段核心素养的融合点分析

高中学段对学生的核心素养要求更高，在语言能力方面，要求学生具有一定的语言意识和英语语感，在常见的具体语境中整合性地运用已有的语言知识，理解口头和书面语篇所表达的意义，识别其恰当表意所采用的手段，有效地使用口语和书面语表达意义进行人际交流。

在文化意识方面，课标要求学生获得文化知识，理解文化内涵，比较文化异同，汲取文化精华，形成正确的价值观，坚定文化自信，形成自尊、自信、自强的良好品格，具备一定的跨文化沟通和传播中华文化的能力。

在思维品质方面，要求学生能辨析语言和文化中的具体现象，梳理、概括信息，建构新概念，分析推断信息的逻辑关系，正确评判各种思想观点，创造性地表达自己的观点，具备多元思维和创新思维的能力。

在学习能力方面，要求学生能树立正确的英语学习观，保持对英语学习的兴趣，具有明确的学习目标，能够多渠道获取英语学习资源，有效规划学习时间和学习任务，选择恰当的策略与方法，监控、评价、反思和调整自己的学习内容和进程，逐步提高使用英语学习其他学科知识的意识和能力。

根据高中阶段学生特点和核心素养的要求，高中学生已经具备一定的语言能力和思维品质，可以进行一些语言相对简单的原著的阅读，并能够理解原著小说中涉及的生态文明相关思想，也能够创造性地表达自己的观点并学以致用。

三、英语学科课程内容与生态文明议题的关联分析

鉴于不同年级学生的英语素养各不相同，在整体英语核心素养（语言能力、文化意识、思维品质、学习能力）的指导下，各年级分别选定不同的阅读书目，设计不同的阅读任务，将学科的核心素养和生态文明素养融合在一起。下面分年级作出具体说明。

1. 初一年级

初一年级的阅读子话题为“了解自然”，选取的阅读材料是绘本 Summer with the Grandparents，讲述了一个小女孩放暑假回到乡下爷爷奶奶家探索自然的故事。

绘本的子主题紧扣生态文明大主题，内容符合初一学生的语言水平。在阅读任务的设计上，采用了比较简单的问答方式，每个章节的问题都在帮助阅读者梳理本章节的内容，引导他们更好地理解文本并引发思考。

除此之外，初一年级的教学内容还包括很多与生态文明主题相关的小阅读文本，老师们在日常课堂中也会将这些内容融入教学。例如，初一年级高娜老师在讲第七单元时，就尝试了一种与生态文明大主题相关的单元整体设计，并进行了教学实践，效果很好。具体设计请参见单元设计案例部分。

2. 初二年级

初二年级的阅读子话题为“人与动物的和谐相处”，这是生态文明大主题下的重要子话题之一，也是与学生生活息息相关的一个话题。

选定的阅读书目为简化版的《黑骏马》和《小王子》，这两本书皆涉及人与动物之间的相处，简化版的文本符合学生的语言能力，让学生阅读后体验人与动物应该如何和谐相处，也符合学生思维品质的发展。

3．初三年级

初三年级的阅读子话题为“人与自然的和谐共生”，阅读的文本是人与自然的系列小短文。

初三年级因为面临毕业压力，很难挤出大段时间进行长时间阅读，因此选择了小短文，这样既可以在相对短的时间内通过阅读丰富学生对大自然的了解，也可以促进学生英语核心素养的培养。

4．高一年级

高一年级的阅读子话题为“人与自然的关系”，选定的阅读小说为《老人与海》和《秘密花园》。

高中三个年级都选择了英文原版小说的阅读。相对而言，《老人与海》和《秘密花园》的语言相对简单一些，符合刚上高中的学生的语言基础，从阅读中引出探索的话题“人与自然的关系”，引导学生思考人与自然如何和谐共生。

在高一年级的课本中，也有涉及生态文明大主题的单元，高一年级的窦婷婷老师设计的相关单元的阅读课得到了专家的一致好评。具体设计请参见单元设计案例部分。

5．高二年级

高二年级的阅读子话题为“人对自然的探索”，选定的阅读小说为《海底两万里》和《鲁滨逊漂流记》。

子话题由高一的“人与自然的关系”上升到 “人对自然的探索”，阅读文本的语言难度加大，对思维品质的要求也更高，对生态文明主题的思考更加深刻。

6．高三年级

高三年级的阅读子话题为“在自然中探索生存的意义，奋斗的价值”，选定的阅读小说是《荒野的呼唤》。

小说讲述了一名叫巴克的狗从法官文明的家中被卖到阿拉斯加成为雪橇犬，在现实的逼迫下求生存的故事。该小说延续了杰克·伦敦小说的“生存”主题——生命总是在不断挣扎求存的过程中获得意义与力量。

对高三学生来说，学习的压力更大，选择这一本小说，是希望他们能在备考中奋力拼搏，像巴克一样积极适应环境，提升自身能力，最终获得选择的权利。

在阅读过程中，语言能力的提升已经不那么重要了，重要的是学生在阅读过程中受到的触动和思维品质的提升。

总之，六个年级的选读篇目从易到难循序渐进，子话题的选择符合学生思维品质的发展特点。初中阶段整体倾向于对自然的认知和了解，高中阶段则对学生提出了更高的要求，阅读主题从“挣扎求存”到“和谐共生”，再到“征服和突破”，不仅是从语言文字方面在逐层提升，对学生思维品质的锻炼也在逐渐加强，更是融合了对学生学习能力的培养，加深了学生对文化意识的理解，实现了学科核心素养和生态文明素养的高度契合与融合。

四、融合导向下的单元整体设计

【初中单元设计案例】

新目标 7 下 Unit7 It's raining！单元整体教学设计
（4 课时）

中关村中学知春分校　高娜

（一）单元教学设计说明

1. 教学设计理论基础

《义务教育英语课程标准（2022 年版）》在课程教学建议部分指出：

（1）加强单元教学的整体性

教师要通过单元整体教学设计，整合单元内所有相关的教学内容，建立单元内不同内容或各语篇及子主题之间的关联，从而能够从单元角度整体设计教学，从主题出发，深入分析单元教学内容之间的关联，凝练单元育人价值，确定单元教学目标，组织单元教学内容，落实单元教学评价，以单元学习完成后学生的核心素养综合表现作为单元教学的落脚点。

（2）秉持英语学习活动观组织和实施教学

教师要采用融合语言、文化、思维和学习能力为一体的教学途径，秉持“在体验中学习、在实践中运用、在迁移中创新”的理念，落实对学生语言能力、文化意识、思维品质和学习能力的培养。英语学习活动观的实施包括学习理解、应用实践和迁移创新三种主要活动类型。

2. 单元教学内容分析

本单元为人教版新目标英语 Go for it！七年级第 7 单元 Unit7 It's raining！

本单元的话题为天气 the weather，单元主题为 Weather Influences People's Life。

本单元的内容与学生的日常生活关联紧密，鼓励学生对天气影响人类生活的方方面面进行描述、阐释和评价。此外，本单元涉及学生对不同城市的描述和比较，这有助于学生树立正确的国际视野，增强民族自豪感，培养其树立报效祖国的人生目标。

课程内容六要素	
主题	“人与自然”范畴中的“自然生态”和“人与社会”范畴中的“人际沟通”
语篇	电话对话（P37-1a～1c，P38-2a～2d，P40-1a～1e）、明信片阅读和写作（P41-2a～2c，P42-3a～3c）
语言知识	语言功能为使用所学语言谈论天气、简单描述人们正在进行的活动、用更丰富的语言问候；语法为现在进行时态，由 how 引导的问句来表达问候。
文化知识	1．初步了解谈论天气是“闲谈”中的一项重要内容，“闲谈”是让交际顺利进行的一个重要策略； 2．了解世界各地不同天气及人们进行的不同活动，感受地域差异。
语言技能	听说读看写：理解语篇的整体意义和主要内容，提取、梳理、分析和整合语篇的主要或关键信息（问候、天气和人们的活动）；围绕相关主题用简短的表达方式进行口头交流（天气预报、演讲、模拟通话），完成交际任务；利用所给提示，写出简单文段传达信息，语言基本准确（明信片写作）。
学习策略	元认知策略：9．经常和同学组成小组，合作学习英语； 认知策略：1．在学习中激活并关联已知；3．在学习中善于抓要点、记笔记；9．了解和运用基本的写作技巧和策略； 交际策略：2．沟通与交流遇到困难时，主动提问，请求澄清或寻求帮助； 情感管理策略：2．乐于参与课内外英语实践活动，积极沟通表达，不怕犯错。

（二）学习者分析

本次授课的对象为本校七年级学生，他们的整体英语水平尚在提升阶段，但表现出较强的学习热情。

本单元内容与天气和旅游出行相关，学生对此类话题具有浓厚的兴趣，并渴望与他人交流。学生已经在小学阶段学习了如何简单描述天气，已经掌握一些城市的名称以及对城市的简单描述。

学生有能力选用恰当的信息、使用恰当的词汇和句型对不同城市的天气以及人们的活动状态进行描述和评价。学生根据听力材料的内容，会自然联系到自己的出行经验，并渴望描述自己出行时的状态和想法。

因此，本课时作为单元的起始课，将从描述天气的词汇、城市名称和人们的活动内容的相关短语，以及描述天气的简单句开始，让学生通过听力和口语练习学习并巩固如何描述不同地点的天气并给出出行建议，为最终描述自己出行状态的大任务积累相关素材。

需要注意的是，学生有可能会出现思维活跃但不知如何表述或表述错误的情况。因此要关注学生语言能力中的“言语的准确性”，确保他们的表达清晰、准确。

（三）单元教学目标

在完成本单元学习后，学生应能达成以下目标：

（1）感知、描述世界不同地区的天气特点，并据此对人们的活动、穿衣、饮食给出建议。

（2）通过不同城市的对比，坚定文化自信，树立国际视野。

（3）发现语言特点、准确获取信息，采用交际策略正确理解信息传递的意图、观点和情感态度等；从跨文化视角观察和认识世界，多角度看待事物，多角度思考问题。

（4）积极运用和主动调整英语学习策略。

（四）单元整体教学思路

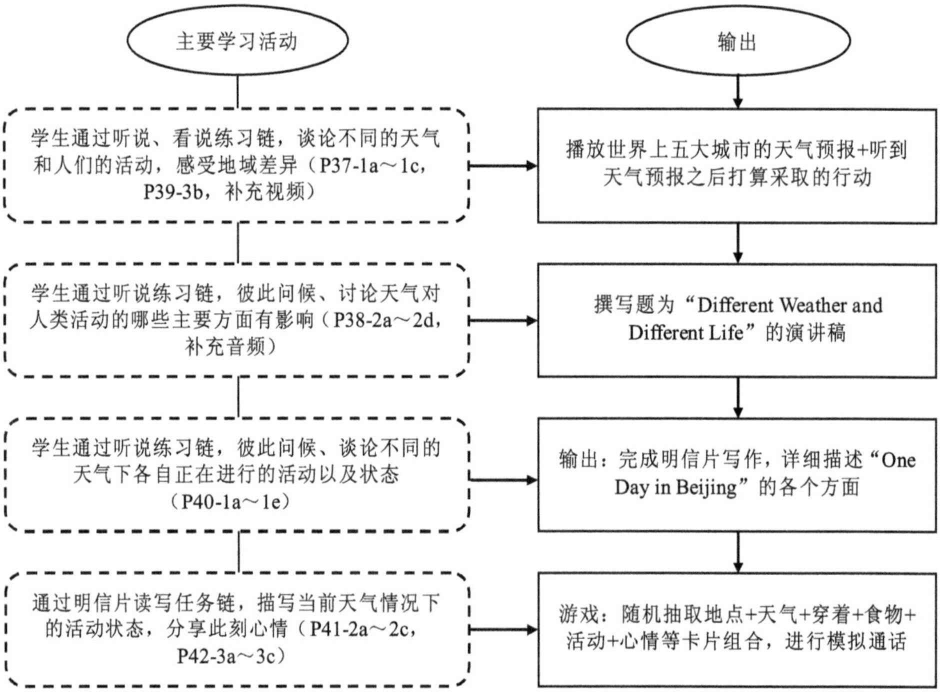

（五）课时教学设计

课题	Period 1　Let's make a weather report!
课型	新授课

1．学习内容分析

1）语篇内容

（1）教材中 P37-1a～1c 是一个简单的听说任务链，是整个单元的基础。1a 通过主题图引出“谈论天气”的话题，并介绍了询问天气的重要句式 how's the weather?以及描述天气状况的形容词。1b 创设了“打电话”的真实情境，在电话中，人们就各自所在城市的天气进行问答。该语境非常贴近生活实际，而四个电话片段所谈到的世界各大城市的天气状况在 1a 中能找到相应的图片。图片不仅展示了不同天气的图像，还巧妙地呈现了 1b 所涉及的五大城市的标志性建筑，这有助于学生将城市与当地天气情况对应，更好地理解听力材料，并为 1c 的操练提供素材。

（2）补充添加的一个视频内容展示了更多不同的天气表达方式，是对教材内容的补充和延伸，同时为本课最后的输出积累丰富的素材。

（3）教材中 P39-3b 是“采访不同地区的人们”的活动，帮助学生复习描述天气状况的词汇以及由不同天气引发的人们的活动。

2）教学流程图

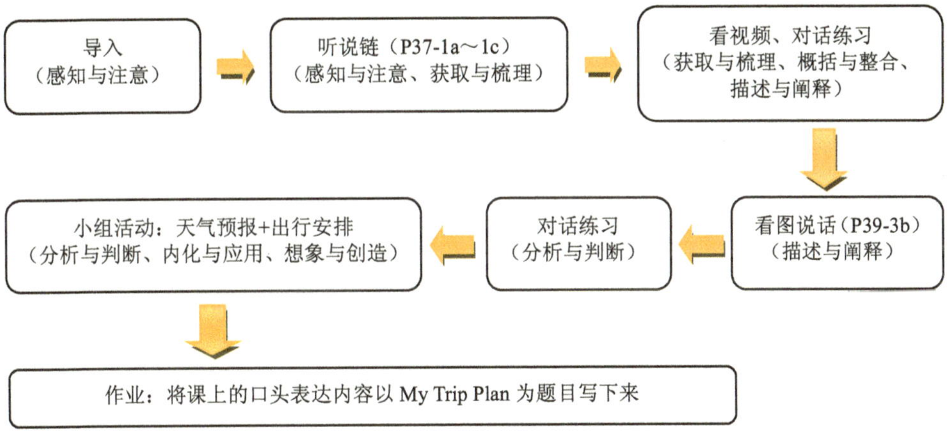

2．学习目标确定

在完成本课时学习后，学生应能达成以下目标：

①知晓世界著名城市的天气特点并进行描述；

②谈论不同天气状况下人们的活动；

③基于地域天气差异，描述其特点并给出出行、穿衣等建议；

④根据自己的意愿阐述出行计划及原因。

3．学习重点难点

1）学习重点

How 引导的疑问天气的特殊疑问词、描述天气状况的形容词，还有与天气相关的人们相应的即时活动。

2）学习难点

现在进行时中助动词 be 和动词-ing 的正确使用。

4. 学习评价设计

（1）检查课上听力和口语任务完成的准确度：检验学生快速获取并处理相关信息的技能是否熟练；

（2）学生就任务内容进行口头汇报时，检查学生语言的准确性和流利度：检验学生是否能够整合相关信息并进行加工；

小组活动评价量表

评价维度	评价内容	得分（每项最高分 5 分）
内容	准确描述各个城市的天气和气温	
	合理给出穿衣、饮食、出行建议	
	准确描述出行计划并给出原因	
语言	表述准确，无语法错误	

（3）学生完成作业后，对作业进行批改并对完成情况进行分析：结构、内容、语法是否恰当。

5. 教学活动设计

教师活动	学生活动
环节一：导入	
教师活动 1 关键问题：How's the weather today?	学生活动 1 根据实际情况回答：It's sunny/cloudy…
活动意图： 点明要学习的话题“天气”，自然地引入学习情境：讨论天气情况。	
环节二：听说任务链 P37-1a～1c	
教师活动 2 关键问题：Do different places have the same weather? 述说：Now let's find out other different weather conditions in different places. Turn to P37 and finish task 1a. 述说：Now let's check the answers. 关键问题：What can you learn about the pictures? 述说后播放 MP3：Please listen and write these cities names in the boxes above. 述说：Now let's check the answers. Ask and answer by yourselves. 总结并板书：Let's conclude the weather conditions.	学生活动 2 预期回答：No 预期回应：翻开书并完成任务 1a 预期回应：汇报答案 预期回应：They are cities with different weather 预期回应：听并完成听力任务 预期回应：自问自答汇报听力答案 预期回应：记笔记
活动意图说明： 设立“谈论天气”的真实情境，驱动学生思考：不同的地区有不同的天气状况	
环节三：看视频回答问题、对话练习	
教师活动 3 关键问题：Do you know more weather conditions? 播放视频。 述说：Please talk about weather of different cities	学生活动 3 预期回答：sandstorm… 预期回应：观看视频并回答问题 预期回应：小组对话练习

<table>
<tr><td colspan="2">活动意图说明：
情境下给学生提供更加丰富的语料，为了最后的输出进行素材积累。</td></tr>
<tr><td colspan="2">环节四：看图说话</td></tr>
<tr><td>教师活动 4
关键问题：Why are people staying outside although the weather is bad?
述说：Please talk about the pictures</td><td>学生活动 4
预期回应：They have to work. They love to do sports...
预期回应：it's sunny and the boy is playing the guitar…</td></tr>
<tr><td colspan="2">活动意图说明：
学生意识到不同天气下人们的活动不尽相同，可以不受天气的影响完成必须完成的任务。</td></tr>
<tr><td colspan="2">环节五：对话练习</td></tr>
<tr><td>教师活动 5
述说：Please talk about weather and activities</td><td>学生活动 5
预期回应：做对话谈论天气和人们的活动</td></tr>
<tr><td colspan="2">活动意图说明：
学生可以把之前所学进行综合运用。</td></tr>
<tr><td colspan="2">环节六：小组活动：天气预报</td></tr>
<tr><td>教师活动 6
述说：Please discuss the questions in groups and later you need to report. Read the requirements carefully</td><td>学生活动 6
预期回应：小组讨论后进行汇报</td></tr>
<tr><td colspan="2">活动意图说明：
学生将所学进行迁移，在新的情境下创新使用。</td></tr>
<tr><td colspan="2">环节七：作业：将课上的口头表达内容以 My Trip Plan 为题目写下来。</td></tr>
</table>

6. 板书设计

How's the weather?
What's the weather like?

raining
sunny
It's windy
cloudy
snowing
…

What are they doing?

playing the guitar
hiking in the desert
cooking
writing in the rainforest
playing soccer
…

Weather Report

…is expected to be…
the temperature will be from… to…
it's a perfect day to…（活动）
you can…（交通工具）
you can try some…（食品）
don't forget to wear…（衣物）

【高中单元设计案例】

Unit 8 Green Living L1 教学设计

基本信息			
姓　　名	窦婷婷	学　　校	中关村中学知春分校
学　　科	英语	联系电话及邮箱	
年　　级	高一	教科书版本及章节	北师大版（2019）
学习领域/模块	必修三 Unit 8 Lesson 1 Roots and Shoots（period 1）		
单元学习主题	Unit-8 Green Living		

【单元分析】

（一）单元总体分析

本单元的主题是倡导绿色生活。希望学生通过本单元的学习，提升环境保护意识，投身到环境保护的行动中，做力所能及之事，为改善环境做出应有的贡献。单元中的每一课都从不同角度丰富和深化着单元主题的内涵。

首先，Topic Talk 呈现一段对话，简要介绍了与绿色生活相关的基本概念、知识和生活方式，激活学生对绿色生活和环境保护的原有认知，为后续学习铺垫话题和词汇。

单元第一课是一篇阅读说明文，介绍了由著名黑猩猩研究专家珍·古道尔教授倡导建立的“根与芽”（Roots & Shoots）环保组织。主题是让学生认识到每个人都能够在环境保护方面有所作为，我们共同的行动一定能够改变世界。本课从行为层面指出了参与环保事业的方向。

单元第二课的主要内容为一段演讲和随后的问答环节。演讲者讲述了易解放克服重重困难创立非营利环保组织“绿色生命”，在内蒙古沙漠坚持植树造林的故事。易解放在经历丧子之痛后，为完成儿子的遗愿，将几乎全部个人资产和精力奉献给了植树造林、抵御荒漠化的环保事业。在第二篇听力材料中，演讲者回答了几位学生关于易解放的提问。第二课通过易解放的事迹，进一步诠释了第一课中珍·古道尔提出的“人人都能为环保做贡献，组织起来更有力量”这一信念。

单元第三课是一篇阅读说明文，介绍了阿姆斯特丹“白色自行车”（white bikes）的历史，其理念如何“骑向世界”，以及“白色自行车”如何在我国以“共享单车”的形式落地生根。本课的主题是绿色出行，强调绿色出行的实现不仅需要政府的努力、科技的支持，更需要每一个人的行动。本课从另一个侧面介绍了绿色生活的方式和可能性。

Writing Workshop 要求学生根据一份共享单车使用情况的数据图表，撰写一篇报告。在此之前，本课提供了一篇关于某市居民对环境保护态度的调查报告，供学生阅读、分析和模仿。本课的主题是环境保护，人人可为。学生通过撰写调查报告，以此强化和提升他们的绿色生活意识。

Viewing Workshop 通过视频介绍太阳能的意义、用途和价值，主题是绿色能源的开发和使用。本课旨在从绿色能源的层面提升学生的环保意识，提供问题解决的方向和思路，开阔学生的视野。

Reading Club1 包括两篇说明文，分别介绍了瑞典和非洲大陆对废物的回收利用并提供了启示。Reading Club2 是一篇说明文，介绍了地球环境面临的三大问题：空气污染、全球变暖、垃圾山。主题是环境问题刻不容缓，呼吁学生从现在做起、从我做起，为地球负责。本课通过阅读文本，希望进一步激发学生对践行绿色生活的意义和价值进行深入思考。

（二）学科核心素养与单元学习内容的关联分析

【语言能力】本单元的重点语言知识和语言技能包括：①学习与绿色生活相关的词汇和词块，学会使用数据的分析和表达方式。②能理解并使用 it 强调句学会提出问题，学会使用动词-ing 形式和动词-ed 形式做宾补、定语和状语。③通过听、读、看，识别演讲稿和说明文的基本结构；读懂并口头介绍“根与芽”组织的基本理念和主张；听懂并口头介绍和评价易解放的事迹；读懂“白色自行车”的发展历程，并对共享单车的未来发表自己的看法；书面报告关于共享单车使用情况。

【文化意识】绿色生活具有丰富的内涵，涵盖人类生活衣食住行的各个方面。通过本单元的学习，学生应认识到“自我中心主义”（Just-me-ism）对环境的潜在影响和危害，认识到环境保护不仅要依靠国家的政策、组织的努力，更要依靠社会中的每个个体，人人都应该勇于承担环保责任，提升环保意识，践行绿色生活方式，投身保护环境的伟大事业中。保护环境可以从绿色出行开始，从植树造林开始，从垃圾的回收利用开始。青年人更要积极思考并践行绿色生活方式，保护好我们的地球母亲。

【思维品质】在本单元的学习中，学生通过听、读、看关于绿色生活的语篇，反思个人的环保意识和生活方式对环境的影响，思考如何践行低碳生活，并通过说和写，逻辑清晰地表达关于环境保护的话题和个人行动的选择。

【学习能力】学生学会在听和读的过程中提取关键词，记录重要信息；掌握阅读事件的策略，学习使用思维导图梳理、提炼事件发展的逻辑过程，如开始、结束、前因后果；学生能够进行同伴口头评价和书面表达。

（三）单元总体目标

（1）通过听、读、看，了解绿色生活的内涵及其具体的生活方式，思考自己如何行动起来保护环境；

（2）用本单元所学语言，发表自己对绿色生活的看法，表达自己的环保态度；

（3）口头汇报听、读、看到的绿色生活相关内容；

（4）完成一篇关于环境保护的调查报告。

【基于生态环境保护主题意义的单元内容整合关联图】

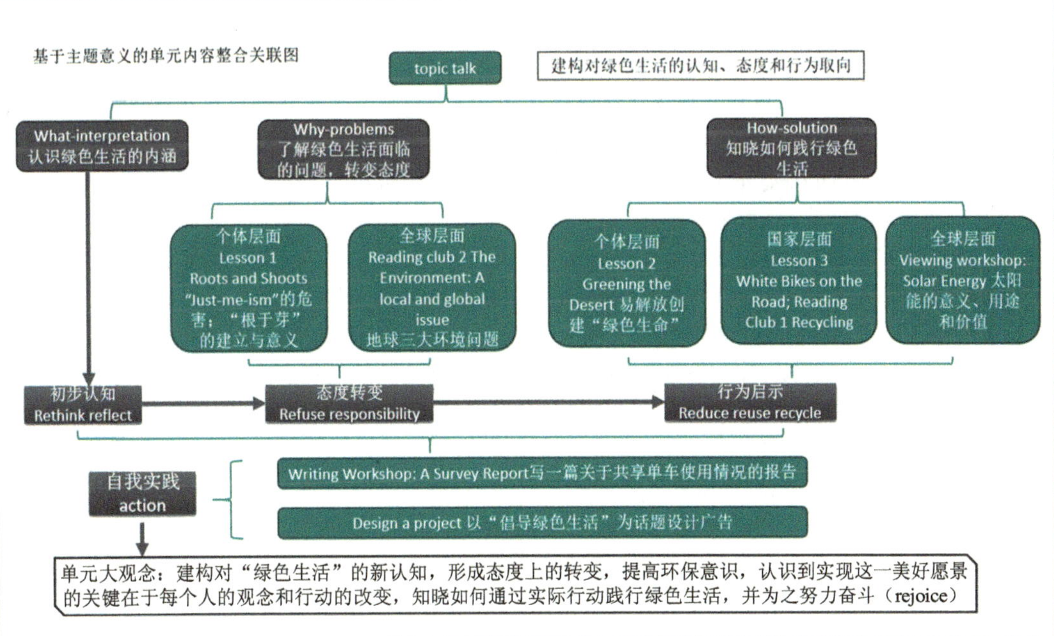

Unit 8 Green Living　Lesson-1 Roots & Shoots 教学设计

课型	阅读新授课 Unit 8 Lesson 1 Roots and Shoots（period 1）

【文本分析】

本课是第八单元的阅读语篇，介绍了世界著名动物行为学家珍·古道尔教授建立环保组织 Roots & Shoots 的初衷及其意义，属于“人与自然”主题。其主题意义在于让学生通过了解该环保组织，认识到生活中每个人都能对环境产生影响，环保方面的点滴努力能够汇聚成改变世界的巨大力量，并号召学生行动起来，参与到环境保护的活动中。

【主要内容】

该文本介绍了动物学专家珍·古道尔教授建立环保组织 Roots & Shoots 的来龙去脉。她建立这个组织是为了教育青年人保护环境，用参与式的环境教育方式鼓励年轻人关心环境关爱动物、积极参与环保活动，教会他们如何与自然和谐相处，使年轻人意识到环境保护是每个人都能贡献一份力量的事业。这个组织的名称“根与芽”的含义是根能在地下慢慢结成坚实的基础，芽能够执着地向阳而生。文本将青年人比作根与芽，号召大家像根和芽那样虽然微小，但汇聚在一起能够创造更美好的世界。本文的核心思想是改变人们常有的错误观念：认为每个人的行为微不足道，对环保不会有什么影响。本文强调当每个人点点滴滴的努力汇聚在一起的时候，能够形成改变世界的巨大力量。

【文体结构】

本文是一篇介绍环保组织的说明文。文章采用夹叙夹议的手法讨论了每个人对环境保护的重要作用。文章开篇引入了一个新的概念“Just-me-ism”，即自我中心主义，表现为刷牙时不关水龙头、离开房间不关灯、随地乱扔垃圾等。如果每个人都不以为然，就会产生巨大的浪费，对环境造成影响。文章第一段通过介绍“Just-me-ism”的概念，举例说明个人微小行为的大损害，引出“根与芽”组织并说明其建立的必要性。文章第二段介绍了这一组织建立的时间和目的，第三段解释了组织名称所蕴含的意义。全文最后一段发出号召，鼓励年轻人行动起来，因为每个人点点滴滴的贡献都会改变世界。

【语言修辞】

文章使用了举例、重复、引用、对比和口语化语言等多种修辞手法。文章开篇就连续举了 3 个例子，“say you leave the tap running，leave a light on …，leave a little piece of litter on the road …”。紧接着为了加强语气，连续两次使用了“one little”和“millions of”的对比。文中口语化语言的使用拉近了和读者的心理距离，“You know that all those things are wrong，but so what?”“You get to choose：…”。全文最后的总结部分，连续两次引用了珍·古道尔教授的话。

【作者意图】

1．作者介绍

Roots & Shoots 成立的目的和意义，批驳了“Just-me-ism”，希望能够唤醒青年人的环保意识，认识到每个人每一件看似微不足道的行为都会对环境产生巨大影响，并号召为了环境保护每个人都行动起来，从我做起、从小事做起。

2．学习目标确定

（1）获取并梳理 Roots & Shoots 的主要信息，理解绿色生活及环保的重要性；

（2）谈论对 Roots & Shoots 内涵的理解并评价其社会贡献与价值；

（3）深刻认识到人与自然和谐共生的重要性，并提出倡议，号召他人践行绿色生活理念，共同增强责任意识。

3．学习重点难点

（1）学习重点

①了解并掌握有关环保组织 Roots & Shoots 的主要信息（成立原因、时间、创建者、成立目的、取名内涵、宗旨等）；

②评价 Roots & Shoots 的社会贡献与价值并采取环保行动。

（2）学习难点

①梳理结构化知识；

②分析 Jane Goodall 的优秀品质并阐述其原因。

4．学习者分析

（1）知识经验：高一 1 班学生多数是选物理和化学的理科生，对环保有基本的了解；但英语基础较薄弱，关于环保表达的词汇积累较少。

（2）能力特点：学生小组协作能力较好，可以在组长的带领下有序开展讨论；但略读和口语表达方面存在较大的问题，阅读速度较慢，难以用完整的句子来表达自己的观点。

（3）认知风格：1 班学生理性思维较强，擅长且乐于根据线索进行分析、推理和解释。

【学习活动设计】

环节一：Activate and Share

教师活动 1	学生活动 1
T shows two pictures and asks Ss to describe two phenomena in daily life，including leaving the tap running while brushing teeth，dropping litter and not be bothered to pick it up. Then teacher asks students how to solve the problem and leads to the founding of the organization	Ss describe pictures and talk about harmful results

活动意图说明：本环节旨在帮助学生理解 just-me-ism 的行为和可能导致的后果，激发学生的环保意识。

评价要点：

学生能够根据对图片的理解阐述观点，分析 just-me-ism 的行为和可能导致的危害。

环节二：Read and Explore

教师活动 2	学生活动 2
1. Ask the students to read paragraph 1 and discuss "Just-me -ism" in groups. Ask the questions. （1）What is "Just-me-ism"？ （2）Why is it a problem? （3）Do you have any suggestions for solving the problem? 2. Guide the students to read the rest of the text and find out the basic information about Roots & Shoots. Complete the table about the organization	（1）Ss read the first paragraph and extract three main aspects of Just-me-ism mentioned in the passage，including wrong behaviors，wrong beliefs and harmful result. （2）Ss read the rest of passage and complete the table. （3）After finishing the table，Ss introduce what they know from the passage with the help of their mind-maps table

活动意图说明：

围绕主题，学生获取、梳理本课的结构化知识，建立知识间的关联，梳理行文逻辑。

<table>
<tr><td colspan="2">评价要点：
学生能够通过表格式思维导图呈现该组织的基本信息，阐释其命名的深层含义，并评价该组织在环境保护方面的作用。</td></tr>
<tr><td>教师活动 3
T guides students to voice opinions about the value of Roots and Shoots by asking:
1. What do you think of the organization Roots and Shoots? Why?
2. How do you understand the title?</td><td>学生活动 3
Ss voice their opinion about the importance of Roots and Shoots and talk about their understanding of the title</td></tr>
<tr><td colspan="2">活动意图说明：
共同探索环保的重要性，探讨“根与芽”这一环保组织的作用和意义，并联系个人生活，思考个人应以怎样的行动参与环保。本环节旨在促进学生逻辑思维和批判性思维的发展，培养学生的环保意识。</td></tr>
<tr><td colspan="2">评价要点：
学生应能够探索语篇的主题意义，探讨该组织成立的意义，思考个人应以怎样的行动参与环保。
回答问题 1 时，学生需要整合所学内容，评价 Roots & Shoots 这个组织对环保的贡献，能理解 Roots & Shoots 为每个人搭建了参与环境保护的平台；并使学生明白每一个人都可以从自身做起，采取环保行动，并将环境保护的理念广泛传播。
回答问题 2 时，学生要能够从环保与个人关系的角度阐述自己对题目的理解。</td></tr>
<tr><td colspan="2">环节三：Watch and Share</td></tr>
<tr><td>教师活动 4
T plays a video about environmental protection and guides students to consider the content which impress them most</td><td>学生活动 4
Ss watch the video and voice their opinion about the content which impress them most</td></tr>
<tr><td colspan="2">活动意图说明：
通过观看环保视频，学生能够直观、真实地感受到环保的重要性，进一步深化对环保深远影响的理解。</td></tr>
<tr><td colspan="2">评价要点：
学生应能够结合视频内容谈论自己的感受，并表达对环保作用和意义的理解。</td></tr>
<tr><td colspan="2">环节四：Participate and Promote</td></tr>
<tr><td>教师活动 5
T guides students to come up with ideas about possible activities they can do in daily life</td><td>学生活动 5
Students work in pairs to come up with ideas about possible activities they can do in daily life</td></tr>
<tr><td colspan="2">活动意图说明：
通过迁移创新类活动，学生将在新情境、新任务中运用所学所知，解决真实生活中的实际问题，达到学用结合、会学会用的目的，从而促进核心素养的逐渐形成和有效提升。</td></tr>
<tr><td colspan="2">评价要点：
学生应能够结合生活实际，举例说明可以为环保做的事情和可改善的环境问题；能够号召他人参与，并以实际行动保护环境。</td></tr>
<tr><td colspan="2">Homework:
Write an introduction of the organization “Roots & Shoots” and your comments on it（within 120 words）</td></tr>
</table>

活动意图说明：

课后作业是课堂内容的延伸，学生通过运用所学环保理念来分析生活中的环境问题，加深对环保重要性的理解，并内化语言，促进环保思维意识的发展。

评价要点：

学生应能借助所学知识介绍环境保护的作用，并结合生活实际，举例说明自己如何通过个人努力解决生活中的环境问题，使环境得以改善。此外，学生还应能够倡议他人与自然和谐相处，并以实际行动保护环境。

- 板书设计 Blackboard Design

UNIT-8 Green Living　　Lesson-1 Roots & Shoots

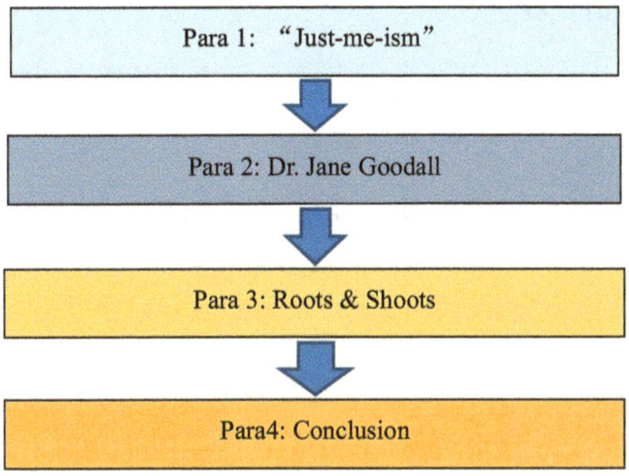

五、生态文明教育融入英语学科的实施建议

（一）注重目标融合导向

英语学科课程内容是基于学科核心素养和生态文明大主题精心选择的。初中阶段以了解自然为主，高中阶段以探索自然为主，各年级的具体联系如图所示：

初一：绘本，了解生态环境，欣赏自然美景

初二：动物保护，人与动物的和谐相处

初三：人与自然的和谐相处（了解动物，了解自然，寻求和谐相处之法）

高一：人与自然的关系（打破和谐的层面，在自然中挣扎求存）

高二：人对自然的探索（挣扎之后的征服，进一步求生存）

高三：在自然中探索生存的意义、奋斗的价值（精神的升华）

学科课程内容在生态文明大主题的引领下，环环相扣，紧密相连，形成一个不可分割的整体。

（二）关注真实情景的创设

在教师指导学生阅读的过程中，可以配套相关的小短片或电影，为学生创设一个多模态的阅读环境，让学生在观看和阅读的双重体验中更好地沉浸于阅读情境，进而更深刻地理解生态文明大主题下不同主题的阅读意义。

（三）设计综合研究任务

从初中到高中六个年级，每个年级学生的语言能力和思维品质发展水平不尽相同，这就直接导致了每个年级的阅读任务的设定都不同。

在初中阶段，教师更倾向于设计简单明了的抓取事实细节的阅读任务，引导学生在此基础上进行简单概括，推断信息之间的简单逻辑关系，从不同的角度解读语篇，并表达自己的观点。

在高中阶段，对小说阅读任务的设计更具思维挑战性，基础任务包括从文本中提炼归纳主题相关的信息，并加以分析利用，设计出与任务主题相关的行为解决方案等。

（四）鼓励合作深度探究

在学科合作方面，语文阅读和英语阅读可以结合起来进行。英文版的小说读完之后，再结合母语进行第二次阅读，可以对文本进行进一步的深度挖掘，对文本进行更加充分的解读。

在阅读活动设计方面，鼓励学生组成阅读小组，以阅读圈的方式进行合作阅读和分享，能够发挥同伴的力量，让孩子们互相帮助，共同探究，更有助于学生理解文本，进行批判性和创造性的思考。

（五）提供工具促进迁移

在实施学科生态文明教育的过程中，选好文本只是走出了第一步，更重要的是如何实施。在实施过程中，文本是教师提供的帮助学生思考的工具，教师要规划好如何使用文本，做好文本相应的读后设计，辅助学生理解文本，并启发学生进行思维上的深度思考和迁移创新。

另外，根据每个年级不同的课时安排和教学情况，教师需要设计好学生的阅读方式，是统一利用课上时间阅读，还是利用选修课或是课后辅导时间进行，都需要在实际情况允许下做好阅读规划，稳步推进。

总之，生态文明教育融入英语学科的教育是一项长期的、耗时的工程，每个年级阅读文本的选择和阅读任务的设计都需要老师们反复琢磨和推演，最终才能形成一套以阅读为载体的英语阅读课程体系，在生态文明大主题的引领下，达到促进学生英语学科素养全面发展的最终目的。

第四章

生态文明教育融入历史学科教学实施方案

一、生态文明教育融入历史学科的基本设计框架

（一）生态文明教育融入历史学科的 Logo 设计

历史学科 Logo 的主体图形为圆形，象征我们赖以生存的地球家园；师生共驭，徜徉在历史长河中，远山近水，春意盎然，凸显出我国传统文化中“天人合一、道法自然”的生态智慧。

由近及远蜿蜒流转的河水，蕴含着大写字母“ZC”，是知春校名的缩写，也彰显着我们“知中行健，春和海涵”的办学理念。知春分校的历史学科生态文明教育不囿于核心课程（国家课程）、拓展课程（中国古代思想史），还包括定制课程（学科弥补课程，比如“一带一路”综合实践课程、初高中选修课程）。

Logo 的整体设计寓意着从历史中汲取智慧，倡导尊重自然、顺应自然、保护自然，引导学生做新时代生态环境的保护者和建设者。

（二）生态文明教育融入历史学科的目标设计

历史学科本身具有教育功能，是一门提高学生文化知识素养和思想品德素质的必修学科。通过对中外历史中生态文明发展史实的学习，传承历史，延续文明，增长知识，提高素养；培养“以史为鉴”的思维，强调历史上的经验教训对人类社会的启示和帮助。培养学生的民族精神，培养社会发展所需要的合格公民，培养中学生的生态文明意识。

（三）生态文明教育融入历史学科的主体内容

中国古代史	世界近现代史	专题史
注重揭示人与自然的密切关系，使学生认识到人与自然相互依存，比如，古代思想中道家的道法自然、荀子的制天命而用之；古代水利工程；我国古代建筑坐北朝南、依山傍水，体现自然与环境的和谐。	侧重于揭示环境恶化的严重性以及环境保护的重要性，比如，两次工业革命的能源消耗与污染、田纳西河流域的治理；全球化背景下的环境污染；可持续发展，合作共赢、构建人类命运共同体。	从政治、社会经济、社会生活、思想文化、科学技术、战争、人类文明、世界文化遗产等八个方面，运用历史教材中可用于环境教育的内容，并从课内和课外两个方向探讨渗透环境教育的方法。

（四）生态文明教育融入历史学科的实施设想

历史学科是一门综合性学科，涉及古今中外自然和社会的方方面面，包含各门学科领域的知识。在生态文明教育中要抓住这一特点，以历史知识为依托开展生态文明教育。

1. 初中、高中通史学习中的生态文明教育渗透

在中国古代农业文明的发展部分，通过不同历史时期对农业发展的要求，水利工程、开垦耕地、围湖造田等措施和政策，分析其对生态环境产生的积极作用和消极影响。充分利用教材中生态文明的内涵，进行合理渗透。

在世界史的学习中，特别是世界近现代历史部分，探讨工业化进程对生态环境产生的影响。

2. 专题史

在通史学习的基础上，补充与生态文明相关的专题。包括中国古代生态文明思想的体现和发展。例如，在城市建筑方面，可了解西汉的长安、唐代的长安城、宋代的东京、元明清的北京城，探讨在城市建设方面如何体现生态文明的发展，以及重要的建筑如紫禁城与生态文明的关系等。

3. 综合实践课程

引导学生通过调查研究、实地考察、参观访问等形式，从身边的环境入手，结合海淀的文化历史优势开展综合实践课程，结合新时代生态文明发展的要求去研究保护环境的具体举措。

二、学科核心素养层面的融合点分析

新课程改革提出教育应以学生为中心，以人为本，培养全面发展的人，注重学生素质教育。在学校教育过程中有意识地渗透生态文明意识，关注生态文明教育，有助于提高学生的综合素质。历史学科涉及社会生活的各个领域，为了学生的长远发展，我们不仅需要关注政治、经济、文化等领域的发展，也需要重视生态文明意识的培养。

历史学科的五大核心素养是唯物史观、史料实证、时空观念、历史解释、家国情怀。

唯物史观是揭示人类社会历史客观基础及发展规律的科学历史观和方法论，其基本观点包括：社会存在决定社会意识、生产力决定生产关系、人民群众是历史的创造者、人生的真正价值在于对社会的贡献等。

史料实证是指对获取的史料进行辨析，并运用可信史料努力重现历史真实的态度与方法，以史料分类、史料辨析、史料运用、观点论证的形式呈现。

时空观念是指对事物与特定时间及空间的联系进行观察、分析的观念，以历史纪年、历史时序、年代尺、阶段特征、历史大事年表、历史地图等形式呈现。

历史解释是指以史料为依据，以历史理解为基础，对历史事物进行理性分析和客观评判的态度、能力与方法。以材料整理、对史料的解读、追溯起源、探讨因果、分析趋向、说明影响、判定地位等形式进行考查，培养叙述历史和形成历史认识的能力。

家国情怀是学习和探究历史应该具有的社会责任和人文情怀，包含优秀传统文化、民族精神、民主法治、科学精神、世界意识、积极的人生态度和健全的人格、联系现实等。

不难发现，唯物史观、家国情怀与生态文明发展要求最为契合，我们应自觉将生态文明意识的培养融入历史教学中。素质教育是历史课程改革中提出的一种新观念，要求在历史教育过程中关注学生整体素质的提升。培养中学生的生态文明素养，有助于提升学生的综合素质。因此，发挥历史学科的教育功能，培养学生的生态文明意识，是提升学生整体素质的重要途径。

三、历史学科课程内容与生态文明议题的关联分析

中学生是未来国家发展使命的践行者，是国家未来的建设者和希望，对他们进行生态文明意识的培养至关重要。要从根本上遏制生态环境恶化的趋势，必须从小培养学生的生态文明意识。通过适当的教育，引导新一代中学生树立正确的生态文明观念，掌握生态环境知识，懂得如何保护环境。

研究人与自然的关系也是历史学的重要内容之一。历史教材蕴含着大量的生态文明素材，利用得当可以很好地培养中学生的生态文明意识。将生态文明教育融入历史教学，供助其教育功能培养学生的生态文明意识，提升学生的综合素质，符合素质教育的新观念。在中学历史教学中，可以通过唤醒、浸润、体验这三种方式来培养学生的环保意识和环保素养，深入挖掘历史教材中蕴含的生态文明理念，适当补充与生态文明相关的历史知识。

主题	具体目标	具体内容及活动
七年级上册和下册中有关农耕经济发展的史实	知道不同历史阶段农耕文明的发展进程，通过探究耕地数量变化、农耕技术演进、物种发展以及水利工程建设等知识，了解不同时期社会生产力的发展水平。	引导学生阅读文献、搜集资料，整理中国古代史上对社会生产起促进作用的技术发明和创新，使其认识到在人类农耕经济发展过程中要顺应自然规律，“顺天时，量地利”则事半功倍；反之则事倍功半。
八年级下册科技文化的发展，中国梦的提出。	知道新中国成立以来科技文化的成果，如袁隆平的杂交水稻、屠呦呦的青蒿素等。这些都是科学家探索地球未知领域的成果，实现了生物学科的最高价值。 理解新时代中国特色社会主义思想的不断丰富，要实现中华民族伟大复兴中国梦，为此提出一系列具体举措，包括创新、协调、绿色、开放、共享的新发展理念，形成平衡的发展结构，改善生态环境等。	通过开展以建设生态文明为主题的活动，引导学生正确认识人与自然的关系，树立科学的生态观，让学生在完成任务的过程中体会生态文明的重要意义和价值。
九年级上册第 20 课：第一次工业革命； 九年级下册第 5 课：第二次工业革命	学习两次工业革命的过程和成果，理解工业革命带来的社会进步以及引发的社会问题。	让学生了解工业革命对环境产生的影响，引导他们进行深刻反思，理解法治建设在生态文明建设中的重要意义，进而树立生态法治意识。
九年级下册第 22 课：不断发展的现代社会	了解当今全球工业化发展进程，以及这一进程如何造成地球环境恶化的严重问题。	使学生更真切地感受生态与人口危机，增强生态忧患意识，引导学生做一些力所能及的事来保护生态环境。

四、融合导向下的单元整体设计

（一）单元设计流程与解读

第一步：确定单元主题。

明确学习目标，整合教材内容和知识点，进而确定需要设计的单元。

掌握学情，为设计提供依据。需要了解学生的知识、能力基础，以便选择适合的单元设计方法和工具。

第二步：撰写教学设计。

明确核心概念。清晰界定所教授的核心概念，帮助学生建立起知识体系和思维框架。

整合教学内容，围绕单元主题，展现核心概念和思维要点，激发学生的兴趣和主动性。

设计思维活动。在教学设计中，需要设计适合的思维活动，促进学生思考和探究。

设计合作学习。进行合作探究和交流互动。

第三步：设计评价方案。

评价方案是衡量学生学习效果的重要工具，具有可操作性，让教师和学生都能够清楚地知道如何评估学生的学习效果。评价方案应全面覆盖单元目标，包括知识、技能、情感、价值观等方面。评价形式多样化，包括纸笔测试、实践操作、小组讨论等评价主体也应多元化，包括学生自评、小组互评、教师评价等。

（二）单元设计案例

历史生态文明课程教学设计 1

<table>
<tr><td colspan="4">基本信息</td></tr>
<tr><td>姓　　名</td><td>董培</td><td>学　　校</td><td>中关村中学知春分校</td></tr>
<tr><td>学　　科</td><td>历史</td><td>联系电话及邮箱</td><td></td></tr>
<tr><td>年　　级</td><td>初三</td><td>教科书版本及章节</td><td>人教版</td></tr>
<tr><td>学习领域/模块</td><td colspan="3">生产力发展专题复习</td></tr>
<tr><td colspan="4">单元教学设计</td></tr>
<tr><td>单元学习主题</td><td colspan="3">从生产力发展看人与自然的关系</td></tr>
<tr><td colspan="4">课时教学设计</td></tr>
<tr><td>课题</td><td colspan="3">从生产力发展看人与自然的关系</td></tr>
<tr><td>课型</td><td colspan="3">新授课□　　章/单元复习课□　　专题复习课 ☑
习题/试卷讲评课□　　学科实践活动课□　　其他□</td></tr>
</table>

<table>
<tr><td colspan="2">1. 教学内容分析
在初三历史专题复习课中，我们有较大的自由度对古今中外的历史知识进行整合。本专题选取中国古代社会生产力发展的重要知识和两次工业革命的重大成果，勾勒出人类社会生产力发展的脉络，构成本课的知识线。补充相应史料并设问探究，以明晰生产力发展的不同阶段人与自然关系的变化，引导学生关注人与自然的关系，树立正确的生态文明观，从而构成本课的思想线。</td></tr>
<tr><td colspan="2">2. 学习者分析
对中外历史知识已有整体把握，但缺乏专题性的梳理和认识；具有一定的史料研读能力，能够从情境中获取有效信息。有一定的整合知识和综合分析历史问题的能力。对专题性、话题性的学习以及问题式、探究式的学习方法比较感兴趣。</td></tr>
<tr><td colspan="2">3. 学习目标确定
通过对生产力发展的专题知识进行梳理，进一步巩固中国古代生产力发展和两次工业革命的重要史实，认识人类社会生产力发展的进程。
通过情景设置、史料研读、问题探究等方式调动学习积极性，提升史料阅读、信息提取、知识迁移、归纳概括的学科能力以及史料实证、历史解释的学科素养。
在长时空范围内从生产力变迁的角度探讨人与自然关系的演变，以培养时空观念，拉近历史与现实的距离，引导学生关注人类活动与自然生态的关系，树立生态文明理念。</td></tr>
<tr><td colspan="2">4. 学习重点难点
重点：整合社会生产力发展的主线，形成知识脉络。
难点：理解生产力发展的不同时期人与自然关系的变化。</td></tr>
<tr><td colspan="2">5. 学习评价设计
通过课前知识清单的梳理，了解学生知识掌握的情况。观察学生在小组探究中的参与度和交流展示表现，了解学生在知识迁移、史料研读、信息提取、归纳概括以及历史解释等方面的能力。通过学生对材料观点的评价，了解学生的价值观。</td></tr>
<tr><td colspan="2">6. 学习活动设计</td></tr>
<tr><td>教师活动</td><td>学生活动</td></tr>
<tr><td colspan="2">环节一：分组探究</td></tr>
<tr><td>教师活动 1
小组一：
出示“北京人生活场景想象图”
设计活动：结合所学，想象并讲述北京人的一天。说一说当时人与自然的关系是怎样的。

小组二：
出示三组材料，分别设计问题：
材料 1：半坡居民和河姆渡居民的房屋图。
设问：人类是怎样过上定居生活的？半坡与河姆渡的居民房屋有哪些不同？为什么？
材料 2：图 1 石刀石犁；图 2 铁犁牛耕；
图 3 脚踏翻车；图 4 水力筒车。</td><td>学生活动 1
小组一：
观察图画，调动所学的我国境内远古居民的相关知识，设想北京人生活的场景，并向同学讲述，思考远古时代人与自然的关系。

小组二：
学生阅读材料，结合所学，思考后回答。最后，综合三组材料说明农耕时代人与自然关系的变化，并分析变化的原因。</td></tr>
</table>

设问：中国古代生产工具的变化有怎样的趋势？说明了什么？ 材料 3：两段文字材料：①《吕氏春秋》大禹治水；②《华阳国志》都江堰。 设问：大禹和李冰在治理水患上有哪些共同之处？体现了怎样的智慧？ 综合以上三组材料，说说农耕时代人与自然的关系。	
小组三： 出示两组材料： 材料一：两次工业革命重大成果时间轴； 材料二：工业革命以来西方国家的环境污染（表格）。 设问：结合材料谈一谈两次工业革命的影响。你如何看待工业时代人与自然的关系。	小组三： 阅读材料，思考回答问题。
活动意图说明：通过史料研读、问题探究等方式，调动学生的学习积极性，使他们能够运用所学知识在新情境下解决问题，提升相应学科素养和能力。	
环节二：交流展示、综合分析	
教师活动 2	学生活动 2
组织小组交流探究结果。 提出问题：纵观人类历史，梳理人与自然相处模式的变化，思考变化的原因。（补充材料：中国古代自然观、近代西方自然观）	各小组交流探究结果，梳理生产力的发展脉络和人与自然关系的变化。
进一步设问：你赞同以上两种观念吗？我们应如何正确看待人与自然的关系？	综合分析人与自然关系变化的原因。
在学生探讨后出示材料：恩格斯的自然观和人类当前面临的十大环境问题，引出对当今人类与自然关系的反思。	结合材料发表自己对人与自然关系的看法。
活动意图说明： 小组就探究结果进行交流汇总，学生可以纵向梳理出生产力发展的脉络，并认识到生产力发展对人与自然关系的影响，从而引发对人类发展与生态文明关系的思考。	
环节三：反思与展望	
教师活动 3	学生活动 3
出示材料：世界环保史上的三次里程碑会议。 设问：环境问题日益严峻，各国是如何应对的？ 出示材料：党的二十大报告节选。 在生态危机呼唤全球治理模式的背景下，中国又提出了怎样的方案？有何意义？	学生阅读材料思考回答。
中国为全球环境治理贡献了中国智慧和方案，那么我们从个人层面又可以做出怎样的贡献？	学生结合自己的生活实际发表见解。

小结：通过本节课的学习，让我们从漫长的人类历史中汲取智慧和教训，正确看待人与自然的关系，让我们立足当下，从生态文明的高度对未来的发展谋篇布局，在我们着眼未来时一定可以看到一个人与自然和谐共生的充满希望的世界。	
活动意图说明： 通过反思，启发学生从历史中汲取智慧，树立尊重自然、顺应自然、保护自然的价值观念，引导学生做新时代生态环境的保护者和建设者。	
7．板书设计 　　生产力水平　　　　　　　　　　人与自然的关系 远古时代：采集狩猎………………………… 顺从、依赖自然 农耕时代：铁犁牛耕………………………… 顺应、改造自然 工业时代：蒸汽时代-电气时代……………征服、破坏自然 后工业时代：科技、信息…………………… 反思、治理、和谐共生	
8．作业与拓展学习设计 请为“世界环境日”国旗下的讲话拟一份提纲，围绕“科技发展与自然环境”，要求包括：发言题目、主要观点、事实依据、发出倡议。	
9．特色学习资源分析、技术手段应用说明（结合教学特色和实际情况撰写） 基于初三学生已有的知识体系补充相应史料并设置探究问题，开展小组探究，学生调动所学知识在新情境下解决问题。	
10．教学反思与改进 本节课通过小组合作、问题探究、交流展示的教学模式，较好地调动了学生的参与热情，发挥了学生在课堂上的主体作用，同时激发学生积极调动已有知识解决新问题，建构新的知识联系，形成新的认识视角；在教学内容上，将生产力发展与生态文明相结合，将历史发展与现实问题相联系，将社会现实与人类命运相联系，很好地引发了学生对生态文明的关注，有助于学生树立正确的生态文明观。	

历史生态文明课程教学设计 2

基本信息			
姓　　名	禚琳	学　　校	中关村中学知春分校
学　　科	历史	联系电话及邮箱	
年　　级	初一	教科书版本及章节	人教版
学习领域/模块	清朝前期社会经济发展背景下人与自然的关系		
课时教学设计			
课题	清朝前期社会经济发展背景下人与自然的关系		
课型	新授课☑　　章/单元复习课☐　　专题复习课☐ 习题/试卷讲评课☐　　学科实践活动课☐　　其他☐		

1．教学内容分析

本课主要涉及清朝前期社会经济的发展。经济的发展直接刺激人口增长，相应地带来社会问题，生态问题又反作用于经济发展，影响了社会经济的持续发展。通过了解清朝前期的农业、手工业和商业的发展，理解清朝前期经济发展的重要表现；分析清朝人口的增长问题，认识到人口增长给社会带来的消极影响，特别是对生态环境的破坏，帮助学生增强环境保护意识。

2．学习者分析

本课授课对象是初一的学生，他们在之前的古代史学习中，对于古代社会经济发展已有一定了解，但是对于经济发展与社会的关系，尤其是与生态环境的关系知之甚少。他们的学习方法掌握得不够准确，因此提供的史料应适当简化，以便于学生理解和分析，增强他们的学习信心。为了激发学生的学习兴趣，可创设情境，从而提高学生学习的积极性和主动性。

3．学习目标确定

（1）通过探索明清时期农业和手工业发展、商品经济活跃与人口增长的关系，培养处理信息和获取知识的能力，养成论从史出的学习习惯。同时，培养学生从经济角度分析社会现象的能力，理解生产力与生产关系的变化。

（2）通过对清朝人口增长问题的了解，认识人口增长给社会带来的消极影响，特别是对生态环境的破坏，增强环境保护的意识。

4．学习重点难点

重点：理解经济发展与人口增长的关系。

难点：认识人口增长对生态环境的破坏。

5．学习评价设计

评价目标：提高学生的合作能力，加深学生对经济发展与生态环境关系的理解，以及提升学生运用史料分析问题的能力。

评价方法：以学生互评为主。

评价过程：先由学生自评，然后以小组为单位进行互评。在此基础上，教师根据个人或各组的表现进行评价和总结。

评价总结：评价侧重于两方面。一方面看学生是否掌握利用多渠道搜集历史资料的能力；另一方面看学生是否具备完整表述历史故事和声情并茂表演历史故事的能力。评价应有利于学生的发展，对于学生的闪光点要及时肯定，并就不足之处指明努力方向。

6．学习活动设计

教师活动	学生活动
环节一：导入	
教师活动 1 清朝康熙乾隆时期，经济繁荣，国力强盛，史称“康乾盛世”。这是中国清王朝前期统治下的盛世，也是中国古代封建王朝的最后一个盛世。其间社会稳定，经济快速发展，人口增长迅速。（展示康乾盛世的图片） 这一时期的社会经济有哪些新的发展变化？人口增长的情况如何？	学生活动 1 观看图片，直观感受当时康乾盛世的繁荣景象，同时分析经济发展的表现和人口增长的情况。

活动意图说明：通过图片创设情境，激发学生的学习兴趣和积极性。

环节二：交流展示、综合分析

教师活动 2	学生活动 2
一、农业生产的恢复和发展 1. 教师提问：清朝前期，农业发展主要体现在哪些方面？ 教师指导学生结合教材，找出农业发展的具体表现。 2. 教师指导农业小组进行农业发展表现的汇报展示。 3. 教师引导学生通过农业发展的表现来思考清朝前期农业发展的意义。	1. 农业小组进行汇报，从耕地面积扩大、大力兴修水利、粮食产量提高和经济作物大量种植等方面展开。 2. 学生根据农业小组的汇报，在书上勾画并回答农业发展的表现。 3. 在教师引导下，学生认识到农业发展有利于社会的稳定和繁荣。同时，农业产品品种和产量的增加，也对手工业和城镇商品经济的发展起到了推动作用。
二、手工业和商业的发展 1. 教师引导学生从传统手工业和手工工场的发展两个方面，准备相关汇报内容。 2. 教师引导学生围绕工商业市镇和商帮的发展进行汇报。	1. 手工业小组进行汇报，通过展示清朝瓷器和丝织品等文物的图片，丝织业分布地图和《清代纺织图》等相关史料，来分析清潮传统手工业和手工工场的发展。 2. 商业小组进行汇报，通过展示图片、地图和相关文献，来分析商业发展的各种表现和特点。

三、人口的增长

清朝前期人均耕地面积变化

时间	全国人均耕地面积
顺治十八年（1661 年）	6.88 亩
康熙六十年（1721 年）	8.26 亩
雍正十二年（1734 年）	8.13 亩
乾隆四十九年（1784 年）	2.51 亩

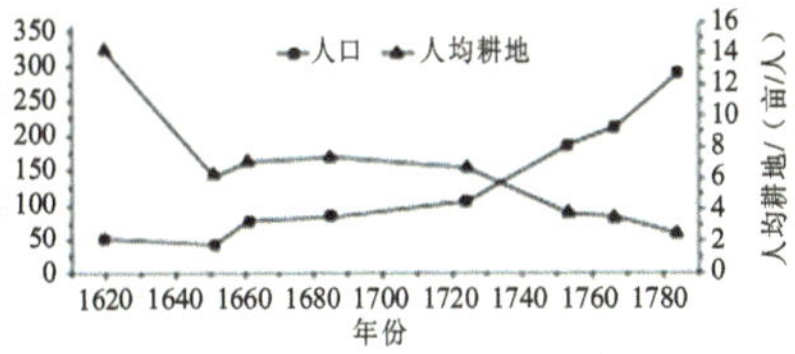

教师活动 2	学生活动 2
教师引导学生依据图表概括人均耕地面积的变化趋势。 材料：乾隆三十七年（1772 年），直隶永定河边蓄水防洪的淀泊，“水退一尺，则占耕地一尺。”“每遇潦涨，水无所容，甚至漫溢为患。”乾隆四十六年	学生分组讨论清朝前期人口增长的影响。积极方面：促进了经济的发展，增加了劳动力和扩大了商品销售市场。 消极方面：由于人口密度加大，人均耕地面积减少，人地矛盾逐渐突出，随之而来的是进一步开荒垦田，使很多天然植被和原始森林遭到破坏，水土流失严重，地力下降，影响了经济的持续发展。

（1781 年），黄河“河滩地亩，尽皆耕种麦苗，并多居民村落……筑围打坝，填塞日多”。 ——《清高宗实录》 教师展示材料，引导学生分组讨论人口增长对社会经济和生态环境的影响。 学生认识到虽然人口增长为经济发展提供了劳动力、扩大了商品销售市场，但是人们盲目开垦沿河与沿湖的土地导致水流域面积不断缩小，破坏了生态平衡，水灾频发，这不利于社会的可持续发展。	

活动意图说明：

1．通过小组合作、汇报的方式增强学生的合作能力，提高学生的表达能力。

2．学生通过史料进行交流，旨在培养其分析史料的能力，形成论从史出的史观，并提高自主分析史料的能力。

3．通过对史料的分析，使学生体会到人与自然的关系，并认识到保护自然的重要性。

环节三：小结

教师活动 3	学生活动 3
教师引导学生回顾原始农耕阶段人与自然的关系，并结合本课探讨这一关系发生了怎样的变化，并谈谈自己的认识。 本节课我们通过清朝的经济发展了解到传统农耕时期人与自然的关系。事实上，生存与发展往往是一对矛盾，生存的基础是自然环境及其资源，为了生存又必然要依靠自然条件及其资源寻求发展，当人类活动超出自然的承载能力时，就会给人类带来灾难。	学生通过回顾七年级上册关于原始农耕阶段的相关内容，结合本课学习，发现人类从完全依赖自然到开始改造甚至破坏自然，人与自然的矛盾日益突出。学生因此认识到保护自然的重要性。

活动意图说明：

通过本课小结，培养学生以史为鉴的意识和能力，树立保护自然的生态文明理念。

7．板书设计

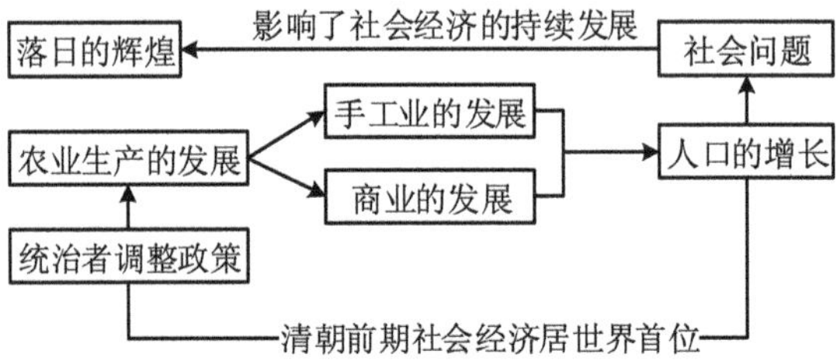

8．作业与拓展学习设计 以“经济发展与生态环境的关系”为话题，写一篇小论文，题目自拟，200 字左右。 设计意图： （1）巩固基础知识，加深理解； （2）培养学生搜集资料的能力，促进学生独立思考和判断能力的提高。
9．特色学习资源分析、技术手段应用说明（结合教学特色和实际撰写） 戴逸著《简明清史》，中国人民大学出版社 2006 年出版。 白寿彝《中国通史》，上海人民出版社 1989 年出版。 骆毅撰文《清朝人口数字的再估算》，发表在《经济科学》1998 年第 6 期。
10．教学反思与改进 在教学形式上，采取小组合作探究、学生自学、教师重点讲解等多种教学方式，充实了课堂，辅助了学生学习，提高了学生阅读、分析材料的能力，引导学生树立保护自然的生态文明理念。

第五章

生态文明教育融入地理学科教学实施方案

一、生态文明教育与学科课程性质的关系

中学地理教学与生态环境有着密切的联系，中学时期又是学生价值观、世界观形成的关键时期，因此，在中学地理教学中开展生态文明教育有助于促进生态文明社会的构建。

1．生态文明教育和地理学科性质具有一致性

中学地理教学内容包括环境、气候、地形地貌以及能源等知识，这些都与生态教育内容相关联，而且中学地理教学还让学生认识到人与自然之间的关系，这也是中学地理教学的重点内容。不仅如此，地理教学过程中强调人与自然和谐相处，正好符合生态文明建设的基本理念。所以，中学地理学科知识为生态文明教育提供了良好的条件。

2．生态文明教育和地理学科目标具有相似性

新课改对中学地理教学提出了更高的标准和要求，学生不仅要从地理教学内容中认识到生态环境的严峻性，还要树立可持续发展观念，这与生态文明建设的核心理念相契合，从而使地理教学内容成为生态文明教育的重要载体。

3．地理学科与生态文明教育的探索路径相似

本校地理课程结合生态文明教育，设计了学科 Logo。其内涵如下：

（1）以蓝色为背景，顶端蓝色代表蓝天，底部蓝色代表大海，书籍代表陆地，形成三个层级“海-陆-空”，象征地球家园和谐相处。

（2）绿色作为主基调，象征着生态环境。其中，绿色的山，寓意着它是我们生态文明建设的根基，承载着防止水土流失、抵御各类生态环境问题的重要使命；绿色的草原代表人地和谐发展的美好愿景。

（3）黄色有两层含义，人地发展观的不同阶段，和谐相处下，风吹麦浪，粮食安全；不和谐的人地关系会导致土地退化，危害国家安全。

二、学科核心素养与生态文明素养的融合

地理学是研究地理环境以及人类活动与地理环境关系的科学，具有综合性和区域性等特点。地理学兼具自然科学和社会科学的性质，在现代科学体系中占有重要地位，对于解决当代人口、资源、环境和发展问题，建设美丽中国，维护全球生态安全具有重要作用。地理课程旨在使学生具备人地协调观、综合思维、区域认知、地理实践力等地理学科核心素养，学会从地理视角认识和欣赏自然与人文环境，懂得人与自然和谐共生的道理，提高生活品位和精神境界，为培养德智体美劳全面发展的社会主义建设者和接班人奠定基础。

（一）学科核心素养是学科育人价值的集中体现

学科核心素养是指学生通过学科学习而逐步形成的正确价值观、必备品格和关键能力。地理学科核心素养主要包括人地协调观、综合思维、区域认知和地理实践力，它们是相互联系的有机整体。

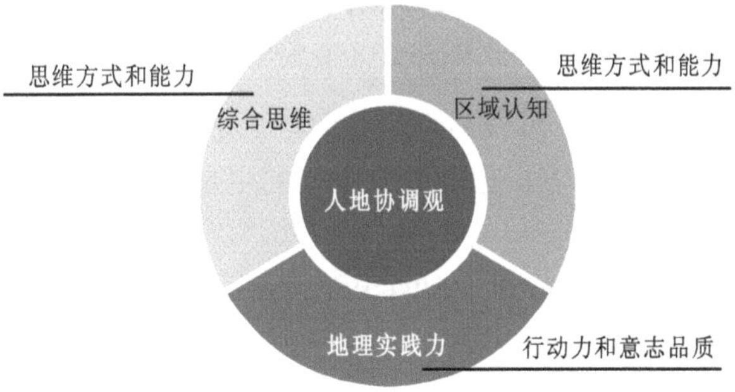

地理课程要培育的核心素养的构成

1. 人地协调观

人地协调观是指人们对人类与地理环境之间关系秉持的正确价值观。人地关系是地理学研究的核心主题。面对不断出现的人口、资源、环境和发展问题，人们越来越深刻地认识到，人类社会要更好地发展，必须尊重自然规律，协调好人类活动与地理环境的关系。“人

地协调观”素养有助于人们更好地分析、认识和解决人地关系问题，成为和谐世界的建设者。

2. 综合思维

综合思维是指人们运用综合的观点认识地理环境的思维方式和能力。人类生存的地理环境是一个综合体，在不同时空组合条件下，地理要素相互作用，综合决定着地理环境的形成和发展。“综合思维”素养有助于人们从整体的角度，全面、系统、动态地分析和认识地理环境及其与人类活动的关系。

3. 区域认知

区域认知是指人们运用空间-区域的观点认识地理环境的思维方式和能力。人类生存的地理环境多种多样，将其划分成不同尺度、不同类型的区域加以认识，是人们认识地理环境复杂性的基本方法。“区域认知”素养有助于人们从区域的角度，分析和认识地理环境及其与人类活动的关系。

4. 地理实践力

地理实践力指人们在考察、实验和调查等地理实践活动中所具备的意志品质和行动能力。考察、实验、调查等是地理学重要的研究方法，也是地理课程重要的学习方式。“地理实践力”素养有助于提升人们的行动意识和行动能力，更好地在真实情境中观察和感悟地理环境及其与人类活动的关系，增强社会责任感。

（二）生态文明素养与学科核心素养的融合

生态文明素养是一个综合性指标，包括“知”和“行”两个方面。人们对环境问题和环境保护的认识水平和认知程度，决定着自身保护环境的行为取向。因此，在教育引导人们提升生态文明素养时，要突出强调“知行合一”。

地理学科核心素养的“区域认知”“综合思维”“人地协调观”重在与生态文明素养的“知”相符合，而“地理实践力”则与“行”相响应。所以，在地理课程中将两者有效融合，既能提升学生的学科核心素养，也能提升学生的生态文明素养。

三、学科课程内容与生态文明议题的关联

地理学科在不同学段，课程内容的侧重点有较大差异，这促使了初高中课程的一体化设计。坚持立德树人的根本任务，切实将地理学科核心素养的培养贯穿在课程设计和实施中。在地理学科内容方面，要充分体现地理学科的本质和价值，展现其核心思想和独特视角；在社会需求方面，要响应党和国家提出的“创新、协调、绿色、开放、共享”的新发展理念，展现地理学与社会的关联；在促进学生发展方面，要紧密联系学生的生活经验，让学生在自然和社会的大课堂中学习地理知识。

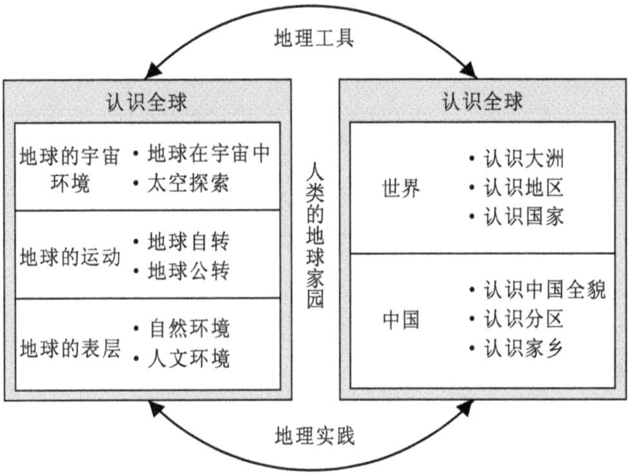

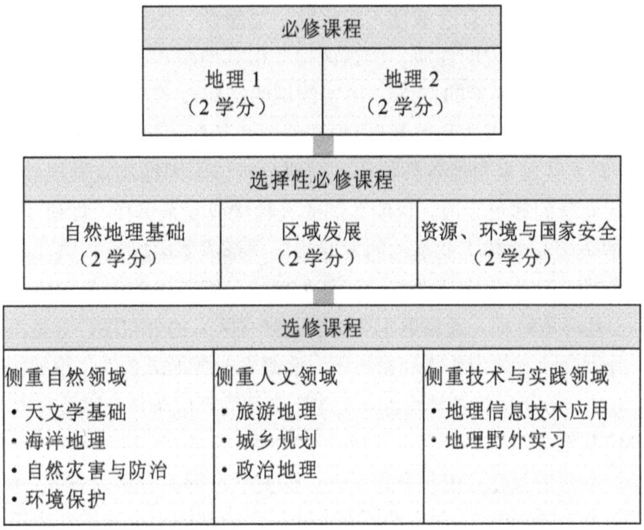

（一）义务教育侧重主题式教学并将生态文明贯穿始终

坚持育人为本，确定基于核心素养培育的地理课程目标。地理课程贯彻习近平新时代中国特色社会主义思想，依据义务教育培养目标，凝练地理课程所要培育的核心素养，形成体现地理课程独特育人价值和共通性育人要求的地理课程目标。引导学生通过探究人类活动与地理环境的关系，认识到地球资源是有限的、生态环境是脆弱的，形成保护地球家园的观念、热爱祖国和家乡的情感，以及关心世界的态度，不断增强人文底蕴、科学精神和责任担当，并提高健康生活、终身学习和实践创新等能力。

例如，下面的《因地制宜思想下的区域发展》教学案例，就是在区域认知下，利用综合思维多角度分析人地和谐发展的措施，以增强学生对区域发展、生态文明更深层次的认识。

教学案例基本信息
课题：因地制宜思想下的区域发展
年级：初一
教科书版本及章节：人民教育出版社七年级第九章第一节美国
学习领域：人文社科/地理
单元教学设计
1．单元教学设计说明 ● 单元主题及课时安排 单元主题："因地制宜"思想下的区域发展 第1课时："底特律活塞队" 第2课时：现代农业的典范 第3课时：欢迎来做客 2．指导思想和理论依据 （1）教学设计以地理课程标准中的课程性质等内容为学科理论基础 新的课程标准提出，地理课程具有区域性、综合性、思想性、生活性和实践性。本主题教学设计以区域发展为主线，突出体现地理课程的性质。依据课标"根据地图和其他资料说出某国家的种族和人口（或民族、宗教、语言）等人文地理要素的特点""用实例说明高新技术产业对某国家经济发展的作用""在地图上指出某国家地理位置、领土组成和首都""根据地图和其他资料概括某国家自然环境的基本特点""运用地图和其他资料，联系某国家自然条件特点，简要分析该国因地制宜发展经济的实例"。通过分析美国篮球联赛中底特律活塞队的球员组成，说明美国的人种构成复杂多样，促进了美国多元文化的形成。通过分析球队名称，理解美国东北部工业基地的发展状况、形成原因以及兴衰，理解因地制宜发展工业的思想。通过提前布置作业，让学生完成课前学习任务单，了解美国的国土构成、首都和地理位置，以及地形、气候、河流等自然环境特征。通过展示美国农业带（区）的分布图，分析玉米带和乳畜带的影响因素。利用所学因素，分析美国亚热带作物和畜牧区、灌溉农业区形成条件，理解因地制宜发展农业的思想。结合时事以及所学方法，分析世界各地特色农业生产基地的形成条件，以及对本区域发展的影响。 （2）教学设计的认知理论基础 建构主义认为，学习需要情景化，倡导合作学习、探究学习等多种学习方式，教师是学习的组织者、引导者、合作者，是"平等中的首席"。学生在原有的知识经验基础上来建构新知识，强调学习者的主动性，借助教师和学习伙伴的帮助，利用必要的学习资料，在合作中获得新知识。本单元主题教学，大量采用小组合作探究的形式，分析工业的区位条件，辩证看待农业的发展，合作完成世界特色农业基地的形成条件的汇总等。教师仅仅是课程进行的引导者和组织者。学生通过活动能够参与课堂并发表自己的看法，能够通过同伴间的讨论和辩论不断完善自己的认知，从而激发学习兴趣，建构自己的知识体系，形成自己的价值观念。 （3）单元学习对学生学科核心素养提升的价值 本主题设计以因地制宜为线索，以区域发展为目标，通过对工业、高新技术产业、农业生产的区位条件分析，使学生深刻理解区域发展的内容，加强对区域的认知和综合思维的培养。通过小组活动的设置，学生积极参与活动，发现问题、解决问题，培养了地理实践力。在活动过程中，基于学生的认知结构，引导学生运用区域地理学习方法，正确看待人类活动与地理环境相互影响的关系，树立人地协调发展的观念。三节课从不同维度阐述了区域发展的内涵，环环相扣，依次展开，最终达成提升学生学科核心素养的目标。

3．单元学习目标与重点难点

单元目标：通过课堂小组活动，学生能够说出美国社会中人种的构成以及产生的社会问题，理解自然条件对工业和农业生产布局的影响，掌握分析其他区域农业生产的方法。理解区域发展过程中秉承的经济、社会、生态可持续原则，在活动中加强对美国的区域认知，形成综合思维和地理实践力，树立正确的人地和谐发展观。

学习重点难点：通过区域位置与组成、各要素地图，综合分析美国“东北部工业基地”的形成条件；通过分析美国农业带分布，理解因地制宜思想在农业生产中的具体体现；通过景观图、统计图、要素分布图和农作物生活习性等资料，分析世界各地特色农业生产的条件。

4．单元整体教学思路

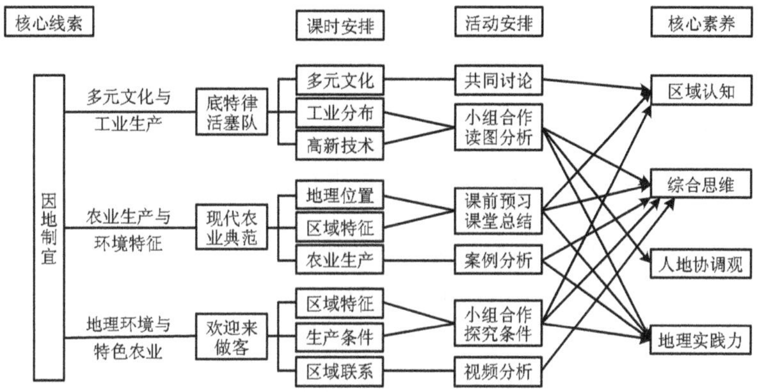

第 2 课时教学设计

1．教学内容分析

本课时是单元主题教学的第二课时——“现代农业的典范”，是区域地理学习的案例之一。该课时主要涉及美国的地理位置和国土组成，区域自然环境特征，农业发展的区位条件（有利和不利）。为此，通过学习任务单提前布置任务，使学生对该区域形成初步认识；通过地形图、气候类型分布图和河湖分布图以及所学知识，分析农业生产的条件；通过对美国区域自然环境特征的了解，探寻人地和谐发展的途径。这一学习过程，能够加强学生的区域认知，培养学生的综合思维，通过小组合作和知识迁移，提升学生的地理实践力，通过辩证看待棉花带的生产问题，培养学生人地和谐发展观。同时为第三课时奠定基础。

2．学习者分析

学生在本学期学习了多个不同空间尺度的区域，对某个国家尺度的区域位置的确定比较熟悉。同时在东南亚、南亚等大空间尺度的学习中，对区域农业发展的条件分析也掌握了一定方法，但因平时课下复习较少，会出现遗忘的情况。所以，通过小组合作的形式，集思广益，不仅能学习新的区域知识，也是对区域农业发展相关内容的复习。美国的学习安排在七年级下学期，对于分析农业条件的表述方式不够准确，所以也采用小组合作学习形式。降低难度，先分析玉米带和乳畜带的影响因素，再通过亚热带作物带的案例进行书写并表达。

3．学习目标确定

运用地图，说出美国的经纬度位置、半球位置、海陆位置和国家位置，并说出美国的国土组成以及首都名称。

通过美国地形图（本土部分），概括其地形类型、地形区分布和地势起伏特征；依据美国气候类型分布图，说出美国主要的气候类型及其特征；借助美国河流和湖泊分布图，说出河流的流向、注入地、水量、流速、结冰现象和水量变化等特征，并说出主要湖泊的名称和作用。

运用地图和文字资料，联系美国地形、气候、河流等自然环境特征，分析美国因地制宜发展农业的条件。并通过阅读地图、文字和视频等资料，说出美国农业生产的特点。

4．学习重点难点

学习重点：通过美国地形图（本土部分），概括其地形类型、地形区分布和地势起伏特征；依据美国气候类型分布图，说出美国主要的气候类型及其特征；借助美国河流和湖泊分布图，说出河流流向、注入地、水量等特征，并说出主要湖泊的名称和作用。

学习难点：利用地图和文字资料，联系美国地形、气候、河流等自然环境特征，分析美国因地制宜发展农业的条件。

5．学习评价设计

在课堂教学过程中，对学生思考问题、回答问题、讨论发言的态度和表现，予以鼓励、启发、引导，及时进行过程性评价。

维度	评价内容	A 好	B 较好	C 一般	分值
态度与方法	全程积极参与课堂学习和讨论，思维活跃；认真参与小组合作探究学习，运用读图方法和农业生产条件分析方法，完成课堂任务，主动展示成果。				20
知识与能力	准确运用地理知识分析、解答问题；理解“区域专业化农业”的形成条件；运用地图分析其他区域农业生产条件；通过分析美国地形、气候、河流等自然环境特征，地理综合思维能力和区域认知有所提升。				30
思维发展	从“自然环境”的特征分析，到进一步用地理分析方法，分析区域农业生产要素，再基于农业生产要素，分析农业生产条件。				30
价值观念	树立因地制宜发展农业的价值观。				20
总评					

6．学习活动设计

教师活动	学生活动
教师活动 1 上节课我们布置了这节课的学习任务，请大家按照学习任务单的内容，描述美国的地理位置和自然环境特征，并说明其内在联系。 教师通过板书记录学生的总结，并在过程中提问。	**学生活动 1** 学生按照学习任务单回答美国的地理位置特征、自然环境（地形、气候、河流）特征。

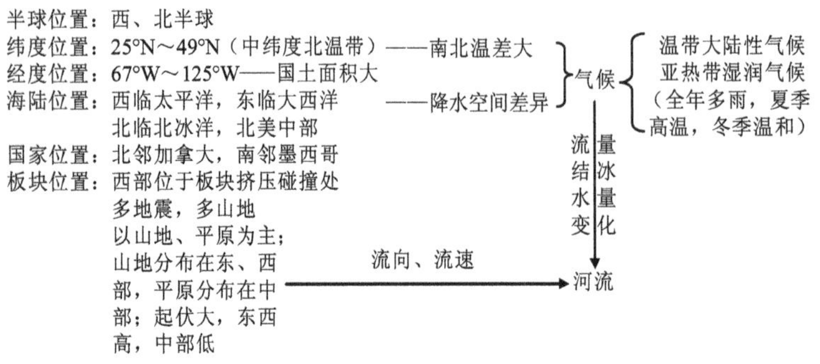

<table>
<tr><td colspan="2">活动意图说明：通过任务单的形式，鼓励学生课下自主完成对美国区域特征的了解，培养学生从图文资料中获取和解读信息的能力，培养学生的地理实践力和区域认知能力。此外，通过构建区域特征的知识体系，培养学生的综合思维。</td></tr>
<tr><td>教师活动 2</td><td>学生活动 2</td></tr>
<tr><td>展示有关美国农业生产的视频资料，并提问：美国农业生产有何特征？这些特征是如何体现区域化和专业化的？
展示美国农业带分布图，并依次提问：影响美国玉米带和乳畜带的分布因素有哪些？
影响美国亚热带作物带、畜牧和灌溉农业区的生产条件有哪些？
美国棉花带衰落的原因是什么？
总结：农业生产需要因地制宜，以确保生产效率；而过度的农业生产也会导致自然环境恶化，影响农业生产的可持续性。</td><td>学生观看视频并归纳美国农业生产的特点。
学生阅读文字资料并结合所学的美国区域特征知识进行回答。</td></tr>
<tr><td colspan="2">活动意图说明：通过观看视频，总结美国现代农业生产的特点，理解科技在农业中的应用。通过分析美国农业区的生产条件，培养学生的综合思维能力和地理实践力，理解发展农业要坚持因地制宜的思想，做到人地和谐发展。</td></tr>
<tr><td colspan="2">7. 板书设计
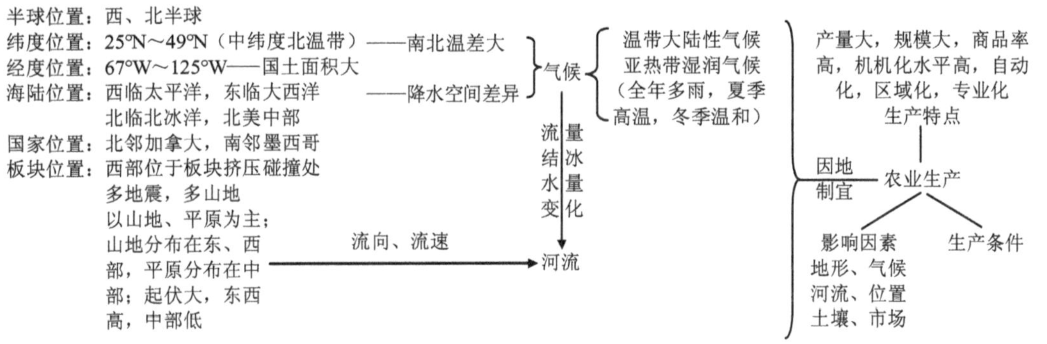
</td></tr>
<tr><td colspan="2">8. 特色学习资源分析、技术手段应用说明
学习资源：美国地理位置和自然环境特征学习任务单；美国农业生产特点视频；美国农业带分布图
技术手段：PPT</td></tr>
</table>

（二）高中地理教学内容侧重分析环境问题发生机制和整治措施

以选择性必修三为例，整本教材以资源、环境与国家安全的关系为线索组织教学内容。提倡运用图表判读、综合分析等方法，帮助学生理解资源、环境问题的基本内涵。同时，引导学生站在国家安全、国际合作的高度，认识资源和环境的现状、问题及对策措施，了解资源、环境问题对于国家安全的重要性。组织学生开展社会调查和专题探究。创设多种教学情境，诸如资源短缺、环境恶化的模拟情境，调查家乡的资源、环境问题，讨论节约资源和保护环境的重要意义，树立绿水青山就是金山银山理念。

以选择性必修二为例，课程通过让学生了解区域环境背景，熟悉区域差异，进而认识到区域间的相互联系，为区域协调发展奠定理论基础。例如，“资源跨区域调配”的内容，不仅体现地理核心素养，也符合生态文明建设的要求。

课题	资源跨区域调配对区域发展的影响——以南水北调为例
课型	新授课☑　章/单元复习课☐　专题复习课☐　习题/试卷讲评课☐ 学科实践活动课☐　其他☐

1. 教学内容分析

本节课内容选自人教版选择性必修二第四章第二节“资源跨区域调配”。这部分内容是区域联系和区域协同发展的典范，既是对区域整体性和差异性的总结，也是对区域协同发展的解释。结合新课程标准的要求，主要从以下几个方面对资源的跨区域调配进行讲解：首先，介绍水资源跨区域调配的背景，即水资源调配的必要性和可行性；其次，介绍水资源调配的方案，从线路评价和修建困难角度出发；最后，分析水资源调配对调入区和调出区经济社会生态方面的影响。本节课的内容有利于培养学生分析和解决问题的综合思维能力、分析区域特征的区域认知能力、自主探究的地理实践力，树立区域协同发展和人地和谐的发展观。

2. 学习者分析

本班级学生在初中阶段已学习过资源跨区域调配中的西气东输，对工程有一定认识，但因时间久远，忘记的内容较多。同时，因初高中学业要求不同，学生对地理事物的综合分析能力和辩证逻辑思维欠佳，需要借助具体案例和数据，在情境中发现问题、解决问题。

3. 学习目标确定

（1）利用图文和视频资料，自主探究南水北调的必要性和可行性；
（2）说出北方地区和南方地区水资源分布差异的原因和解决措施；
（3）阅读图文资料，归纳南水北调东、中、西三条线路的特点，并进行评价；
（4）利用图文资料，从经济、社会、生态三个角度总结南水北调工程的意义。

4. 学习重点难点

（1）利用图文和视频资料，自主探究南水北调的必要性和可行性；
（2）利用图文资料，从经济、社会、生态三个角度总结南水北调工程的意义。

5. 学习活动设计

环节一：南水北上润京城

教师活动 1	学生活动 1
通过视频和文字资料介绍南水北调工程 8 年取得的成就，并提出问题：为何要进行“水资源的跨区域调配”？ （1）从我国人均水资源占有量图中可知，我国水资源最为短缺的地方为华北平原，为什么华北平原水资源如此短缺？ （2）分析我国径流水资源丰缺带分布图，说出我国水资源空间分布特点。	观看视频，独立思考后，与同学合作完成问题解答。

(3) 分析我国北方地区与南方地区水资源分布与人口、耕地关系图，可以得出什么结论？ 教师小结水资源跨区域调配的原因，并归纳其一般规律。	结合身边的事例，思考回答
活动意图说明：通过身边的水资源跨区域调配工程引入，让学生从感性认识上升到理性思考，理解国家重大工程建设的原因和意义，培养学生的综合思维和树立正确的人地协调观。	
环节二：调配线路与评价	
教师活动 2	学生活动 2
根据南水北调线路分布图及文字资料，引导学生思考以下问题： (1) 分析归纳南水北调的基本线路情况，并评价各条线路的优、缺点。 (2) 南水北调工程中线线路修建过程中遇到哪些困难？ (3) 把学习结果填写到学习任务单的表格中。	阅读资料，并完成活动内容。结束后进行总结，教师和其他同学互评。
活动意图说明：通过图文资料的阅读，巩固学生从图文资料中获取、解读信息的能力，同时培养学生的辩证思维能力，树立人地协调发展观念。	
环节三：南水北调促发展	
教师活动 3	学生活动 3
引导学生阅读新闻材料，结合身边的生活变化，小组合作完成南水北调工程对水资源调入区和调出区的影响的分析（注：从经济效益、社会效益、生态效益角度考虑）。	阅读资料，并完成活动内容。结束后进行总结、互评。
活动意图说明：通过图文资料的阅读，巩固学生从图文资料中获取、解读信息的能力，小组合作完成，培养学生思考和发现问题的能力。	

四、学科实施生态文明教育的关键建议

生态文明教育是地理学科的教学任务之一，为有效落实，可从课程设置入手。

（一）课程整体设置

1. 国家课程

在每个年级每个学期开足课时数，同时考虑初高中贯通培养，对课标和教学内容进行整合，提高课程效率（采用单元主题教学方式）。

生态文明教育穿插在不同学段、不同年级、不同学期的课后作业中，通过动手绘画、实地调查、主题宣讲等活动，加深学生对人与自然关系的理解，领悟地理学科魅力。

2. 校本课程

在初中、高中均开展选修课。初中的雨水利用课程，从科普的角度，帮助学生树立正确的资源观，融入生态文明建设相关知识。高中课程从旅游的角度，引导学生欣赏自然美景，感悟人文景色，提升人地和谐发展观。

（二）课程具体实施方案

1. 义务教育阶段

（1）绘制生态校园平面图（利用不同图例，标注校园的建设用地、生态用地，并初步了解生态用地的功能）；

（2）绘制大洲、大洋二氧化碳浓度分布图（根据教师提供的二氧化碳浓度数据，标注各大洲大洋名称，并绘制不同大洲的二氧化碳浓度分布情况）；

（3）绘制中国国家公园的气温曲线和降水量柱状图（依托教师提供的 5 个国家公园全年的气温和降水量数据来绘制）；

（4）绘制地形剖面图（绘制北京市沿 40°N 纬线的剖面图，并将森林、农田等地理事物标注在图中，理解人类活动对不同地形类型的开发利用）；

（5）绘制亚马孙热带雨林界线图（观察分布图，找出雨林所跨国家，并尝试分析雨林给这些国家带来的经济效益和生态效益）；

（6）制作中国二十四节气日历本（查阅二十四节气的名称，利用卡片制作日历本，搜索不同节气北京地区的自然景观，打印或绘制在卡片上）；

（7）制作简易地球仪（利用家中废弃的可回收垃圾，动手制作一个地球仪）；

（8）制作山地模型（利用废弃塑料泡沫制作山地模型，同时用水彩笔标注不同颜色）；

（9）制作保护南极生态环境的宣传海报（依据教师提供的资料和搜集的资料，分小组制作保护南极生态环境的宣传海报，内容包括南极生态环境现状、宣传口号）；

（10）制作生态环境保护手册（收集主要国家的生态环境保护措施和取得的成效，制作宣传手册，至少包括 6 个国家。同时思考我们从中可以借鉴的方法）。

2. 高中地理阶段

（1）区域资源环境承载力的评估调查报告（依据教师提供、小组网络搜集和调查访问等方式获取的信息，评估本区域环境承载力大小，并分析提高其承载力的措施）；

（2）城市垃圾的开发与利用（调查城市垃圾的主要来源与分类情况，对不同类型的垃圾如何利用进行研究，以宣传海报形式展出研究成果）；

（3）“何时蓝天常在”研究报告（收集资料，认识大气污染现象，了解我国大气污染的形成原因，以及发达国家治理大气污染的措施和所用时间，讨论我国“蓝天”常在所需要采取的措施和时间）；

（4）如何提升我国西南喀斯特峰丛山地的经济发展水平研究报告（收集资料，了解喀斯特峰丛山地的特点，分析导致生态环境脆弱的主要自然原因及其对经济发展的影响。了解生态建设的主要措施以及生态重建对经济发展的作用，针对喀斯特山地生态环境脆弱状况，提出提升经济发展水平的建议）；

（5）能否利用南极冰山解决沙特阿拉伯的缺水问题（收集资料，了解南极冰山的基本情况和沙特阿拉伯的淡水资源短缺现状，分析运输过程中需要解决的技术问题，根据洋流和风向，设计将冰山运往沙特阿拉伯的最佳路线，反思大规模利用南极冰山可能带来的环境问题）；

（6）景德镇还要不要走“世界瓷都”之路（了解景德镇的地理环境特点及发展瓷业的有利与不利条件；查阅资料，说明瓷土资源逐步枯竭对景德镇发展的影响，探究景德镇产业转型选择的道路，为景德镇是否走“世界瓷都”之路献计献策）；

（7）辩论赛：该不该引藏水入疆（观察地图，分析引水的可能路线及沿线区域地理特征。阅读材料，了解引水构想的利弊，思辨立论依据的正确性。开展讨论，阐述个人观点及理由）；

（8）我们的生态足迹有多大（阅读资料，说明生态足迹大小与资源消耗量的关系，分析生态足迹大小如何影响自然环境的服务功能，探讨生活方式选择对未来生态足迹变化趋势的影响）。

第六章

生态文明教育融入政治学科教学实施方案

北京市中关村中学知春分校政治教研组，在深刻理解和把握习近平生态文明思想基本内容的基础上，结合本校学生发展实际，合作研究了生态文明教育融入政治学科教学中的实施方案。

一、生态文明教育融入政治学科的基本设计框架

（一）生态文明教育融入政治学科的 Logo 设计

课程 Logo 简介：

配色代表我们要重视生态环境的保护；线条动感十足，说明我们除了要学习课堂知识，还要在实践中提高素养、增长能力；动植物、山川等小图标，代表对一切生命和自然环境的尊重；字母表示政治学科与生态文明教育的融合。

（二）生态文明教育融入政治学科的目标设计

课程目标：努力提高师生的生态文明素养，通过生态文明素养的培育，达到教育学生、感染学生、熏陶学生的目的，带领学生更好地节约资源、保护环境，进而促进学生在生态文明素养培育过程中知、情、意、行的全面发展。本课程更强调在实践中培养、行动中提高，将践行绿色生活，参与生态文明校园（美丽校园）建设，开展家庭生态文明建设，参与社区生态文明建设等活动，让学生在生态文明建设的实践中提高素养、增长能力、锤炼品格。

（三）生态文明教育融入政治学科的主体内容

课程内容

政治课程									
国家课程								校本课程	
初中部分				高中部分				案例分享、社会实践（访谈调查）、辩论赛、设计大赛等，提升环保意识。充分尊重学生的主体地位，跨学段合作（利用大思政的优势，借力高校等）	敬畏生命、尊重生命——行动，从身边小事开始；个人—班级—校园—家庭—社会，逐步展开环保行动
尊重、珍爱生命	环保意识、价值观（对人、对事、对国家发展）	生态文明建设、国家安全观	传统文化中的生态文明、人与自然和谐共生	习近平生态文明思想、科学发展观	新发展理念（创新、协调、绿色、开放、共享）	优秀传统文化、哲学思想（和谐）	人类命运共同体、人与自然和谐共生		

（四）生态文明教育融入政治学科的实施设想

课程实施初步设想如下：

主题式学习——选择课题，成立课题组，制定并论证课题研究方案，聘请课题顾问等；初中、高中打通，学生们分工合作，选择适合的任务，践行环保理念，将之落实到日常生活中。

（1）我们的低碳生活（探讨低碳经济、低碳文化、低碳社会、低碳生产、低碳消费、低碳生活……）

（2）环保家庭评选（制定方案并实施）

（3）校园生态文明长廊（我看到的、我找到的实例——我的校园我做主）

（4）社区生态文明建设（我参与）

（5）情景剧表演（挖掘身边资源）

（6）环保设计大赛（制作广告、宣传标语等）

（7）优秀传统文化的当代价值（探讨与生态文明相关的优秀传统文化，如何体现人与自然和谐共生）

二、学科核心素养层面的融合点分析

（一）初中学段核心素养的融合点分析

初中道德与法治课程要培养的核心素养，主要包括政治认同、道德修养、法治观念、健全人格和责任意识。政治认同是社会主义建设者和接班人必须具备的思想基础，道德修养是立身成人之本，法治观念是行为的指引，健全人格是身心健康的体现，责任意识是担当民族复兴大任时代新人的内在要求。在民族复兴的伟大征程中，核心素养的培养必将紧跟国家发展的步伐不断探索、不断完善，这对所有教育工作者来说都是一个充满魅力的挑战。广大教师愿意接受这个挑战，承担起这个光荣使命，成就我们教育理想的守望与践行。核心素养并非各门学科知识的简单相加，而是支撑“有文化教养的健全公民”形象的心智修炼和精神支柱。决定这种核心素养形成的根本要素，在于教育思想的进步与教育制度的完善。

1．政治认同

（1）价值取向。践行和弘扬社会主义核心价值观，坚定共产主义远大理想和中国特色社会主义共同理想，增进中华民族的价值认同和文化自信。

（2）家国情怀。对家庭有深厚的情感，热爱家乡，热爱伟大祖国，热爱中华民族，自觉铸牢中华民族共同体意识，有以实现中华民族伟大复兴为己任的使命感。

培育学生的政治认同，有助于他们形成正确的世界观、人生观、价值观，坚定正确的政治方向，树立共产主义远大理想和中国特色社会主义共同理想，成为德、智、体、美、劳全面发展的社会主义建设者和接班人。

2．道德修养

道德修养是指养成良好的道德品质和行为习惯，把道德规范内化于心、外化于行。道德修养主要表现为：

（1）个人品德。践行以爱国奉献、明礼遵规、勤劳善良、宽厚正直、自强自律为主要内容的道德要求，在日常生活中养成诚实守信、团结友爱、热爱劳动等个人美德和优良品行。

（2）家庭美德。践行以尊老爱幼、男女平等、勤劳节俭、邻里互助为主要内容的道德要求，做家庭的好成员。

（3）社会公德。践行以文明礼貌、相互尊重、助人为乐、爱护公物、保护环境、遵纪守法为主要内容的道德要求，做社会的好公民。

（4）职业道德。树立劳动不分贵贱的观念，理解以爱岗敬业、诚实守信、办事公道、热情服务、奉献社会为主要内容的职业道德，做未来的建设者。

培育学生的道德修养，有助于他们经历从感性体验到理性认知的过程，传承中华民族传统美德，弘扬民族精神和时代精神，维护国家利益和安全，增强民族气节，明大德、守公德、严私德，形成健全的道德认知和道德情感，发展良好的道德行为。

3. 法治观念

法治观念是指树立宪法法律至上、法律面前人人平等、权利义务相统一的理念，使遵法、学法、守法、用法成为人们的共同追求和自觉行为。法治观念主要表现为：

（1）宪法法律至上。理解宪法在法律体系中具有最高的权威，任何个人和组织都必须遵守宪法和法律，尊崇宪法和法律。

（2）法律面前人人平等。了解公民的合法权益一律平等地受到法律保护，对任何人的违法犯罪行为都依法予以追究，不允许任何人有超越法律的特权。

（3）权利义务相统一。理解每个公民都享有宪法和法律赋予的权利，同时必须履行宪法和法律规定的义务。

（4）守法用法意识和行为。了解以民法典为代表的、与日常生活以及未成年人保护密切相关的法律法规，树立法治意识，养成守法用法的思维方式和行为习惯。

（5）生命安全意识和自我保护能力。了解和识别可能危害自身安全的行为，具备自我保护意识，掌握基本的自我保护方法，预防和远离伤害。

培育学生的法治观念，有助于他们形成法治信仰和维护公平正义的意识，做社会主义法治的忠实崇尚者、自觉遵守者、坚定捍卫者。

4. 健全人格

健全人格是指具备正确的自我认知、积极的思想品质和健康的生活态度。健全人格主要表现为：

（1）自尊自信。正确认识自己，珍爱生命，能够自我调节和管理情绪，具备乐观开朗、坚韧弘毅、自立自强的健康心理素质。

（2）理性平和。开放包容，理性表达意见，树立正确的合作与竞争观念，能够换位思考，学会处理与家庭、他人、集体和社会的关系。

（3）积极向上。有效学习，能够主动适应社会环境，确立符合国家需要和自身实际的健康生活目标，热爱生活，积极进取，具有适应变化、不怕挫折、坚韧不拔的意志品质。

（4）友爱互助。真诚、友善，拥有同理心，相互支持，相互帮助，具有互助精神。

培育学生的健全人格，有助于他们正确认识自我、学会学习、学会生活、学会合作，养成积极的心理品质，提高适应社会、应对挫折的能力。

5. 责任意识

责任意识是指具备承担责任的认知、态度和情感，并将其转化为实际行动。责任意识主要表现为：

（1）主人翁意识。对自己负责，关心集体，关心社会，关心国家，维护祖国统一和国家安全，具备国家利益高于一切的观念。

（2）担当精神。具有为人民服务的奉献精神，积极参与志愿者活动、社区服务活动，热爱自然，践行绿色生活方式。

（3）有序参与。具有民主与法治意识，守规矩，重程序，能够依规依法参与公共事务，根据规则参与校园生活的民主实践。

培育学生的责任意识，有助于他们提升对自己、家庭、集体、社会、国家和人类的责任感，增强担当精神和参与能力。

（二）高中学段核心素养的融合点分析

在高中，新课标课程理念也充分体现出思政课与生态文明教育整合的可能性与必要性。

具有科学精神素养的学生，应能够：用马克思主义基本立场、观点和方法，观察事物、分析问题、解决矛盾；解放思想、实事求是，对经济、政治、文化、社会和生态文明建设的实践，作出科学的解释、正确的判断和合理的选择；感悟人生智慧，过有意义的生活；以锐意进取的态度和负责任的行动促进社会和谐。

培养环保意识，形成参与环境保护的责任感和积极态度，树立维护生态、美化环境的信念。掌握一些基本的环保知识，懂得保护环境应从自我做起，从身边做起，呵护绿色、亲近动物，自觉维护生态平衡。培养敢于提出问题的探索精神，并能积极主动地寻求解决问题的方法和途径。培养同学的发明和创新精神，在活动中发展能力。

三、政治学科课程内容与生态文明议题的关联分析

年级	生态文明	各种文明	可持续发展教育等	补充内容
初一	七上：第八课第二框——敬畏生命 P94			
初二	八上：第七课积极奉献社会第二目——服务社会 P80	意识文明	人生价值观培养	国家安全观
初三	九上：第五课——中华传统文化蕴含生态文明的精神力量。第六课——建设美丽中国，转变发展方式；人与自然和谐共生，绿色发展道路。第八课——第二个百年奋斗目标	九上：第五课——中华传统文化蕴含生态文明的精神力量	九上：第一课——社会主要矛盾，经济新常态。九下：第一课——我们共同的世界，推动可持续发展，谋求互利共赢，人类命运共同体	新发展理念：创新、协调、绿色、开放、共享

年级	生态文明	各种文明	可持续发展教育等	补充内容
高一	必修 1：第四课第三框——习近平新时代中国特色社会主义思想 P59（五位一体战略布局）。必修 2：第三课第一框——坚持新发展理念 P32-39		必修 1：第三课第二框——中国特色社会主义的创立、发展和完善 P25。必修 2：第三课第一框——坚持新发展理念 P32-39	科学发展观
高二	必修四：第二课——世界的本质；第五课第三框——社会历史的主体；第七课第二框、第三框——正确认识中华传统文化、弘扬中华优秀传统文化与民族精神；选择性必修一第五课第二框——构建人类命运共同体	第七课——继承和发展中华优秀传统文化；第八课——学习借鉴外来文化的有益成果；第九课——发展中国特色社会主义文化	选择性必修一第五课第二框——构建人类命运共同体 选择性必修二——民法相关内容	科学思维、创新思维、辩证思维等，认识问题、解决问题

例如，学生在学习“全面依法治国”这一单元的过程中，巧用生态保护的素材，站在执法机关严格执法的角度，通过模拟执法的活动，深入角色，感悟严格执法不得违背法律的精神和原则，从而树立有权就有责的法治观念，在模拟实践中涵育生态文明建设参与能力；通过微辩论活动，学生在思维碰撞中深度思考文明执法的要求和意义，认识到德治与法治相结合的重要性，同时深刻思辨生态环境可持续的重要意义等。通过整节课的学习，学生能够认同严格执法是为了更好地维护长江流域生态安全，本质上是保障人民群众的利益，进而支持执法机关严格执法，以主人翁的姿态支持并监督执法机关的执法行为，落实政治认同素养的培育目标。

四、融合导向下的单元整体设计

（一）单元设计流程与解读

1. 备课

在进行思想政治单元备课时，要有望远镜思维和放大镜思维。望远镜思维，要求不仅考虑“单元和单元的关联”，还要思考“单元与学科的关联”“单元与跨学科的关联”“单元与现实世界的关联”，也就是在更大范围内形成迭代结构。通过更高位的大概念引领，达到深度学习。望远镜思维常用到的方法是统整法，即根据一定的线索，整体性地建立单元与单元、单元与学科、单元与跨学科，以及单元与现实世界之间的关联。放大镜思维则是向内深入挖掘，找到大概念的本质问题、核心要点等。教师可通过概念地图梳理这些元素，同时规划单元结构和序列，进行单元整体设计。

2．上课

我们要按照大单元教学设计来上课，一个单元需要几个课时来完成，不同的课时确定不同的教学重点，这样可以有针对性地进行大单元重点、难点的突破。在上课时，教师按照单元设计来进行操作，每节课的教学问题提出来之后，学生对这个问题的课堂生成如何，是我们教师要特别关注的。教师根据课堂生成来推进教学进程，完成一节课的教学任务。在此过程中，要注意训练学生听、说、读、写的能力。同时教师要善于利用师评、自评、他评等多种评价方式，注重培养学生解决实际问题的能力，让学生真正参与到课堂中，这样，培养学生素养的目标才能够落实。

3．课后

一节课课后，教师要注意学生对本节课所学内容的掌握情况，要进行课后检测和课后反思，根据学生的反馈来进行课堂改进。如此反复，我们的课堂教学才会越来越完善。

（二）单元设计案例

教学设计及单元同步作业

<table>
<tr><td colspan="4">基本信息</td></tr>
<tr><td>姓　　名</td><td>李清晨</td><td>学　　校</td><td>中关村中学知春分校</td></tr>
<tr><td>学　　科</td><td>思想政治</td><td>联系电话及邮箱</td><td></td></tr>
<tr><td>年　　级</td><td>高一</td><td>教科书版本及章节</td><td>必修三</td></tr>
<tr><td>学习领域/模块</td><td colspan="3">政治与法治</td></tr>
<tr><td colspan="4">单元教学设计</td></tr>
<tr><td>单元学习主题</td><td colspan="3">全面依法治国</td></tr>
<tr><td colspan="4">1．单元教学设计说明
本册教科书以坚持党的领导、人民当家作主、依法治国有机统一为主线。依法治国是党领导人民治理国家的基本方式。在我国，党的领导和执政是通过党的领导体制来实现的，集中反映在党、国家和人民的定位及相互关系之中。党的领导、人民当家作主、依法治国三者统一于我国社会主义民主政治伟大实践。本单元以“全面依法治国”为主题，与前两个单元构成了统一的整体。一方面，依法治国的实质是依照宪法和法律来治理国家、管理社会事务，人民在党的领导下通过最高国家权力机关即全国人民代表大会及其常委会制定宪法和法律，运用宪法和法律来治理国家、管理社会事务，实现当家作主的民主权利；另一方面，党领导人民制定宪法和法律，党的各级组织和全体党员干部又必须带头在宪法和法律范围内活动，模范遵守宪法和法律，尤其是各级领导干部要增强民主法治观念，自觉接受人民群众的监督。</td></tr>
<tr><td colspan="4">2．学习者分析
从社会大环境来看，党的二十大报告首次单独把法治建设作为专章论述、专门部署，这充分体现了以习近平同志为核心的党中央对全面依法治国的高度重视。党的十八大将“社会主义生态文明”纳入中国特色社会主义事业“五位一体”的总体布局之中，生态文明建设的法治保障，是“依法治国”这一理念的直接体现，也是生态文明建设的必由之路。
从学生知识经验来看，学生在九年级学过建设法治中国和法治政府的相关内容，具备一定法律知识，但对全面依法治国的要求和意义的认知不系统、不深入、不准确。教师应通过设计贴近生活的问题情境，</td></tr>
</table>

让学生进行自主合作探究，调动学生的学习主动性和积极性，提高学习兴趣，从而提高课堂效率。
从学生认知特征来看，高一学生在生活阅历、时政积累、分析和解决问题、角色模拟等方面已经达到一定水平，对国家的法治建设表现出浓厚兴趣，但缺乏深度理性思考。教师应通过教学，培养学生的辩证思维能力，引导学生更加理性地参与政治生活。

3．单元学习目标与重点难点

本单元的教学旨在引导学生：了解我国法治建设的成就，理解习近平法治思想的基本内涵和重要意义；明确必须坚持走中国特色社会主义法治道路，全面推进国家各方面工作法治化；明确全面推进依法治国的总目标是建设中国特色社会主义法治体系、建设社会主义法治国家；阐明建设法治国家、法治政府、法治社会的意义和措施，阐述科学立法、严格执法、公正司法、全民守法的基本要求；懂得必须坚持中国特色社会主义政治发展道路，坚持党的领导、人民当家作主、依法治国有机统一，理解推进国家治理体系和治理能力现代化的重要性；培养有序参与政治生活和公共生活的能力。

4．单元整体教学思路

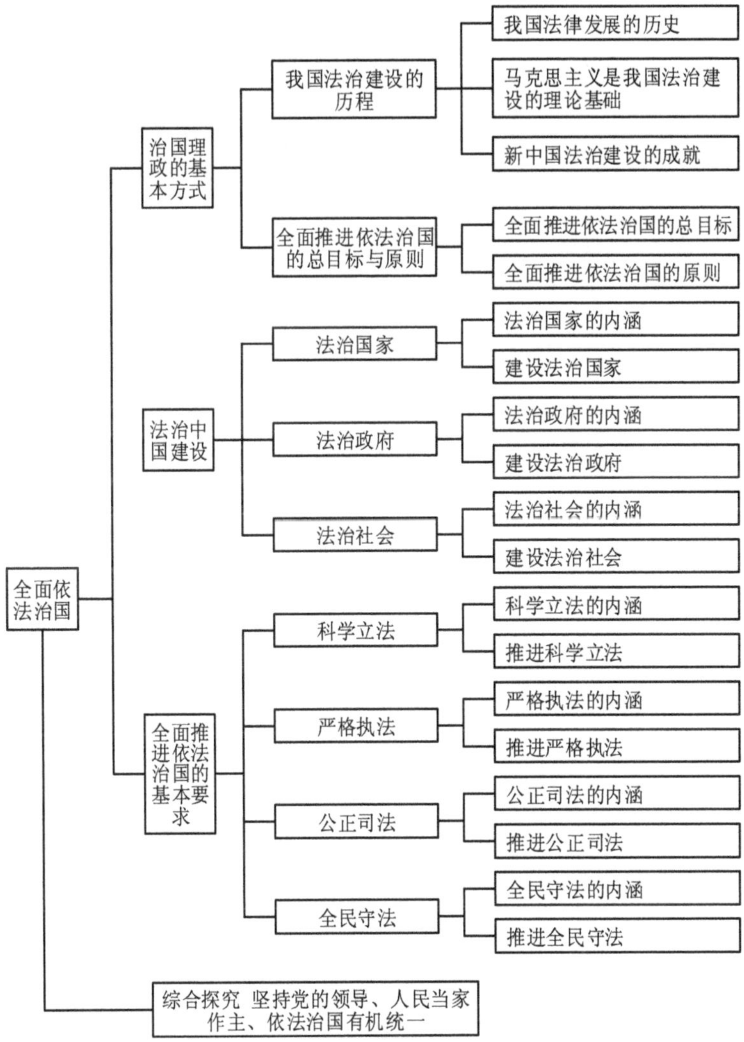

课时教学设计

课题	严格执法守护绿水青山
课型	新授课☑ 章/单元复习课□ 专题复习课□ 习题/试卷讲评课□ 学科实践活动课□ 其他□

1．教学内容分析

“严格执法”是统编教材《思想政治》必修三《政治与法治》第三单元第九课“全面推进依法治国的基本要求”的第二框内容。《普通高中思想政治课程标准（2017 年版 2020 年修订）》对第九课的教学内容要求是“搜集材料，阐述科学立法、严格执法、公正司法、全民守法的基本要求”。

严格执法是全面推进依法治国的关键，强调坚持严格、规范、公正、文明执法是维护社会公平正义的重大举措，影响着法治中国建设的进程。同时，本框也是第八课第二框“法治政府”内容的拓展。通过学习本框的知识，学生能更好地理解严格执法有助于实现法治政府的任务和目标，领悟习近平法治思想的精神实质。本框内容共包括两目：第一目讲述严格执法的含义、意义，第二目讲述推进严格执法的具体要求。根据课程标准和学科逻辑，本框题从“是什么”“怎么做”“为什么”三个层面展开论述。

2．学习目标确定

通过回顾和了解严格执法的内涵、严格执法的主体，理解行政机关严格执法的社会示范作用；

通过开展情境模拟执法活动，深入角色，感悟严格执法过程中不得违背法律的精神和原则，树立有权就有责的法治观念，在模拟实践中涵育参与社会生态文明建设的能力；

通过微辩论活动，在思维碰撞中深度思考文明执法的要求和意义，认识到德治与法治相结合的重要性，又深度思辨生态环境可持续的重要意义；

通过观看长江流域变化的视频，认同严格执法是为了更好地维护长江流域生态安全，本质上是保障人民群众的利益，支持执法机关严格执法，以主人翁的姿态支持并监督执法机关的执法行为，落实政治认同素养的培育。

3．学习重点难点

学习难点：

法治观念与实践能力培养：模拟执法活动，高度还原现实场景，学生在角色体验中，准确把握严格执法过程中法律精神和原则的运用，克服认知与实践的脱节。

多维度关系辨析：在微辩论活动中，面对文明执法、德治法治关系以及生态环境可持续发展等复杂议题，学生需打破单一思维模式，系统梳理不同概念之间的内在逻辑，形成辩证统一的认知体系。

学习重点：

执法价值与政治认同深化：借助长江流域的实际案例，使学生不仅在理论上认同执法工作，更在行动上主动支持和监督执法机关，切实将政治认同素养落实到日常生活的价值判断与行为选择中。

4．学习评价设计

学生在参与课堂模拟活动、微辩论活动中依据以下评价量规进行自评与他评

课堂活动评价表	
维度	等级
勇于表达自己的观点	优、良、中三个等级
善于倾听、尊重他人观点	
准确地表达自己的观点，并能提供例证	
对探究问题认识深刻、独到	
通过辩论进行反思，作出正确的价值判断	

<table>
<tr><th colspan="2">5. 学习活动设计</th></tr>
<tr><th>教师活动</th><th>学生活动</th></tr>
<tr><td colspan="2">环节一：“第一部法律”大家知——谁来执法</td></tr>
<tr><td>教师活动 1
情境：图片展示习近平总书记关于推动长江大保护的系列讲话内容。
导入：长江是中华民族的母亲河，也是中华民族发展的重要支撑。然而，经济高速发展带来的无序开发、过度利用等问题，一度使长江生态不堪重负。近年来，在习近平总书记“共抓大保护，不搞大开发”重要讲话精神的引领下，长江流域治理不断走向纵深。2021 年 3 月 1 日，《长江保护法》正式施行，用法治力量守护长江。法律的生命在于实施，如何贯彻落实《长江保护法》，是当前的关键所在。
引出总议题：为什么说严格执法是全面推进依法治国的关键？</td><td>学生活动 1
观看图片及其他素材，进入课堂情景</td></tr>
<tr><td>教师活动 2
情境：播放视频“《长江保护法》实施，听听基层执法者怎么说》”。
议学任务：结合视频和课本知识，说明《长江保护法》实施后，长江流域环境基层执法主体有哪些，从视频中体悟何为严格执法。
师：通过视频，我们知道长江流域基层执法的主体有生态环境部门、公安部门、渔政部门、海事部门、水务部门等政府所属的相关部门，他们严格按照《长江保护法》，按照法律规定和程序履行长江保护的相关职责。所以，严格执法就是执法机关在执法过程中严格依法办事。行政机关作为国家权力机关的执行机关，负有严格贯彻宪法和法律的重要职责，是执法的最重要主体。行政机关的执法行为直接关系人民群众的切身利益，直接关系到党和政府的公信力，因此，行政机关要带头严格执法，依法全面履行职能。</td><td>学生活动 2
观看视频，回顾初中所学，结合真实情景，思考问题。</td></tr>
<tr><td colspan="2">活动意图说明：
创设本课教学的情境，即以《长江保护法》的实施引出总议题，形成对严格执法重要性的初步认知，并为后面严格执法的相关教学做好铺垫。严格执法的含义、主体比较抽象，学生理解起来有一定难度。视频的直观性有助于学生更好地理解“严格执法”的内涵，并明确实现《长江保护法》“有牙执法”需要行政机关严格执法，从而理解行政机关严格执法的社会示范作用，进而认识到法律法规和制度的生命力在于执行。</td></tr>
</table>

<table>
<tr><td colspan="2">环节二：执法案例大家做——如何执法</td></tr>
<tr><td>教师活动 3</td><td>学生活动 3</td></tr>
<tr><td>模拟活动：将产生分为三组。第一、二组同学模拟执法主体，分别写出模拟执法的台词；第三组同学模拟被执法对象，结合课本，尝试制定执法评价标准。
模拟执法情境 1：长江沿线分布着众多化工企业，偷偷排放污水，成为长江生态文明建设的顽疾。湖北省某一重点化工企业，每年为当地贡献 5 亿多元的税收以及 3800 多个就业岗位，但据群众多次举报，这家企业通过暗管向长江超标排放污水。
问题：执法机关应该如何执法才能解决上述问题？
师：预设第一组同学在模拟执法中都体现了全面履行政府职能，坚持规范执法、公正执法等严格执法的要求。行政机关应该全面履行政府职能，这是从执法内容上来说的。同学们联系第八课第二框“法治政府”的相关内容来分析就可知，《长江保护法》的执法工作是履行环境保护职责。党的十八届三中全会以来，“权力清单”一词成为社会热词。所谓权力清单，通俗地说，就好比一份政府对外发布的权力“菜单”，上面列明了政府该管什么、哪些该审批、有哪些程序和流程。
问题：政府为什么要晒“权力清单”？
师：晒“权力清单”的实质就是明确政府能做什么、不能做什么，即“法定职责必须为，法无授权不可为”。这样是把权力晒在阳光底下，自觉接受人民监督，防止权力滥用，防止不作为或乱作为，一旦有人越界，便可依法追究其责任。
问题：以交通管理为例，你知道哪些执法规范？这些规定对于执法者和执法对象有什么意义？
（教师展示公安部出台的《交通警察道路执勤执法工作规范》。）
师：对于执法者而言，这一规范的出台有助于其进一步规范执法行为，严明执法纪律，减少违纪违法行为，提高执法水平。对于执法对象来说，这一规范的出台有助于其明确自己的权利和义务，维护自身的合法权益，促使自己积极配合执法行为。所以，严密的执法程序是规范执法的重要前提，也是公开公正执法的重要保障。公正执法是从执法原则层面强调严格执法。要有效杜绝执法不公、随意执法，一个重要环节就是要规范自由裁量权的行使。2022</td><td>第一组学生组内交流，写出模拟执法台词。</td></tr>
</table>

<table>
<tr><td>年 8 月，国务院办公厅发布《关于进一步规范行政裁量权基准制定和管理工作的意见》，提出要细化量化行政裁量权，做到该宽则宽、当严则严、过罚相当，这样能不断提升执法机关的公信力，维护社会公平正义。</td><td></td></tr>
<tr><td colspan="2">活动意图说明：
本活动改编自《长江保护法》实施过程中发生的真实案例，创设具有挑战性的执法模拟情境，让学生设身处地体验执法活动，发挥主体作用，调动深度思维，认识到执法机关全面履行政府职能、规范执法、公正执法的重要性，从而培育法治意识。在模拟执法的过程中，学生将深入理解“生态优先，绿色发展”的原则，理解应如何正确处理发展和保护之间的关系，坚持在发展中保护、在保护中发展。</td></tr>
<tr><td colspan="2">环节三：两难问题大家解——如何执法</td></tr>
<tr><td>教师活动 4</td><td>学生活动 4</td></tr>
<tr><td>模拟执法情境 2：为了渔民的长远利益，从 2021 年 1 月起，长江流域重点水域实行暂定为期十年的禁捕。但是，部分世代以捕鱼养家糊口的渔民经常半夜非法电鱼。这些渔民普遍年龄偏大，文化程度不高，基本上除了捕鱼什么都不会。他们使用“绝户网”电鱼，可能引发区域的鱼彻底灭绝。如果没有及时处理死亡生物，就会引起水体水质恶化，破坏原有水环境的生态平衡。
问题：执法机关应该如何执法，解决上述问题？

预设学生或认为电鱼危害大，必须严厉打击，应该处以没收渔具，进行罚款，严重的还构成犯罪；或认为要同情这些渔民生活不易，可以宣传禁渔政策，宣传相关法律，说明电鱼危害，建议为渔民提供公益性岗位。第五组评审学生会更加倾向于认可宣传教育的做法。如此，学生会就“严格执法能不能与温情并存”这一问题产生分歧。
议学任务：微辩论“严格执法能不能与温情并存”。
师：经过激烈的辩论，大多数同学更认可“严格执法能与温情并存”。以人为本，带着温情执法，融法、理、情于一体，坚持以法为据、以理服人、以情感人，更能争取老渔民的理解和支持，实现执法效果最大化。我们要积极建设社会主义法治文化，努力实现法安天下、德润人心。
师（小结）：严格执法的要求有全面履行政府职能，坚持规范、公平、文明执法，这四个要求是一个有机统一的整体，要把这些要求落实到每一项执法活动中。</td><td>第二组学生进行组内交流，写出模拟执法台词。</td></tr>
</table>

活动意图说明：

引导学生站在不同立场，体验执法的复杂性，理解以人为本，融情于法的执法理念。最终，学生将认识到，不同的执法方式虽然路径不同，但目标一致，都是为了实现人与自然和谐共生、中华民族永续发展。。

环节四：执法意义大家议——为何执法

教师活动 5	学生活动 5
师：党的十八大以来，长江沿线省份共抓大保护、不搞大开发，把修复长江生态环境摆在压倒性位置，特别是《长江保护法》实施后，长江及沿岸发生了巨大变化。 接下来让我们一起观看视频《江河奔流看中国——长江》，直观感受《长江保护法》实施一周年后的变化。 议学任务：观看视频后，结合课本知识，分析加强长江流域环保执法有何重要意义。 教师总结本课内容，引导学生分享本课的学习感受。 师（总结）：通过学习，我们深刻认识到严格执法是全面依法治国、建设法治政府的关键，行政机关严格执法是为了更好地保障人民群众的利益。因此，我们要以主人翁的态度支持并监督执法工作。在新征程上，我们要继续坚持习近平生态文明思想，用法治力量守护长江，守护绿水青山。	思考并回答问题；分享学习感受

活动意图说明：

借助案例，学生能充分感受到坚持严格执法有助于捍卫法律的权威和尊严，有助于实现社会公平正义，保障人民群众利益，推进建设法治政府等。引导其在日常生活中以主人翁的姿态监督执法机关执法，自觉支持、配合执法机关的执法活动，为法治政府建设贡献力量。

6．板书设计

严格执法守护绿水青山
- 谁来严格执法？
- 为何严格执法？
- 如何严格执法？

7．特色学习资源分析及技术手段应用说明

一是贯彻理论性和实践性相统一的要求。本节课侧重构建体验型学科活动课堂，坚持学科逻辑与实践逻辑相结合。对于严格执法的要求这一重点难点，本节课根据修订版课标的要求，以《长江保护法》的实施为情境，设置了有挑战性的执法模拟活动，让学生在角色扮演中，形成对严格执法要求的直观理解和运用。特别是针对文明执法这一要求，课堂采用微辩论方式，激发学生深度思维，形成对法、理、情融为一体的文明执法的认同，达成核心知识的突破和情感态度的提升。这不仅能加深学生对严格执法的理解，还能促进学生利用学科知识思考和解决问题，达到知行合一的教学效果，促进学科核心素养的培育。

二是重构课本的知识逻辑，提高课堂效率。本节课调整了教材呈现顺序，先讲严格执法的要求，这样严格执法的重要性不言而喻，也节约了这一部分内容的讲授时间。
单元同步作业
1．作业目标 教师引导学生进一步明确严格执法在全面依法治国中的关键地位，认同习近平法治思想，达到情感上的升华。布置开放性的实践性作业，引导学生综合理解与运用法律知识，既突出高考的素养立意要求，也是学生日常探究性学习课堂的延伸，有利于展现学生各方面的能力和素养。
2．设计思路 结合本节所学内容，以北京“关爱河流保护永定河”活动为背景设置本作业，引导学生综合理解与运用法律知识，突出高考的素养立意要求，也是学生日常探究性学习课堂的延伸，有利于展现学生各方面的能力和素养。
3．具体内容 2022 年“关爱河流　保护永定河”活动在京启动。该活动曾在永定河流域沿线多个城市开展，通过水域空间清洁、植绿护绿、科普宣传等方式，号召人们关爱、保护永定河。请你设计一份宣传展板，从严格执法的角度，列举其主要板块和具体内容。

五、生态文明教育融入政治学科的实施建议

习近平生态文明思想的丰富内涵可以集中概括为“生态兴则文明兴”的深邃历史观、“人与自然和谐共生”的科学自然观、“绿水青山就是金山银山”的绿色发展观、“良好生态环境是最普惠的民生福祉”的基本民生观、“山水林田湖草是生命共同体”的整体系统观、“实行最严格生态环境保护制度”的严密法治观、“共同建设美丽中国”的全民行动观和“共谋全球生态文明建设之路”的共赢全球观。据此，我们再次对主题进行了归纳，同时进一步研究了关于目标融合、情境创设、综合任务设计等工作。习近平生态文明思想内涵丰富、博大精深，蕴含着丰富的马克思主义立场、观点和方法，包含一系列具有原创性、时代性、指导性的重大思想观点，就其主要方面来讲，集中体现为“十个坚持”。这“十个坚持”，指导我们进行课程设置，也是我们课程设计的理论依据。

1. 坚持党对生态文明建设的全面领导。建设美丽中国是全面建设社会主义现代化国家的重要目标，必须坚持和加强党的全面领导，这是我国生态文明建设的根本保证。党的十八大以来，党中央把生态文明建设摆在突出位置，作出系列重大战略部署。在“五位一体”总体布局、新时代坚持和发展中国特色社会主义的基本方略、新发展理念、三大攻坚战以及本世纪中叶建成社会主义现代化强国目标中，生态文明建设都占据重要位置，体现党中央的高度重视。新时代，我国生态文明建设取得巨大成就，美丽中国建设大步迈进，实现“四个重大转变”，根本在于党中央的坚强领导和习近平生态文明思想的科学指引。

2. 坚持生态兴则文明兴。这一历史观早在古代就已经被有识之士所洞察到。这一观念

在当今社会中也不断被强调和倡导，成为研究生态环境与文明发展之间关系的重要指导思想。习近平主席从人类共同利益出发，讨论生态文明问题，倡导“人类命运共同体意识”。面对环境污染严重、生态系统遭到破坏的严峻形势，必须要有尊重自然、顺应自然的生态文明理念，将生态文明建设融入政治、经济、文化与社会建设中，实现中华民族可持续发展。“生态兴则文明兴，生态衰则文明衰”的思想，是东西方文化融合再创新的产物，既蕴含着中国传统文化的哲学思想，又贯穿了马克思主义历史唯物主义和辩证唯物主义的哲学思维。

3. 坚持人与自然和谐共生。这是我国生态文明建设的基本原则。习近平总书记指出：“自然是生命之母，人与自然是生命共同体。”中国式现代化具有许多重要特征，其中之一就是我国现代化是人与自然和谐共生的现代化，注重同步推进物质文明建设和生态文明建设。必须敬畏自然、尊重自然、顺应自然、保护自然，始终站在人与自然和谐共生的高度来谋划经济社会发展，坚持节约资源和保护环境的基本国策，坚持节约优先、保护优先、自然恢复为主的方针，努力建设人与自然和谐共生的现代化。

4. 坚持绿水青山就是金山银山。这是我国生态文明建设的核心理念。习近平总书记强调：“绿水青山既是自然财富、生态财富，又是社会财富、经济财富。”实践证明，经济发展不能以破坏生态为代价，生态本身就是经济，保护生态就是发展生产力。必须处理好绿水青山和金山银山的关系，坚定不移保护绿水青山，努力把绿水青山蕴含的生态产品价值转化为金山银山，让良好生态环境成为经济社会持续健康发展的支撑点，促进经济发展和环境保护双赢。

5. 坚持良好生态环境是最普惠的民生福祉。这是我国生态文明建设的宗旨要求。习近平总书记指出：“良好的生态环境是最公平的公共产品，是最普惠的民生福祉。”随着我国社会主要矛盾转化为人民日益增长的美好生活需要和不平衡不充分的发展之间的矛盾，人民群众对优美生态环境的需要已经成为这一矛盾的重要方面。加强生态文明建设是人民群众追求高品质生活的共识和呼声。必须落实以人民为中心的发展思想，解决好人民群众反映强烈的突出环境问题，提供更多优质生态产品，让人民过上高品质生活。

6. 坚持绿色发展是发展观的深刻革命。这是我国生态文明建设的战略路径。习近平总书记强调：“绿色发展是生态文明建设的必然要求。”坚持绿色发展是对生产方式、生活方式、思维方式和价值观念的全方位、革命性变革，是对自然规律和经济社会可持续发展一般规律的深刻把握。必须把实现减污降碳协同增效作为促进经济社会发展全面绿色转型的总抓手，加快建立健全绿色低碳循环发展经济体系，加快形成绿色发展方式和生活方式，坚定不移走生产发展、生活富裕、生态良好的文明发展道路。

7. 坚持统筹山水林田湖草沙系统治理。习近平总书记强调坚持山水林田湖草沙一体化保护和系统治理，构建从山顶到海洋的保护治理大格局。生态环境治理是一项系统工程，需要统筹考虑环境要素的复杂性、生态系统的完整性、自然地理单元的连续性、经济社会发展的可持续性，从系统工程和全局角度寻求生态环境治理之道。党的十八大以来，党中央提出“山水林田湖草沙是生命共同体”，坚持一体化保护和系统治理。以重点区域为依托，启动实施相关保护和修复工程，统筹推进系统、综合、源头治理。大力开展防护林和天然林保护修复、退耕还林还草等工程，实施大规模国土绿化行动，森林、草原、湿地等面积持续增加，土地荒漠化趋势得到有效扭转。

8. 坚持用最严格制度最严密法治保护生态环境。这是我国生态文明建设的制度保障。习近平总书记强调：“我国生态环境保护中存在的突出问题大多同体制不健全、制度不严格、法治不严密、执行不到位、惩处不得力有关。”保护生态环境必须依靠制度、依靠法治。必须把制度建设作为推进生态文明建设的重中之重，健全源头预防、过程控制、损害赔偿、责任追究的生态环境保护体系，构建产权清晰、多元参与、激励约束并重、系统完整的生态文明制度体系，强化制度供给和执行，让制度成为刚性约束和不可触碰的高压线。

9. 坚持把建设美丽中国转化为全体人民自觉行动。这是我国生态文明建设的社会力量。习近平总书记指出：“生态文明是人民群众共同参与共同建设共同享有的事业。”每个人都是生态环境的保护者、建设者、受益者，没有哪个人是旁观者、局外人、批评家，谁也不能只说不做、置身事外。必须建立健全以生态价值观念为准则的生态文化体系，牢固树立社会主义生态文明观，倡导简约适度、绿色低碳的生活方式，坚决制止餐桌上的浪费，实行垃圾分类。加强生态文明宣传教育，把建设美丽中国转化为每一个人的自觉行动。

10. 坚持共谋全球生态文明建设之路。这是我国生态文明建设的全球倡议。习近平总书记强调：“生态文明是人类文明发展的历史趋势。”建设美丽家园是人类的共同梦想。面对生态环境挑战，人类是一荣俱荣、一损俱损的命运共同体，没有哪个国家能独善其身。必须秉持人类命运共同体理念，同舟共济、共同努力，构筑尊崇自然、绿色发展的生态体系，积极应对气候变化，保护生物多样性，为实现全球可持续发展、建设清洁美丽世界贡献中国智慧和中国方案。

主题式学习

大主题	选题	学科知识	学科共建
深邃历史观	古今中外生态思想的智慧引领	传统中外文化中关于生态的思想	历史、地理
自然观	环保设计大赛、广告语、宣传画、主题曲等	优秀文化、美育、宣传	音美、信息
	我的校园我负责	责任意识、劳动观等	体育、后勤等
	给身边“废弃物”以新生	创新、价值、珍惜劳动成果……	物理、音美、劳动技术等
发展观	生态文明建设的“昨天”与“今天”	民族自信、国家发展	历史、语文
	社区生态文明建设（细化）	基本政治制度、参与社区建设、政治权利	生物、身边资源的挖掘
	校园生态文明长廊建设	责任意识、价值观、劳动观	班级校级活动、校园环境

大主题	选题	学科知识	学科共建
民生观	我们的低碳生活	科技改变生活、经济发展、新发展理念，从身边事做起……	地理
	优秀传统文化（生态、和谐）	传统文化在今天的价值	语文、历史
行动观	环保家庭评选	调研方法的学习、亲子关系	班会、校园活动
	环保达人、节约能手评选	评价标准的制定，评选方法大家谈	语文、地理等
法治观	法治进行时	相关法律研究、权利义务统一	家长资源
	环保短剧、小品等	尊重、人际交往、团队合作等；身边的法，公民义务……	语文、外借资源、音美
共赢观	浅谈各国环保策略	对待外来文化的正确态度	“大思政”资源
	调研报告、辩论会	学习优秀经验	数学、党团活动等
热点论坛生态时评	生态热点话题（生态与经济）……		知春讲堂、名人讲坛

（一）政治学科课程内容与生态文明议题的关联分析

1. 高中学段的关联分析

挖掘生态文明教育融入高中学段相关思想政治课的内容，思想教育强调“生态文明建设同每个人息息相关，每个人都应该做践行者、推动者”。因此，通过“经济生活”中的生态经济思想教育，使高中生形成勤俭节约、绿色消费、爱护环境、珍惜资源的健康绿色生活方式。第一单元“生活与消费”中的生态经济思想教育主要体现在：面对资源浪费、环境污染、生态系统日趋退化的严峻形势，通过本单元的学习，学生能够树立正确的消费观念，做理性消费者；树立尊重、顺应、保护自然，与自然和谐相处的生态文明理念，反对个人享乐主义和攀比心理，积极践行可持续性消费。第二单元“生产、劳动与经营”中的生态经济思想教育具体体现为：对学生开展国民经济可持续健康教育，“节约资源是保护生态环境的根本之策。”让学生理解需求的无限性以及资源的有限性，使学生形成节约资源、清洁生产的理念，养成节约能源、使用清洁能源、减少污染的生活习惯。第三单元“收入与分配”中的生态经济思想教育具体体现为：让学生了解国家财政手段和税收政策对企业和人们的生产与消费有很大的调节作用，如国家财政可以促进资源的合理配置，支持生态环境保护行业的发展和生态地区建设，可以增加税收，抑制生态破坏行为。第四单元“发展社会主义市场经济”中的生态经济思想教育具体体现为：通过本单元的学习，让学生了解到市场调节不是万能的，它的局限性会导致资源配置效率低、资源浪费、环境污染、生态不平衡等问题。这就要求我们更好地发挥政府作用，实行科学的宏观调控政策，实现生态保护的目的，使人人都成为全球生态文明建设的重要参与者、贡献者和引领者。

高中是培养社会主义合格建设者和接班人的重要阵地，也是学生世界观、人生观、价值观成熟的关键期。高中思想政治课是对学生进行生态文明教育的主要载体，把生态文明教育融入高中思想政治课，一方面可以使高中生从可持续发展的角度，理性地对待生态环境；另一方面可以促使高中生不断提高自身综合素质，达到全面发展。实现每个人的自由而全面发展是马克思主义最崇高的价值目标，也是生态文明教育最有力的保障，而生态文明教育又为生态文明建设输送着优秀人才。高中生作为祖国未来建设的生力军，应重视其在生态文明建设中的地位和作用，不断培养他们的生态文明理念，使他们具备处理生态问题的能力，以期在社会主义建设中能够成为习近平生态文明思想最有力的践行者。高中思想政治课需要与社会实践相结合，以习近平生态文明思想作为生态文明教育的理论支撑。在高中思想政治课教学内容方面，要引导学生学习中国特色社会主义新时代经济、政治、文化、社会、生态文明建设和党的建设进程相关内容，帮助学生树立起生态文明理念。因此，思想政治教师在授课过程中要注重培养学生对生态文明建设政策和美丽中国建设的认同感；培养学生运用马克思主义基本观点去分析、解决生态问题的能力，提高辩证思维能力，作出正确的价值判断和价值选择；对学生进行生态环境保护相关法律的教育，培养学生自觉遵法、学法、守法、用法的生态文明法治意识；引导学生参与生态实践活动，培养学生对生态环境的责任意识，以提高自身的生态道德境界。总之，把生态文明教育融入高中思想政治课是落实高中思想政治课程标准的必然选择，是学生学习生态文明知识、树立生态文明理念的必然要求。通过引导学生从“感性认识”到“理性认识”，再从“理性认识”逐步过渡到“实践”，促进高中生的生态文明理念真正内化于心、外化于行。

2．关联性分析示例

例如，在“政治生活”中对高中生进行生态政治思想教育，目的是使高中生了解党和政府制定的相关政策，积极推动生态文明建设，为早日实现美丽中国添砖加瓦。“公民的政治生活”中的生态政治思想教育具体体现为：让学生明白，维护自然界的生态平衡是我们每一个人应尽的义务。高中生在生态文明建设中起着重要作用，要自觉主动地养成积极参与生态文明建设的意识。“党和人民政府的相关内容”中的生态政治思想教育具体表现为：使学生充分认识到生态环境与人民生活息息相关，要把生态文明建设作为实现人民群众美好生活的重要战略，树立可持续发展观和生态环境保护观。坚信中国共产党是推进生态文明建设的领导核心。在选修“当代国际社会”中的生态政治思想教育具体体现为：使学生认识到生态环境保护需要加强国际合作，世界各国要共同维护全球生态环境。正如习近平总书记所说：“中国将继续承担应尽的国际义务，同世界各国深入开展生态文明领域的交流合作，推动成果分享，携手共建生态良好的地球美好家园。”

列举“政治生活”中的生态政治思想教育内容

单元内容	生态政治思想教育内容
公民的政治生活	有序参与政治生活，充分发挥人民群众的主体性作用，培养学生积极参与生态文明建设的责任意识
党和人民政府的相关内容	使学生知晓党和人民政府是人民利益的捍卫者，生态环境与人民生活息息相关，因此党和国家要把生态文明建设作为实现人民群众美好生活的重要战略之一。倡导全社会树立可持续发展观，培养学生的生态责任意识
当代国际社会	加强国际合作，构建人类命运共同体，共同维护全球生态环境

（二）融合导向下的单元整体设计

1. 生态文化教育

在高中阶段开展生态文化教育，引导学生树立生态文明理念，有助于推动我国生态文明建设。

“文化与生活”中的生态文化教育，旨在向学生传递科学的生态文化对经济和政治产生积极影响的知识。例如，在讲授生态文化对经济的影响时，可举例如下：在 2017 年 5 月举办的第十三届中国（深圳）国际文化产业博览交易会，实质性成交额达 2240.848 亿元，比上届增长 10.28%，其中有很多关于生态文化的产业。这使学生可直观地认识到可持续的生态文化对我国经济发展的重要作用。

“文化传承与创新”中的生态文化教育，旨在使学生通过学习文化的变迁过程和传统，了解我国对生态文化的重视由来已久，并不断地推陈出新、革故鼎新，从而使学生树立尊重自然、保护自然、与自然和谐相处的生态文明理念。

“中华文化与民族精神”中的生态文化教育，旨在使学生明白我国生态文化博大精深、源远流长。学生通过了解我国古人对大自然美丽的向往，进而产生对大自然环境的感悟，将其内化于心、外化于行，做出有益于生态文明建设的行为。

“发展中国特色社会主义文化”中的生态文化教育，旨在通过讲解生态文化建设，让学生明白生态文化建设是我国文化建设的重要内容。

“文化生活”中的生态文化教育内容

单元内容	生态文化教育内容
文化与生活	人们生态文化需求日益强烈，生态文化活动日益丰富，科学的生态文化对经济和政治有促进作用，对人的思维方式、实践活动、认识活动产生积极影响
中华优秀文化与文化的传承、创新的相关内容	我国对生态文化的重视由来已久，并不断地推陈出新、革故鼎新，引导学生树立优秀的生态文化传承观
发展中国特色社会主义文化	通过我国生态文明建设的历程，让学生明白生态文明建设是我国建设社会主义文化强国的必然选择

2. 单元设计案例

马克思主义哲学教育是高中思想政治教育的重要内容，它为我们开启心灵之门，打开智慧之窗。

在“唯物论”中，生态哲学思想教育旨在让学生认识到大自然是客观的，人与自然相处的前提是承认自然界的客观性。同时，强调意识的能动性，使学生明白正确的生态意识对社会发展的促进作用，错误的生态意识则会产生阻碍。

在“认识论”中，生态哲学思想教育通过阐述实践与认识的辩证关系，让学生知晓保护环境是在实践中进行的，培养学生良好的生态行为习惯，并且鼓励学生在实践与认识的互动中探索解决生态问题的有效途径。通过学习，让学生认识到正确的生态文明理念是促进生态文明实践的催化剂，而且这种认识是不断深化、拓展、迁移的。这有助于学生树立生态文明理念，为我国的生态文明建设提供新思想、新见解、新动力，助力美丽中国建设。

在“唯物辩证法”中，生态哲学思想教育可通过联系我国历史上片面追求经济增长而忽视生态环境保护的案例，让学生懂得在社会建设中需要全面考虑，以整个生态系统的平衡为立足点，践行生态文明理念；引导学生重视量的积累，意识到每个人的行为都有可能对生态环境造成影响，鼓励学生养成良好的生态文明习惯，勿以善小而不为，勿以恶小而为之；引导学生坚持用全面的观点看问题，正确认识“金山银山”与“绿水青山”之间的关系，并结合两点论和重点论正确看待经济发展与生态环境保护的关系。

在“历史唯物主义”中，生态哲学思想教育着重引导学生关注自然生态环境的变化，提升学生的生态责任意识，培养全面发展和具备生态文明素养的时代新人。

哲学中的生态哲学思想教育内容

课本模块	课本内容	生态哲学思想教育内容
辩证唯物主义	唯物论 认识论	引导学生认识到大自然是客观的，人与自然和谐相处的前提是承认自然界的客观性。还要引导学生在实践中探索解决生态问题的有效途径
辩证唯物主义	唯物辩证法：①联系观点 ②矛盾观点 ③发展观点 ④树立创新意识	引导学生坚持用全面的观点看问题，正确认识“金山银山”与“绿水青山”之间的辩证关系，再结合两点论和重点论的观点，引导学生识识到在新时代中华民族伟大复兴的征程中，经济发展和生态环境保护同等重要，我们要协调统一发展，引导学生树立唯物辩证观
历史唯物主义	社会存在与社会意识 社会基本矛盾 人民群众是历史的创造者 价值选择	引导学生在实践劳动中实现人生价值，明白人的价值不仅局限于关注自我，还要关注自然生态环境的变化，树立生态价值观

（三）生态文明教育融入政治学科的具体实施建议

1. 创设真实情境，激发学习兴趣

通过营造探究式和情景教学的课堂环境，可以启发学生思维，激发其学习热情，并营造积极、和谐、友好的教学氛围。例如，在讲解“市场配置资源”时，可以引入现实生活中资源过度消耗、环境污染等案例，引导学生观察、分析并尝试提出解决方案。这种基于真实情境的教学方式，能够培养学生观察、分析、解决生态环境问题的能力，从而更好地树立生态文明理念。

2. 设计综合研究任务，提升实践能力

在政治学科的教学中，可以设计综合性的研究任务，将生态文明教育与课程内容紧密结合。例如，在必修二《经济与社会》课程中，教师可以结合“市场经济的定义”、“市场失灵的特点”、“市场调节的优缺点”等知识点，设计如下研究任务：

观察与分析：引导学生观察现实生活中违背市场规则、破坏生态环境的经济行为，例如过度开采资源、偷排污染物等。

资源配置：引导学生思考如何合理配置资源，以减少对生态环境的负面影响，例如推广绿色生产方式、发展循环经济等。

辩证思考：引导学生辩证地认识市场配置资源的优缺点，以及其对生态环境的影响，理解生态环境保护对社会经济发展的重要作用。

行为养成：通过学习，引导学生树立节约资源、保护生态环境的理念，并养成自觉遵守市场秩序、维护市场稳定运行的行为习惯。

为了更好地实现教学目标，教师可以根据学生的认知发展规律，对教材内容进行适当调整。例如，在本节教学中，可以将教材中“市场调节—市场秩序—市场失灵”的顺序调整为“市场调节—市场失灵—市场秩序”，以便学生更好地理解市场机制与生态环境之间的关系。

3. 鼓励合作探究，培养创新思维

合作探究是培养学生合作能力和创新意识的有效途径。在政治学科的教学中，教师可以围绕“经济生活”等主题，设置一系列具有探究性的问题，引导学生进行深入思考和讨论。例如：第一单元：超前消费、滞后消费、绿色消费之间的关系是什么？我们应该如何践行绿色消费？第二单元：企业传统的生产模式与产业结构化改革后的生产模式有何不同？哪种更有利于生态环境的改善？如何推动企业向绿色生产转型？第三单元：消费税和排污税是否应该征收？其征收标准应该如何制定？如何评估其对社会经济和生态环境的影响？第四单元：贯彻新发展理念，建设现代化经济体系中“新”体现在哪里？对环境保护有何作用？如何理解“绿水青山就是金山银山”的深刻内涵？

通过对这些问题的讨论，不仅可以开发学生的思维能力、自主学习能力、创新能力和合作能力，增强其保护生态环境的决心，而且可以引发学生对生态问题的更多思考，从而提高其生态文明素养。

总之，通过学科融合、学段融合，充分利用各种资源，加强生态文明综合实践校本课程的开发，可以为学生提供丰富的学习素材和多样化的思考路径。教师应根据学生的不同潜质和水平，设计难易不同的课程资源，为学生提供个性化学习的选择和帮助，从而促进其全面而有个性地发展，不断推进创新人才的培养。

第七章

生态文明教育融入物理学科教学实施方案

一、生态文明教育融入物理学科的基本设计框架

生态文明是人类文明发展的一个新阶段，是继工业文明之后的文明形态。其基本宗旨是实现人与自然、人与人、人与社会和谐共生、良性循环、全面发展、持续繁荣为基本宗旨的社会形态。生态文明是人类遵循人、自然、社会和谐发展这一客观规律而取得的物质与精神成果的总和。

物理课程是一门以实验为基础的自然科学课程，与化学、生物学等课程相关联，具有基础性、实践性等特点。物理课程旨在促进人类科学事业的传承与社会的发展，帮助学生从物理学视角认识自然、解决相关实际问题，初步形成科学的自然观；引导学生经历科学探究过程，学习科学研究方法，养成科学思维习惯，进而学会学习；引领学生认识科学、技术、社会、环境之间的关系，形成科学态度和正确价值观。

物理学与地球生态之间有着紧密的联系。物理学的发展为我们深入了解地球生态系统提供了重要的工具和方法。在生态环境领域，物理学可以帮助我们理解地球的气候变化，通过研究能量转换和传输，我们可以了解温室气体如何影响地球的能量平衡。此外，物理学还可以帮助我们设计更高效的能源系统，减少对化石燃料等自然资源的依赖，从而减轻对地球生态系统的影响。因此，物理学对于应对地球生态系统所面临的各种挑战非常重要。

（一）生态文明教育融入物理学科的 Logo 设计

能源利用与可持续发展是生态文明课程的重要组成部分，这两个主题与生态文明的核心价值观和目标密切相关。为此，我们将能源利用与可持续发展作为课程主旨，设计了物

理学科课程的 Logo。

Logo 的整体由一个发光的灯泡和一株植物构成。发光的灯泡象征着物理学，灯芯部分表示物理教学的核心课程即国家课程，散发的光则表示扩展课程即校本课程。同时，散发的光芒也意味着通过物理知识的传授将为人类带来光明与希望。

植物代表生命也代表可持续发展，主体颜色采用绿色，进一步强调了环保与可持续发展的理念。植株根部的插头代表着与自然和谐共生的能源利用理念，也代表物理学科特色实践课程“植物发电站”。整体来看，植物通过一个绿色的能源插头与灯泡相连，体现了人类与自然的和谐共存。

（二）生态文明教育融入物理学科的目标设计

（1）学生通过参与一系列科学探究、课后调查与实践活动，将“课堂内”与“课堂外”联系起来，在主动调研和动手实践的过程中，加深对所学知识的理解，增强沟通和创新能力，提升物理学科核心素养。

（2）在课程实施过程中，引导学生树立环境保护意识，形成正确的能量观、明确的人生观和价值观，实现从生活走向物理、从物理走向社会这一新课标的课程理念，并最终提升学生的生态文明素养。

（3）在课程整合与开发的过程中，教师通过不断学习、交流合作、教学相长，提升自身的专业能力。

（三）生态文明教育融入物理学科的主体内容

物理学科生态文明课程包括国家课程与校本课程两部分。

课程内容见下表：

物理课程															
国家课程														校本课程融合实践教学	
初中部分					高中必修部分										
物质	运动和相互作用	能量	实验探究	跨学科实践	机械运动与物理模型	相互作用与运动定律	机械能及其守恒定律	曲线运动与万有引力定律	牛顿力学的局限性与相对论	静电场	电路及其应用	电磁场与电磁波初步	能源与可持续发展	发现身边的能源	新能源的研究与利用

校本课程以能力培养为导向，注重学生对基础知识和基本技能的掌握，培养学生运用学科知识分析、解决实际问题的能力，以及综合思维能力和创新能力。课程分为两个主题：

1．发现身边的能源（初中）

通过让学生探寻身边那些习以为常却又蕴含深刻原理的具体能源应用实例，加深学生对能量、能量的转化和转移、机械能、内能、电磁能、能量守恒等知识的理解和掌握。

具体主题如下：

初中学段	
探究力学在生活中的应用	主题一：分析《天工开物》中汲水装置工作时的能量转化过程；查阅资料，了解我国古代水磨、水车等机械，撰写一篇弘扬中华优秀传统文化的调查报告
	主题二：制作小型过山车，体会动能和势能的相互转化
	主题三：制作简单的扬声器，体会电能和机械能间的转化
生活中的热现象	主题四：利用家庭器材设计实验，比较牛奶和豆浆的比热容
	主题五：讨论人在滑滑梯过程中的能量转化
	主题六：通过水循环的各个环节，了解水资源现状，探究节水方式及净水办法，提高水资源的利用率，形成节约水资源的意识
	主题七：查阅资料，比较相同质量的不同燃料完全燃烧时放出热量的多少，从而对本地燃料使用进行分析
	主题八：查阅资料或拜访农机、汽车维修等专业人员，了解内燃机中燃料燃烧所释放热量的去向，讨论提高效率的可能途径
	主题九：调查当地主要炉灶的能量利用效率，撰写调查报告
生活中的电现象	主题十：调查学校用电情况，了解是否存在浪费现象，给学校节约用电、提高电能利用率提出合理化建议
	主题十一：制作水果电池，探究影响电压的因素
	主题十二：制作简单的直流电动机，探究换向器的作用
	主题十三：探究产生感应电流的条件——切割地磁场产生感应电流活动
身边的光学	主题十四：列举太阳能在地球上转化为其他形式能量的实例
	主题十五：制作太阳能小车

2．新能源的研究与利用（高中）

通过让学生亲自参与调查分析，了解能源利用与环境及气候变化的密切关系，让学生认识到新能源的利用与人类可持续发展息息相关，并对当前新能源的应用及其原理有较为深入的了解。

具体主题如下：

高中学段	
物理学与新能源	主题一：通过查阅资料，了解我国水力资源的开发和利用，结合地理知识，谈谈水力发电、潮汐能发电的原理、形式、优缺点等
	主题二：通过查阅资料，了解我国风力发电的现状以及前景，通过了解风力发电，加深对能量守恒的理解，增强对能源利用和开发的意识
	主题三：查阅资料，了解太阳能发电的原理、优缺点、现状、应用及前景展望，学习太阳帆相关知识，探究太阳帆作为宇宙飞船动力引擎的原理，并设计一个可行的星际旅行方案
	主题四：了解原子能的利用，知道核反应堆的用途，认识核能在供热提供核动力等方面的优势。理解核聚变的原理，了解氢能源的开发和利用，了解受控核聚变人造太阳的研究进展及我国在这方面的研究成果
能源与可持续发展	主题五：电能与能量守恒定律——家用取暖器案例分析
	主题六：电能的输送——探讨如何高效输电
电磁学中的能量问题	主题七：带电粒子在电场中的运动——静电除尘原理剖析
	主题八：带电粒子在磁场中的运动——磁流体动力发电原理探讨
	主题九：电磁学中动力和能量问题——了解新能源汽车的相关知识

特色实践课程——“植物发电站”

植物发电站课程设计

一切从发现中开始

不同于水果电池，“植物发电”是一个为学生设计的、全新的**绿色可持续能源**研究项目，也是一项融合生物、化学的跨学科实践项目。项目的目的是开拓学生思路、培养学生创新能力、引导学生树立人与自然和谐共生的价值理念。

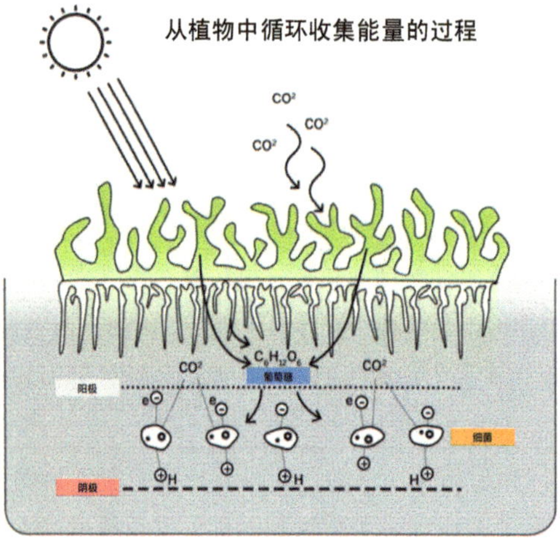

可循环的植物发电技术

可循环植物发电的思路是，通过收集植物根部附近的电荷来发电。也就是说，与植物共生的微生物在进行生命活动时，会向土壤和水中不断释放电子，而我们正是利用这些微生物产生的电子发电。从发电寿命来看，这种发电技术产生的电能会伴随整个植物的生命周期，应用前景广阔。

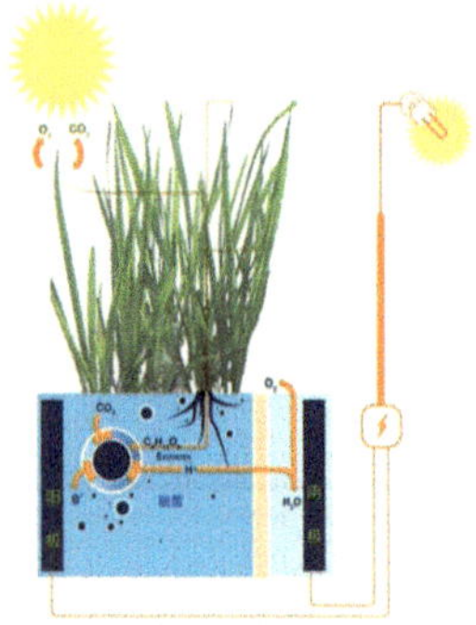

教学思路：

- 通过向学生提出课程理念、技术原理及线索，让学生亲自经历一个发现的过程，自己得出结论，找到答案，从而培养学生探究性思维方法。

课程内容：

- 社会调查：现有的发电方式都有哪些？分别存在哪些不足？
- 让学生独立调查、设计一款水果电池，比一比谁的电池电流最强并分析原因。
- 依据植物发电原理，让学生调查什么样的植物适合发电。
- 带领学生共同设计一款花盆电池，栽种上植物即可开始发电！
- 数据收集：持续观察并记录花盆电池的电压、电流变化情况，绘制数据图表。
- 结合观察数据对花盆电池进行改进，设计具有统一电压、电流的花盆电池。
- 设计花盆电池电池组，利用电池组驱动 LED 照明。
- 挑战任务：设计校园植物发电照明景观，让绿色可循环能源照亮我们的校园。

课程效果评价

（1）通过“能源利用与可持续发展”这一主题，将初中、高中物理的课程内容巧妙结合起来，加深学生对所学知识的理解，并对学生学习物理的热情、学科成绩的正向影响进行诊断性评价。

（2）对学生在自主探究、查阅资料、小组汇报研究成果的过程中，合作交流能力的提升进行过程性和发展性评价。

（3）对学生的设计方案、制作模型所体现的能量观、实用性、推广性、创新性等进行表现性评价。

（4）引导学生在课程中树立环境保护意识，对节能减排、关注能源的利用和生态文明素养提升的水平进行自评和他评。

（四）生态文明教育融入物理学科的实施设想

物理学科课程可以帮助学生更好地理解自然界中的物理现象，例如，力、热、声、光、电等。这有助于学生更全面地理解整个生态系统中不同事物间的相互作用，以及环境中不同物理过程之间的相互联系。

物理学中的许多概念和原理都与生态环境保护有着密切的关联。例如，能量转换、能量守恒等。通过学习这些概念和原理，学生可以更好地理解环境问题，并提出更有效的解决方案。

在教学中，教师可以指导学生通过实验和实践掌握与环境保护相关的技术，如太阳能和风能的利用、废物的处理和回收等。这样，既可以丰富学生的物理学知识，又可以帮助他们更好地理解和应对环境问题。

除了传授知识和技能，我们还需要让学生认识到自己担负的环境责任和使命。在教学中，可通过案例分析、讨论等形式，引导学生思考如何保护环境、减少污染和浪费，以及如何促进可持续发展等问题。同时，鼓励学生通过实际行动来保护环境。

例如，下面的“潜水器”教学案例是谭老师在讲完压强与浮力之后，设计的一节研究课。这个案例让学生学以致用，增强了学生的生态环境保护意识和能源可持续利用的意识，提升了学生的科学素养，培养了社会责任感。

<table>
<tr><td colspan="4">教学案例基本信息</td></tr>
<tr><td>课　　题</td><td>潜水器</td><td>授课教师</td><td>谭宝蛟</td></tr>
<tr><td>教科书版本及章节</td><td colspan="3">北师大版物理八年级下册
第七章　运动和力　第七节　牛顿第一定律
第八章　压强与浮力　第六节　物体浮沉条件</td></tr>
<tr><td>课　　型</td><td colspan="3">新授课□　章/单元复习课 ☑　模块复习课□
初/高三专题复习课□　习题/试卷讲评课□</td></tr>
<tr><td colspan="4">教学设计</td></tr>
<tr><td colspan="4">1．整体思路及背景简介
本节课主要围绕潜水器设计展开，潜水器设计是海洋资源探寻与利用的重要一环。海洋资源是人类的宝贵财富，学生应该了解人和自然资源如何和谐相处，以及如何合理地探寻和利用海洋资源。
在探寻海洋资源的过程中需要用到潜水器，这是本节课的重点内容。学生要根据海洋环境，合理设计潜水器的结构和功能，最终完成潜水器的设计，体现自己独特的设计思路和理念。
本节课的设计背景基于引导学生正确看待资源的利用和开发，树立合理、和谐的理念。
学习者已了解许多人与海洋及海洋生物之间的关系，包括海洋在提供食物、工作和令人兴奋的机遇等方面发挥的作用。</td></tr>
<tr><td colspan="4">2．教学内容分析
教学内容涉及八年级下册物理的第七节（力和运动）和第八节（浮力压强）的相关概念，并要求学生具备综合运用这些概念的能力。
本节课是校本课程，内容涉及力学相关的知识，同时拓展到海洋资源和环境保护的相关内容。让学生在学习潜水器相关知识的同时，认识到保护环境的重要性。</td></tr>
</table>

3．学习者分析

学生已经学习了压强和浮力的相关概念，但对于这些概念的实际应用，并没有深入探索和展开。学生希望看到自己所学知识能源上用场，希望能够了解更多的相关应用。

4．学习目标设计

（1）学生能够描述我国主要的海洋资源，列举海洋系统面临的威胁，例如，污染和过度捕捞，并能解释海洋生态系统的相对脆弱性。

（2）学生能够针对深海的环境设计一个潜水器。

（3）学生能够研究我国对海洋的依赖性，并提出一些保护海洋环境的意见和建议。

5．学习重点难点

重点：海洋环境保护的重要性及主要措施。

难点：潜水器的设计。

6．教学流程

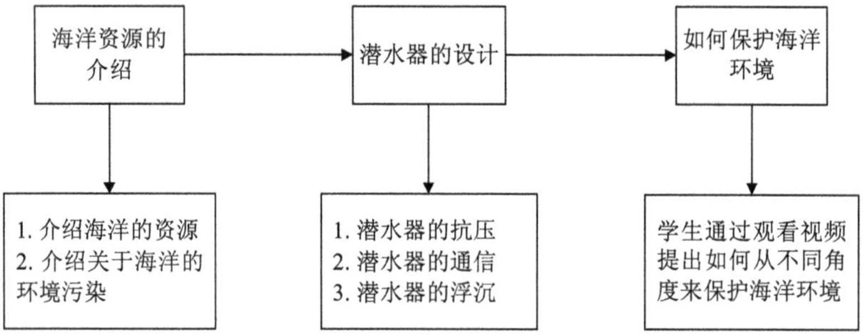

7．单课时教学实录

教学过程				
教学任务	教师活动	学生活动	教学资源	设计意图
环节一	【引入】海洋占地球面积的 71%，是地球生命的摇篮。我们对于海洋的了解有多少呢？ 【介绍海洋的资源】我们请一组同学来介绍一下他们所了解的海洋资源。 一组同学展示海洋资源的相关介绍。 （教师课前布置了每个组都要完成查找海洋相关信息的任务） 有没有其他组有不同的拓展介绍？ （学生自评、他评的过程） 老师这里有一个视频，看看我们所不了解的海洋。 【海洋环境的破坏】海洋对于我们是如此重要，所以我们应该更加爱护她。再请一组同学介绍一下关于海洋环境的一些现象。（同学介绍一些关于环境污染的现象） 老师介绍一些关于海洋污染的现象，作为补充。	学生展示海洋中的各种资源和海洋污染的相关信息	PPT 视频	通过调研海洋的相关资源，学生能够从中发现问题并引发思考

环节二	【引入】我们怎样才能更好地保护好我们的海洋？首先我们要不断地去了解她。但是深海的环境是恶劣的，人类很难在其中生存，例如，我们知道的，深海中的压强随着深度的增加而增加，又没有阳光，有时充满着有毒物质和有害物质。我们怎样进入深海中去了解海洋呢？ 因此，我们需要潜水器。潜水器需要具备哪些功能才能满足我们探寻海洋秘密的要求呢？ 【潜水器的设计】 （1）潜水器要能够抗压：已知地球上最深的海域深度可达 11000 m 左右，海水密度可以达到 1.02×10^3～1.07×10^3 kg/m^3，那我们下潜到这个深度需要抵抗的水压至少是多少呢？ （2）深海通信：水声通信  在水中电磁波的传递非常有限，我们只能通过声波完成通信。 （3）潜水器的浮沉：改变物体浮沉的方法有哪些呢？你能从受力的角度来分析潜水器的浮沉吗？ 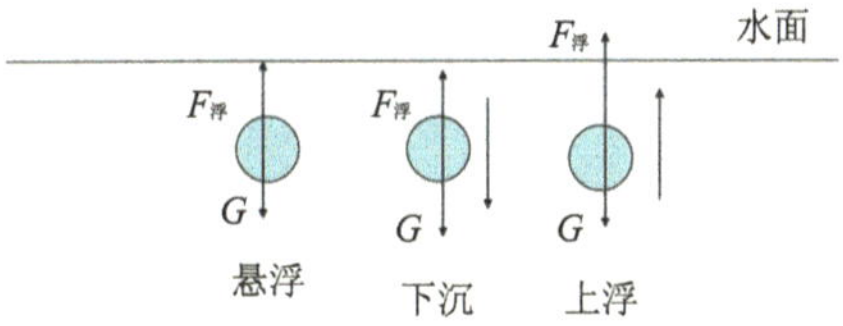 当 $F_浮=G_物$，物体悬浮；　当 $F_浮<G_物$，物体下沉；　当 $F_浮>G_物$，物体上浮。 实现潜水器的浮沉可以采取几种方法呢？ ①改变浮力； ②改变重力。	通过对于潜水器的设计，讨论了解潜水器的部分功能 学生计算 学生思考 分析说理 学生计算	PPT	让学生了解深海环境并尝试解决问题；让学生了解深海通信巩固浮沉条件 介绍我国深潜器，提升爱国热情和自豪感

	（学生讨论如何实现下潜，通过增加物体重力和抛掉压载铁的方式） 【计算压载铁质量】“奋斗者”号体积约为 30 m^3，空载时质量约为 24 t。 奋斗者号是中国研发的万米载人潜水器，于 2016 年立项，由蛟龙号、深海勇士号载人潜水器的研发力量为主的科研团队承担。2020 年 6 月 19 日，中国万米载人潜水器正式命名为“奋斗者”号。 根据上述信息计算“奋斗者”号需要多重的压载铁？ 实际上“奋斗者”号抛掉了两块 2 t 的压载铁，说明“奋斗者”号还有其他的方法产生浮力，同学们可以去了解一下“奋斗者”号其他产生浮力的方法。	拓展思考		
环节三	【如何保护海洋环境】潜水器给我们带了很多海底的信息，包括资源、地貌和生态等，也让人们发现了很多自身问题。请观看这段视频。 同学们看完这段视频，能谈谈从个人和政府两个层面应该怎样保护好我们的海洋吗？	学生评价	PPT 视频	学生在社会责任方面的提升

8．板书设计

潜水器

一、海洋资源简介

二、潜水器设计

1．$p=\rho gh=1.02\times10^3\ kg/m^3\times10\ N/kg\times11000\ m=1.122\times10^8\ Pa$

2．

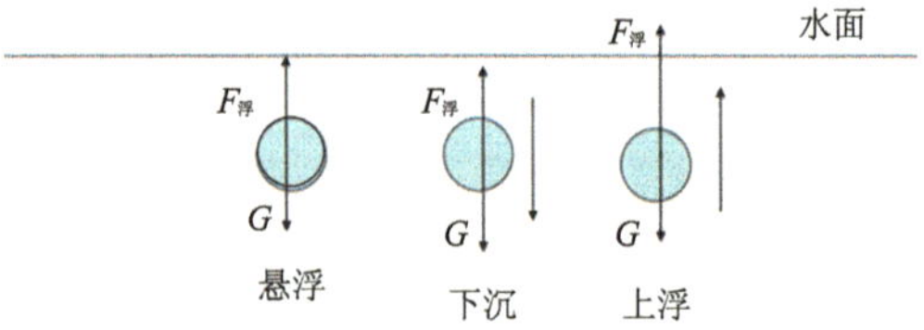

当 $F_浮=G_物$，物体悬浮；　当 $F_浮<G_物$，物体下沉；　当 $F_浮>G_物$，物体上浮。

3．$G_{压载}=F_浮-G=\rho gV_排-mg=1\times10^3\ kg/m^3\times10\ N/kg\times30\ m^3-24\times10^3\ kg\times10\ N/kg=6\times10^4\ N$

$m_{压载}=G_{压载}/g=6\times10^4\ N/10\ N/kg=6\ t$

三、保护海洋

9．作业设计

完善潜水器的设计，并提出保护海洋环境的意见和建议。

10．教学反思与改进

本节课是学完浮力后的拓展课，设计初衷是在海洋环境保护的主题下，让学生学到更多的海洋知识，同时意识到人类和海洋环境和谐共处的重要性，并达到巩固物理知识的目的。

在设计过程中，方案经过几次更改，从最初让学生单独设计潜水器，到后来在课堂上分析潜水器的特点，将教学重心向海洋环境倾斜。

整体设计思路分为三个环节：首先是海洋环境的介绍，这部分学生能够自主完成，他们通过调研的方式了解海洋资源和环境；其次是潜水器的设计环节，这个环节重点突出了压强和浮力的概念；最后是从环境保护的角度谈谈我们能做什么。

在这节课上，学生自主介绍的环节表现出色，他们通过调研了解了海洋环境的信息，展现出很强的自主学习能力，每个小组完成得都非常优秀，方式多样不单调，同时学生表述清晰。在潜水器设计环节，学生能够结合实际情况作出初步的设想。在第三个环节，学生能够深度讨论，提出合理的建议和意见。

本节课的不足之处在于，课堂上没有给出足够的时间让学生讨论潜水器设计环节，教师对学生的引导过多。由于课时有限，对于这部分内容，是否可以提前做一些铺垫，或在后续课堂做更多的延展设计，让学生能够更加充分地完成潜水器的设计，乃至完成实体模型的设计。

以上是对这节课的教学反思，争取在下次教学中能更进一步。

二、学科核心素养层面的融合点分析

依据现行的新课标，初中、高中物理学科的核心素养都包括“物理观念”“科学思维”“科学探究”“科学态度与责任”四个方面。

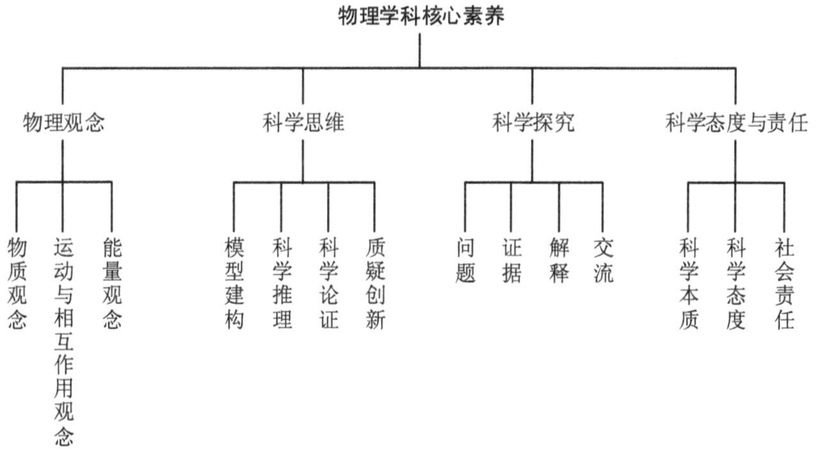

物理观念：是指从物理学视角形成的关于物质、运动与相互作用、能量等的基本认识，是物理概念和规律在头脑中的提炼和升华，是从物理学视角解释自然现象和解决实际问题的基础。“物理观念”主要包括物质观念、运动与相互作用观念、能量观念等要素。

科学思维：是从物理学视角对客观事物的本质属性、内在规律及相互关系的认识方式，是基于经验事实建构理想模型的抽象概括过程，是分析综合、推理论证等科学思维方法的内化，是基于事实证据和科学推理对不同观点和结论提出质疑、批判，进而提出创造性见解的能力与品质。科学思维主要包括模型建构、科学推理、科学论证、质疑创新等要素。

其中，学科思想方法属于科学思维的范畴，是高中物理学科核心素养的基本构成要素之一。

科学探究：指的是学生为获取知识、领悟科学的思想观念和方法而进行的各种活动与能力，是物理核心素养的重要方面。守恒思想是高中物理重要的思想方法，机械能守恒定律是高中物理学习中体现守恒思想的第一个定律，在整个高中物理学习中起着承前启后的作用。

科学态度与责任：在认识科学本质，理解科学·技术·社会·环境（STSE）的关系基础上逐渐形成的对科学和技术应有的正确态度以及责任感。科学态度与责任主要包括科学本质、科学态度、社会责任等要素。

由上可知，物理学科核心素养包括物理观念、科学思维、科学探究、科学态度与责任几个方面。而生态文明素养是指我们保护和建设良好的生态环境，实现可持续发展的能力和素养。在这个过程中，融合物理学核心素养和生态文明素养非常重要。我们需要将物理学的基础知识和概念应用到生态环境的保护和可持续发展中。例如，可以利用物理学的能量转换和传输原理，设计更高效的能源系统，以减少对能源的浪费。同时，我们也需要将生态文明素养的理念融入物理学的教学和研究当中，例如，让学生了解生态系统的复杂性和脆弱性，以及如何使用物理学的知识对环境加以影响和改变。此外，物理学科核心素养和生态文明素养的融合还需要加强学科之间的交流合作，例如，生物学、化学和地理学等学科之间的合作，共同解决生态环境问题，推动可持续发展。

初中学段	
核心素养	主题
运动和相互作用以及能量	主题一：分析《天工开物》中汲水装置工作时能量的相互转化，查阅资料，了解我国古代水磨、水车等机械，写一篇弘扬中华优秀传统文化的调查报告
物理观念——能量观	主题二：制作小型过山车，体会动能和势能的相互转化
物理观念——不同能量间的转化	主题三：制作简单的扬声器，体会电能和机械能间的转化
科学思维——比较、科学探究——证据、交流	主题四：利用家庭器材设计实验，比较牛奶和豆浆的比热容
物理观念——能量观，科学探究——交流	主题五：讨论人在滑滑梯过程中的能量转化
科学探究——解释、交流，科学态度与责任——社会责任	主题六：通过水循环的各个环节，了解水资源现状，通过探究节水方式及净水办法，提高水资源的利用率，形成节约水资源的意识
科学思维——比较、综合，科学态度与责任——科学本质	主题七：查阅资料，比较相同质量的不同燃料完全燃烧时放出热量的多少，从而对本地燃料使用进行分析
科学探究——证据，科学态度与责任——科学态度	主题八：查阅资料或拜访农机、汽车维修等专业人员，了解内燃机中燃料燃烧所释放热量的去向，讨论提高效率的可能途径
科学态度与责任——社会责任	主题九：调查当地主要炉灶的能量利用效率，撰写调查报告

科学态度与责任——科学态度、社会责任	主题十：调查学校用电情况，了解是否有浪费现象，就学校节约用电、提高电能利用率提出合理化建议
科学探究——问题、证据、解释、交流	主题十一：制作水果电池，探究影响电压的因素
物理观念——相互作用、能量、科学探究	主题十二：制作简单的直流电动机，探究换向器的作用
物理观念——能量观，科学思维——模型建构、质疑创新、科学探究	主题十三：探究产生感应电流的条件——切割地磁场产生感应电流活动
物理观念——能量观	主题十四：列举太阳能在地球上转化为其他形式能量的实例
物理观念——能量观，科学探究	主题十五：制作太阳能小车

高中学段	
核心素养	主题
运动和相互作用观 科学推理 社会责任	主题一：通过查阅资料，了解我国水力资源的开发和利用情况；结合地理知识，谈谈水力发电、潮汐能发电的原理、形式、优缺点及其开发利用情况等
能量观 科学探究	主题二：通过查阅资料，了解我国风力发电的现状以及前景，加深对能量守恒的理解，培养能源利用和开发的意识
运动与相互作用观 模型建构 科学推理	主题三：查阅资料，了解太阳能发电的原理、优缺点、现状、应用及前景展望等，学习太阳帆相关知识，探究太阳帆作为宇宙飞船动力引擎的原理，并设计一个可行的星际旅行方案
物质观 模型建构 质疑创新 科学态度	主题四：了解原子能的利用，知道核反应堆的用途、核能独特的优越性、核能供热、核动力等。理解核聚变的原理，了解氢能源的开发和利用，了解受控核聚变人造太阳的研究进展及我国在这方面的研究成果
能量观 科学推理 社会责任	主题五：电能，能量守恒定律——家用取暖器
能量观 科学推理 社会责任	主题六：电能的输送——如何高效输电
运动与相互作用观 能量观 模型建构 科学推理	主题七：带电粒子在电场中的运动——静电除尘
运动与相互作用观 能量观 模型建构 科学推理	主题八：带电粒子在磁场中的运动——磁流体发电机

运动与相互作用观 能量观 模型建构 科学推理	主题九：电磁学中的动力和能量问题——了解新能源汽车

三、物理学科课程内容与生态文明议题的关联分析

（一）初中、高中学段的关联分析

在初中、高中阶段，物理学中的力学、热学、声学、光学和电学等领域的知识都与节能减排密切相关。在热学方面，物态变化过程如液化、汽化、熔化、凝固等的应用，可以帮助我们节省能源并减少排放。例如，空调技术中液态制冷剂在压缩机的作用下汽化吸热，随后在冷凝器中液化放热，从而实现对室内空气的冷却。在电学方面，电功和电功率的概念与节能减排密切相关。高效电器，如节能灯和节能空调，可以降低能耗并减少碳排放。此外，智能电网和需求响应技术可以更有效地管理电力供应，减少能源浪费。在光学方面，光的反射和折射技术可以用于汽车车顶和建筑物窗户的设计，以降低空调负荷，节省能源。在声学方面，噪声控制技术的应用可以减少能源消耗和碳排放。在电磁学方面，利用电磁感应技术可以将太阳能转化为电能，减少对化石能源的依赖，从而降低碳排放。掌握这些物理原理和技术，有助于我们更好地利用能源，减少能源消耗和碳排放，实现可持续发展。

（二）关联性分析示例

案例 1（初中）：

<table>
<tr><td>学习领域/模块</td><td colspan="3">相互作用、能量</td></tr>
<tr><td>课题</td><td>水火箭的制作和发射（2 课时）</td><td>授课教师</td><td>梁占东</td></tr>
<tr><td>课型</td><td colspan="3">新授课☐　章/单元复习课☐　专题复习课☐　习题/试卷讲评课☐
学科实践活动课☑　其他☐</td></tr>
<tr><td colspan="4">1. 教学内容分析
水火箭的制作材料简单易得，在日常生活中随处可见。大多使用的是废弃塑料瓶、一次性碗筷、废纸团等。通过这些废弃材料的再利用，我们不仅保护了环境，也有效地培养了学生的思考能力与动手能力。</td></tr>
<tr><td colspan="4">2. 学习目标确定
（1）通过老师对中国科技馆展品——气压发射器的介绍，引导学生联想到水火箭的原理，体会相互作用和能量守恒在火箭中的应用。
（2）通过介绍中国古代和现代火箭的发展历程，增强学生的民族自豪感。
（3）通过制作水火箭，在体会火箭原理的同时，提高动手制作能力。
（4）通过水火箭的制作和发射过程，理解火箭的原理，并促进同伴间的协作。
（5）通过提高水火箭射程的猜想和实验过程体验，加深对科学方法的理解。</td></tr>
</table>

3．学习重点难点

重点：水火箭的制作和发射过程，以及相互作用和能量守恒的原理。

难点：抛物线理论的掌握、控制变量法的应用。

4．学习评价设计

（1）对水火箭的制作形态、稳定性等方面进行评价，学生相互打分比较，最终评选出最佳制作奖。

（2）对射程最远的水火箭颁发“最远射程奖”。

（3）对于能够在学习任务单上完整表达出控制变量数据表格的学生，给予口头表扬。

5．学习活动设计

教师活动	学生活动
环节一：气压发射器的制作和发射	
教师活动 1 （1）介绍古代火箭“万户飞天”、现代的第一个洲际火箭，以及第一个人造卫星。 （2）介绍我国火箭的发展史、长征火箭系列的由来，以及我国载人航天的成就。 （3）介绍中国科技馆展品——气压发射器的工作原理。 （4）指导学生制作简易的气球发射器并发射。	学生活动 1 通过老师的介绍，了解火箭的基本原理——力的相互作用，并在学习中增强民族自豪感，同时通过动手操作加强实践能力。 
活动意图说明：这一部分主要是通过对古代火箭以及现代火箭的介绍，把力的相互作用的概念刻入学生的思维中，希望学生可以通过类比知道向后喷射气体可以获得向前的动力，向后喷射水也可以获得向前的动力这一知识，为下一步制作水火箭打下基础。在学习中学生知道了我国古代和现代的科技发展，也会增强民族自豪感。	
环节二：水火箭的制作和发射	
教师活动 2 （1）水火箭的制作方法介绍 （2）水火箭的发射	学生活动 2 （1）2 人一组合作制作水火箭 （2）到操场上发射水火箭 

<table>
<tr><td colspan="2">活动意图说明：
学生通过原理的了解，制作水火箭并发射，将理论与实践相结合。</td></tr>
<tr><td colspan="2">环节三：讨论提高水火箭射程</td></tr>
<tr><td>教师活动 3
（1）教师介绍能量转化的规律、抛物线的理论、控制变量的科学方法。
（2）和学生一起讨论、实践。</td><td>学生活动 3
学生在教师的提示下提出自己的方法并付诸实践，记录数据，控制变量。</td></tr>
<tr><td colspan="2">活动意图说明：
学生在学习新的理论后能够利用理论去猜测并实践、检验理论，这一过程对学生物理思维的提升是很有好处的。</td></tr>
<tr><td colspan="2">6．板书设计
板书完整呈现教与学活动的过程，最好能呈现建构知识结构与思维发展的路径与关键点。使用 PPT 应注意呈现学生学习过程的完整性。</td></tr>
<tr><td colspan="2">7．特色学习资源分析、技术手段应用说明
通过固定手机机位的方式拍照或录视频，比较射高，同时借助体育组的皮尺测量出射程。</td></tr>
</table>

案例 2（初中）：

<table>
<tr><td>课题</td><td colspan="3">噪声与环保</td></tr>
<tr><td>课型</td><td>新授课☑　章/单元复习课☐　专题复习课☐
习题/试卷讲评课☐　学科实践活动课☐　其他☐</td><td>授课教师</td><td>梁占东</td></tr>
<tr><td colspan="4">1．教学内容分析
本节课在单元教学中处于第三节，是在学生学习声音的产生和传播以及乐音特点以后，对生活中普遍存在的噪声进行学习的课程。本节课涉及当今社会的敏感话题，是学生在现实生活中正在面对的问题。通过本节课的学习，可以增强学生的环保意识，并从中学习解决问题的方法。</td></tr>
<tr><td colspan="4">2．学习者分析
在学习本节之前，学生已经了解了声音的产生和传播，对噪声也有一定的认识。由于当今社会对噪声污染的关注度也很高，学生对此话题很容易产生兴趣；但是对于减弱噪声的具体方法可能还有些困惑。</td></tr>
<tr><td colspan="4">3．学习目标确定
（1）通过体验，了解噪声和乐音的波形图。
（2）常识性地了解声级和单位分贝。
（3）通过体验和观察，寻找减小噪声的方法。
（4）通过小组讨论减小噪声的方法，增强社会责任感。</td></tr>
<tr><td colspan="4">4．学习重点难点
寻找减小噪声的方法</td></tr>
<tr><td colspan="4">5．学习评价设计
<table>
<tr><td rowspan="2">学生姓名</td><td colspan="3">参与活动评价</td></tr>
<tr><td>准备活动</td><td>实验过程活动</td><td>交流活动</td></tr>
<tr><td></td><td></td><td></td><td></td></tr>
</table>
</td></tr>
</table>

6．学习活动设计（课时教学设计）

教师活动	学生活动
环节一：引入噪声	
教师活动 1 用 PPT 播放音频，询问学生对声音的感受	学生活动 1 收听音频后谈感受
环节二：体验噪声	
教师活动 2 用 PPT 说明实验内容	学生活动 2 学生用手机和老师提供的器材，体验乐音和噪声的声波波形，总结二者的区别
活动意图说明：通过手机软件体验声波波形，学生可以更直观地看到波形图，从而很容易总结出二者的区别	
环节三：了解声级、分贝及噪声的危害	
教师活动 3 教师通过 PPT 介绍声级、分贝等概念，介绍国家对噪声的要求	学生活动 3 学习相关内容
活动意图说明：通过教师的介绍，使学生对多大声音为噪声有客观的认识	
环节四：探究减小手机噪声的方法	
教师活动 4 提出探究的问题，指导学生展开探究	学生活动 4 分小组，利用给定的器材，选择部分器材进行，减小手机铃声的实验。 每组选一名同学分享方法及结论
活动意图说明：学生通过尝试不同的器材来减小手机噪声，在这个过程中，学生的探究能力、合作能力以及质疑精神都会有提高。	
环节五：分析生活中减小噪声的例子	
教师活动 5 用 PPT 展示生活图景 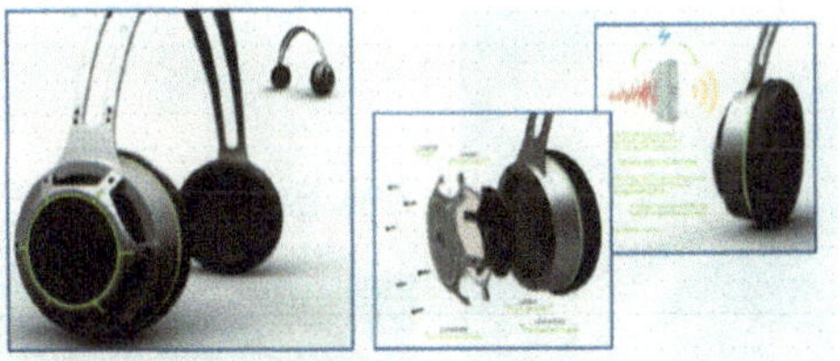 **科技环保：用噪声发电的绿色智能耳机** 在繁杂的城市生活中，雾霾等恶劣天气的出现让人们日常生活受到极大威胁，其根源在于多样化的空气污染源，不仅如此，在车辆密集的城市中，噪声污染也难以避免。在环保理念不断深入人心的背景下，一些环保设计师也别出心裁，巧妙地利用科技手段，将噪声转化为能源，设计出了靠噪声发电的绿色智能耳机。 这款绿色智能耳机内置共振腔，声波接收器和蓄电池，吸收声波后转换为电力供耳机工作，声波越大，对于该款耳机的充电作用越为明显，试想如果在沸腾的足球赛场，欣赏酣畅淋漓的比赛之余，球迷的尖叫声一定会为这款耳机储存长久电量。（文章内容来源 EP 环保网）	学生活动 5 学生通过分析，识别所采用的减小噪声的方法
活动意图说明：学生通过识别图片，运用所学知识解决问题	

环节六：介绍生活中测量噪声的方法

教师活动 6	学生活动 6
教师用 PPT 展示噪声检测仪和噪声显示牌，并用噪声检测仪测量教室内的噪声。	学生学习检测方法，并体会噪声的大小。

环节七：对噪声提出自己的看法

教师活动 7	学生活动 7
教师通过 PPT 提出探究的问题：我们周围的噪声影响着我们的生活，对于噪声，请在给你的白纸上，从个人、社会和政府三个角度分别提出你的建议（每个小组写 3 条），然后每组请一名同学分享给大家。	学生分小组讨论，将想法写在白纸上并展示给同学。

活动意图说明：此处，学生通过讨论的方式学习，更符合他们的学习习惯。

小结：减小噪声的方法

作业：（下图是学生交的作业）

根据课堂学习的内容，针对本班教室：设计一个低噪声环保教室，通过画图的方式展示。

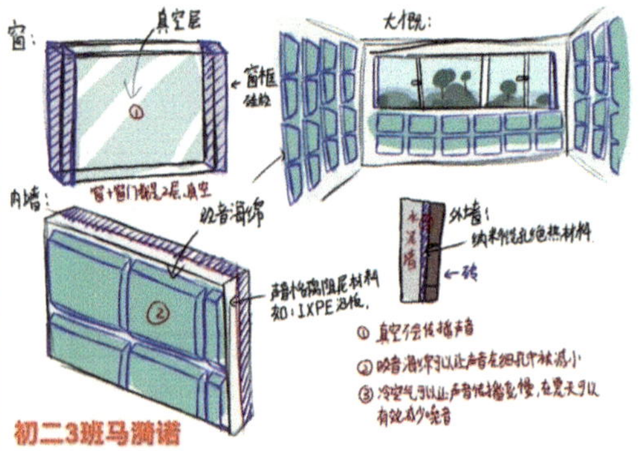

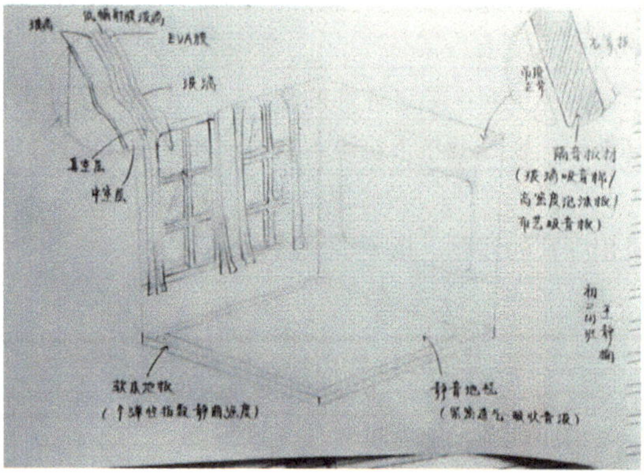

（此设计提升了学生的环保意识，引发了思考，同时提高了运用物理知识解决实际问题的能力）

7. 板书设计

减小噪声的方法：

（1）在噪声的发源地减弱它。

（2）在传输路径上隔离和吸收它。

（3）阻止噪声进入耳朵。

教学反思

“噪声的危害和控制”这节课是八年级物理上册第四章“声现象”的第三节内容。在前面几节课中，学生已经初步学习了声音的产生和传播条件，了解了声音的特性。而这节课十分贴近学生的生活，体现了让学生“从生活走向物理，从物理走向社会”的过程，同时还可以增强学生的环保意识，这对解决当今社会面临的日趋严重的环境污染问题很有帮助，所以学好这节课很重要。在教学上，可以采取学生分组讨论的方式，使学生对噪声污染有深刻的体会。

这节课组内进行了点评，主要是引入了微信群和手机 App，在调动学生学习积极性方面做了一些努力。对于噪声的定义，进行了现场学生分组实验，让学生更直观地理解物理学角度的噪声。通过学生活动的方式探索控制噪声的方法，可以更好地调动学生的积极性。在随后的学习活动中，通过写大字报的方式，让学生表达对噪声的观点，更好地体现了现代课堂的特色。不足之处在于，德育教育的融入可以更深入，教师可以结合自身的体会谈噪声带来的危害，从而自然引出控制噪声的必要性。时间虽有预设，但是细节处理不够精细，执行也不够到位。本节课能够很好地体现“从生活走向物理”的教学理念，但在知识拓展方面还需多下功夫，鼓励学生留心生活、联系生活。小组合作回答问题时，分层不够明显，学生评价和质疑的能力有待提高。每一活动的评价应要求学生脱离书本，采用问题式的评价方式，引导学生带着问题去学习。

这节课理论联系实际较紧密，通过生产、生活实际，让学生知道噪声的概念、来源、危害及控制方法，所以在教学过程中，调动学生积极参与，认真讨论、分析并归纳知识点，这一点十分重要。

通过这节课，我认为，在物理教学中，合理、适时地创设情境，设计更能调动学生兴趣的活动，可以把物理知识和生活实际联系起来，让沉寂的物理课堂充满生机。

案例 3（高中）：

课题：能源与可持续发展——利用太阳能	授课教师：王雄飞
一、教学内容分析 太阳能不仅具有巨大的经济效益和社会效益，还能缓解能源紧缺，改善生活环境，实现社会、经济、资源和环境的协调发展。因此，在中学物理课程中引入这一内容的学习，既富有时代性，又具有非常重要的现实意义。 本节内容重点放在科学探究过程的实践、科学方法的运用和相关知识的灵活应用上，对改变学生的学习方式具有重要意义。 学习本节内容之前，学生应掌握以下知识：①能量的转化与守恒；②能源的开发与利用；③DIS 温度传感器的使用。 将“利用太阳能”内容分成若干任务，学生分组进行研究。通过子任务 1，简要介绍太阳能的相关知识，引出太阳能资源的含义、优缺点、利用途径；通过任务 2，重点探究太阳能的热利用；通过任务 3，重点探究太阳能发电。通过实例分析，联系太阳能的来源进行相关计算，引入“物理模型”“等效替代”等物理学中常用的思想方法。 本实践活动应在教师指导下，学生通过自主研究，做到“资料自己找，实验自己做，问题自己答，小结自己写，效果自己评”，在探究活动中体验合作探究的学习过程，认识研究性学习的特点，感悟科学方法的应用和科学态度对探究的成功的重要作用，为今后的持续发展奠定基础。	
二、教学目标 1．物理观念 （1）了解太阳能资源的含义、优缺点、利用途径、基本技术以及人们利用与开发太阳能的历史和现状。 （2）理解太阳辐射和太阳常数。 2．科学思维 （1）通过小组成员间的分工合作，体验科学探究的一般过程和方法。 （2）通过太阳能开发利用的学习与实践，认识调查法、实验法、控制变量法、物理模型、等效替代等科学研究方法和物理思想。 3．科学探究 （1）通过查阅有关太阳能能源的资料，搜集有关利用太阳能开发的产品及该产品的图片和工作原理，掌握家用太阳能装置和一些基本的太阳能系列产品的使用方法，并运用所学知识进行小制作、小改造和小发明。	

(2) 学会使用 DIS 温度传感器，探究影响太阳能转化为热能效率的因素、北京地区太阳辐射的特点以及测试闷晒式太阳能集热箱的效率和性能。
(3) 初步学会设计与填写各种实验表格，完成研究报告的撰写。
4．科学态度与责任
(1) 研究小组成员间明确各自的角色和任务，在探究过程中体验分工、合作的愉悦和经验，增强责任感，乐于并善于与人合作。
(2) 在动脑、动手实践中，通过使用、改造或设计利用太阳能的器具，以及 DIS 实验，感受信息技术对探究活动的支撑作用，激发对太阳能利用与开发的兴趣，提高动手实践与创新能力。
(3) 通过学习与实践，体验探究学习的乐趣，懂得合理、科学使用太阳能的方法及其重要性，增强保护环境、节约能源的使命感。

三、教学重点和难点
重点：(1) 利用太阳能的相关知识；
(2) 探究影响太阳能转化为热能效率的因素、北京地区太阳辐射的特点以及测试闷晒式太阳能集热箱的效率和性能。
难点：(1) 运用利用太阳能的有关知识进行小制作、小改造和小发明；
(2) 理解太阳辐射和太阳常数。

四、教学资源
1．器材
(1) 研究影响太阳能转化为热能效率因素的实验器材：小包装纯净水（250 mL 左右）空瓶 4 个，30 cm×40 cm 聚乙烯透明塑料袋 3 个，20 cm×20 cm 黑纸一张，光亮、平整铝箔包装纸若干，高 40 cm 的支架 4 个，DIS（温度传感器、数据采集器、计算机等）或温度计等。
(2) 研究北京地区太阳辐射特点的实验器材：小包装纯净水（250 mL 左右）空瓶若干，橡皮塞（钻孔），DIS（温度传感器、数据采集器、计算机等）或温度计、支架等。
(3) 研究闷晒式太阳能集热箱效率和性能的实验器材：聚苯乙烯泡沫塑料，松软物体（棉花、羽绒等）、盖板玻璃等；各种颜色的材料（纸张、布匹等），DIS（温度传感器、数据采集器、计算机等）或温度计等。
(4) 研究太阳能发电的实验器材：太阳能电池板、太阳能小车、太阳能风车等制作材料。
(5) 其他所需器材。
2．Internet 网络、图书资料等
3．课件、视频等
4．利用太阳能的资料

五、教学设计思路
本设计的内容主要包括四个方面：一是利用太阳能的相关知识介绍；二是太阳能的热利用；三是太阳能发电；四是建立“太阳辐射物理模型”及对“太阳常量”的理解。
本设计的基本思路：学生组成小组，在教师的指导下根据总任务“利用太阳能”提出系列性问题或任务，通过学生自主学习、查找资料、交流讨论、探究实验解决问题，最后进行小结、交流和评价。
本设计突出的重点：利用太阳能的相关知识以及探究影响太阳能转化为热能效率的因素、北京地区太阳辐射的特点以及测试闷晒式太阳能集热箱效率和性能。
方法：通过任务 1 的研究，搜集有关太阳能的含义、太阳辐射与太阳常数、太阳能的优缺点、太阳能的利用途径，利用太阳能基本技术及发展史等资料、了解利用太阳能的相关知识；通过任务 2 和任务 3 的研究，运用 DIS 温度传感器探究影响太阳能转化为热能效率的因素、北京地区太阳辐射的特点以及测试自制闷晒式太阳能集热箱的效率和性能。

本设计要突破的难点：运用利用太阳能的有关知识进行小制作、小改造和小发明。方法：通过搜集有关利用太阳能开发的产品及该产品的图片和工作原理，掌握家用太阳能装置和一些基本的太阳能系列产品的使用方法，并运用所学知识进行小制作、小改造和小发明。理解太阳辐射和太阳常数。方法：通过实例分析，引入物理模型、等效替代等物理思想，理解太阳辐射和“太阳常量”的概念。

本设计重视培养学生获取、搜集、处理、表达信息的能力以及实验探究，创造发明的能力。

六、教学流程

1. 教学流程

（1）问题探讨：提出研究内容

课内通过录像、课件、演示实验创设情景，指出太阳能不仅具有巨大的经济效益、社会效益，还能缓解能源紧缺，美化生活环境，实现社会、经济、资源和环境的协调发展有重要的现实意义，激发学生的兴趣和探究欲望。

课外对学生进行分组、确定研究内容、明确角色和任务分工，利用网络资源和书籍资料，设计实验方案，制定研究方案和进度表

（2）探索研究：进行实验探究

课内通过小组内部交流设计方案，实验探究影响太阳能转化为热能效率的因素、北京地区太阳辐射的特点以及测试闷晒式太阳能集热箱效率和性能。

课外继续实验探究并完成实验报告，并将搜集到的资料汇总、分析、整合，初步做成 PPT、作品展板等形式，并回答相关问题。

（3）交流小结：成果汇报交流

课内，先组织学生分组展示和交流研究成果，由教师和学生组成评审团以投票的方式对各组的成果及作品进行评议，根据成果交流情况评出各奖项并予以表彰和鼓励，同时进行点评，提出改进意见。接着，教师通过实例分析，帮助学生进一步理解太阳辐射和太阳常数的概念。最后，教师总结研究方法，如实验法、调查法，同时对涉及的物理思想和科学方法进行归纳，如等效替代、控制变量法和物理模型等。

（4）拓展延伸：关注科技发展

介绍几个主要的国内外太阳能网站的地址，激发学生利用与开发太阳能的兴趣，增强保护环境、节能的使命感。

2. 教学主要环节

本设计可以分为三个主要教学环节：

第一环节，通过利用太阳能的问题探讨，了解太阳能资源的相关知识，包括太阳能的含义、太阳辐射和太阳常数、太阳能的优缺点、利用途径以及利用太阳能的基本技术，人们利用与开发太阳能的历史和现状。

第二环节，通过 DIS 实验，探究影响太阳能转化为热能效率的因素、北京地区太阳辐射的特点以及测试闷晒式太阳能集热箱效率和性能，完成相关实验报告。

第三环节，学生制作作品，并对制作的作品与研究的成果进行展示、汇报和交流，教师总结评价，实例分析，并作适当的拓展延伸。

七、教学过程

（一）问题探讨

1. 学生方面所做的准备

● 学生分组：以自愿结合为原则，每 4～6 人分为一组。

- 角色和任务分工：根据自身的特点，学生自主选择和承担相关研究的各项任务。每组可设资料搜集员，整理员、展示员，实验员、制作发明员、组长（兼）等。
- 任务选择：包括教师指定研究内容和学生自主选择。教师可根据学生的知识水平和研究能力，可以提供一系列可操作的任务或作品供学生选择，也可以由学生自主选择有兴趣、能操作的研究题目。

2. 教师方面所做的准备

- 创设学习情境：从本节课的生活背景出发，激发学生学习“利用太阳能”的兴趣。
- 编写课前导学：学生自主学习应考虑时间的合理性，高中生课后作业较多，为了让学生有宽裕的课前自主时间，开展研究性学习。教师应根据具体要求，编写了“课前导学”，在“课前导学”中为学生提供了学法指导，针对所学内容，提供一些相关的学习方法让学生参考，重在引导学生围绕重点、难点展开思考，发现疑点，提高学习效率。
- 搜集教师研究内容意向表：按照学生的意向分组，最后宣布分组名单。
- 确定评价方式：成立评审团。由每个研究小组的一名代表和指导老师组成评审团，一方面对学生研究报告进行评审，另一方面以投票方式对各组交流展示的成果进行评议。根据成果交流情况评出各奖项，进行表彰和鼓励，点评并提出改进意见。

（二）实践探究

- 各研究小组制定研究方案，自主开展研究活动。学生可以到阅览室、图书馆或通过上网查阅太阳能能源的相关资料，了解太阳能这一新型能源的开发和利用情况。也可以实验探究影响太阳能转化为热能效率的因素、北京地区太阳辐射的特点以及测试闷晒式太阳能集热箱效率和性能。还可以利用太阳能的相关知识，进行小制作、小改造和小发明。作品可以是制作模型，也可以绘制设计图，讲解设计思路和科学原理等。
- 以研究小组为单位，归纳整理收集到的信息资料，将研究结果以 Word、PPT、作品等形式加以总结，便于小结交流。

（三）交流小结

1. 学生分组交流各自研究任务的研究结果

任务 1：利用太阳能的相关知识

（1）太阳能的含义

（2）太阳辐射与太阳常数

（3）太阳能的优缺点

（4）太阳能的利用途径

（5）利用太阳能所涉及的技术问题

（6）利用太阳能的发展史等

任务 2：太阳能热利用

（1）太阳能热利用在生活中的应用

搜集并展示有关太阳能热利用的产品或图片，让学生充分认识到太阳能热利用就在生活中。例如，太阳灶、太阳能干燥器、太阳能温室、太阳房等。

（2）实验探究

研究影响太阳能转化为热能的效率因素，填写《探究利用太阳能效率活动任务单》，完成探究任务。

研究北京地区太阳辐射的特点，设计并填写《研究北京地区太阳辐射特性活动任务单》，完成探究任务。

（3）小制作、小发明参考

①简易闷晒式太阳能集热箱的制作参考：研究不同颜色的材料对太阳辐射吸收的状况，思考如何合理利用太阳能。用 DIS 温度传感器测试自制的闷晒式太阳能集热箱的效率和性能，与其他小组的作品比一比

谁的集热箱的性能更好。
②简易太阳灶的制作参考。
③简易太阳能热水器的制作参考：思考采取哪些措施可以提高热水器的热水温度和出水量。
④太阳能热水瓶的制作参考
（4）调查研究
向家长或安装太阳能系列产品的家庭或单位进行调查访问活动，比较太阳能热水器、电热水器、燃气热水器在使用中的优缺点。
● 任务3：太阳能发电
（1）太阳能发电在生活中的应用
搜集并展示有关太阳能发电的产品或图片，让学生充分认识到太阳能发电就在生活中。例如，太阳能计算器、太阳能灯系列（草坪灯、观景灯、路灯、交通灯）、太阳能时钟、太阳能汽车、太阳能自行车、太阳能发电厂、太阳能空调器、太阳能电视机、太阳能换气扇、太阳能收音机、太阳能电话机、太阳能照相机等。
（2）太阳能电池介绍
包括太阳能电池的种类、原理，太阳能电池的应用和发展，国内外对太阳能电池的研究等。
（3）小制作、小发明参考
自己设计几个用太阳能电池供电的电路，画出电路原理图，寻找材料并动手制作，如太阳能小车、太阳能凉帽、太阳能风车、太阳能石英钟。
①太阳能凉帽的制作参考；
②太阳能石英钟的制作参考；
③太阳花的制作参考；
④太阳能模型赛车的制作参考；
⑤风能、光能两用发电机组的制作参考。
（4）调查研究
通过搜集资料，比较太阳能发电、水力发电、火力发电的优缺点。
2．师生评价
由师生组成的评审团以投票方式对各组成果进行评议，根据成果交流情况评出各奖项，进行表彰和鼓励，点评并提出改进意见。
3．理解太阳辐射与太阳常量
通过实例分析，引入物理模型、等效替代等物理思想，理解太阳辐射和“太阳常量”的概念。
例题：太阳内部不停地进行着热核反应（氘核和氚核结合成氦核），同时释放出巨大的能量。地球平均每平方米所接收的太阳能的功率 $P_0=1.353\times10^3\ \mathrm{W/m^2}$（所谓的“太阳常量”），若将这一功率视为在地球上垂直于太阳光线方向射到地球表面上的能量，已知太阳到地球的距离 $d=1.5\times10^{11}$ m，地球的半径 $R=6.4\times10^6$ m，求：
1）太阳在一年时间内向外辐射能量约为多少？
2）地球平均每年接收的太阳能量是多少？

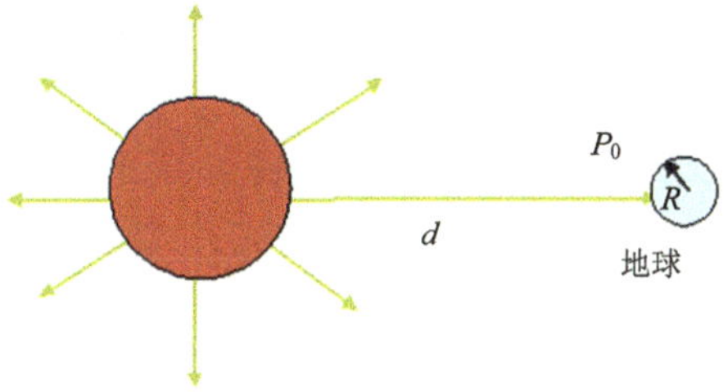

解：1）建立太阳的辐射物理模型，计算
太阳在一年内向外辐射的能量 E。
2）理解“太阳常量”的概念：将地球接收太阳能量的面积等效替代为一个半径为地球半径的截面的面积。

$$E' = P_0 \times S \times t = P_0 \times \pi R^2 \times t$$
$$= 1.353 \times 10^3 \times 3.14 \times (6.4 \times 10^6)^2 \times (365 \times 24 \times 3600) = 5.5 \times 10^{24}\ \text{J}$$

4．拓展延伸

介绍几个主要的国内外太阳能网站的地址，激发学生利用与开发太阳能的兴趣，增强保护环境、节约能源的使命感。

四、融合导向下的单元整体设计

（一）单元设计流程与解读

基于物理核心素养的单元教学设计需要从多个维度进行考虑，确保核心素养的培养贯穿于整个教学设计过程，将零散的知识点系统化、结构化地组织起来，从而更好地满足学生的学习需求。以下是一个基于物理核心素养的单元教学设计步骤。

1．单元教学主题的选择与确定

根据课程标准、教材内容和学生需求，选择一个具有挑战性和关联性的主题。

2．单元教学设计与核心素养的培养

分析主题内容如何与物理核心素养（如理解物理概念、解决实际问题、探究科学规律、展示沟通与合作等）相联系，确保核心素养的培养贯穿整个教学设计。

3．单元教学目标的制定与落实

明确单元教学的目标，教学目标的制定应该具有明确性、可衡量性和可操作性，以便在教学过程中进行有效的实施和评估。

4．单元教学的整合与结构化

深入研究教材，了解主题内容的组织结构，找出关键概念和核心知识，以便在教学中突出重点和难点。

5．学情分析与教学策略选择

了解学生的物理知识基础、学习兴趣和学习风格，以便设计适合学生的教学活动和评估方法。

6．单元教学活动设计

基于单元教学目标，设计一系列教学活动，如实验、讨论、建模等，以帮助学生深入理解物理概念和规律。

7．单元教学评价与反思

在教学过程中，收集学生的反馈信息，对教学效果进行评估。教学结束后，对整个单元教学进行反思，总结经验教训，以便改进教学。

（二）单元设计案例

基本信息			
学科	物理	授课教师	刘利
教科书版本及章节	北师大版八年级下册第九章		

单元教学设计	
单元学习主题	机械和功

1．单元教学设计说明

本单元是在学完“物体的简单运动”“运动和力”等力学重要知识的基础上进行的拓展和提升，将进一步学习“简单机械和功”的一系列知识，为学习功和能的关系——各能量间相互转化等知识起到承上启下的作用。生活中的筷子、剪刀，实验中的天平，建筑中的起重机吊臂等机械的使用方便了人们的生活、生产，使学生感受到人类在适应自然的过程中，机械的使用促进了社会发展，使其领悟到科学、技术与社会的关系。本单元突出科学探究的学习方式（例如，杠杆、滑轮使用特点的得出以及使用机械是否省功，机械效率的认知过程），让学生经历探究过程，在做中学，在合作中提高，体现了知识的建构过程。

2．单元学习目标与重点难点

（1）知道简单机械，通过实验，探究并了解杠杆的平衡条件。能够识别生产和生活中常见的定滑轮和动滑轮，会组装简单的滑轮组。

（2）结合实例，认识功的概念，能判断力是否做功。

（3）知道机械功和功率，用生活中的实例说明机械功和功率的含义。

（4）通过实验探究了解使用任何机械都不省功。通过实验数据分析知道机械效率，了解提高机械效率的途径和意义。

（5）查阅资料，了解人类使用机械的历程，感知生活中机械的使用对社会发展的作用。

重点：知道识别各种简单机械，认识功的含义，知道使用机械不省功，理解机械效率。

难点：理解各个功的含义，明确提高机械效率的方法。

3．单元整体教学思路

本单元分三部分：了解简单机械（杠杆和滑轮）；认识功和功率的含义；了解使用机械不省功及提升机械效率的途径。

以实验探究为载体、以知识学习为明线、以学科素养培养为暗线进行课堂教学。

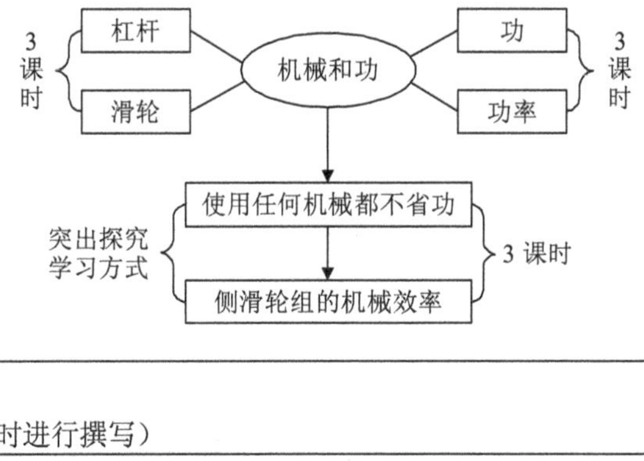

课时教学设计
（在本单元内选择 1～3 课时进行撰写）

课题	9-5 探究——使用机械是否省功
课型	新授课☑　章/单元复习课☐　专题复习课☐　习题/试卷讲评课☐ 学科实践活动课☐　其他☐

1．教学内容分析

本节内容一方面是对前面所学杠杆、滑轮、功等知识的梳理、总结；另一方面，通过探究、分析得出“使用任何机械都不省功”的结论，并进一步分析不省功的原因，进而引出机械效率的概念。机械效率与生活联系紧密，并广泛应用于生产、生活和科技问题中，是本章物理知识联系实际的重要体现。

2．学习者分析

学生已学习了杠杆、滑轮等简单机械，理解了杠杆的省力、费力原理和滑轮、滑轮组的作用，这些为本节探究内容和机械效率概念的学习奠定了基础；功的概念和计算方法的学习为探究动滑轮是否省功的实验提供了理论支撑。八年级的学生处在好奇心很强的年龄阶段，愿意动手做实验，但对数据的分析不够重视，感性认识多，理性思考不足。

3．学习目标确定

（1）通过分组实验探究，知道实际使用机械时总是存在额外功，因此使用任何机械都不省功。

（2）通过分析使用滑轮、杠杆、斜面提升物体不省功的原因，理解有用功、额外功和总功的概念，并知道总功等于有用功与额外功的总和，从而理解机械效率，了解提高机械效率的途径。

（3）经历实验探究过程，培养学生设计实验、动手操作、数据分析等科学探究能力，以及用证据说明结论的科学态度，体会合作的重要性。

（4）通过各环节的猜想与假设，逐步提升思考的广度和深度。从运用直觉、日常经验或事实进行猜想与假设，逐步过渡到运用物理学逻辑思维进行猜想与假设，使思维不断进阶。

4．学习重点难点

重点：有用功、额外功、总功和机械效率的概念。

难点：学生实验操作过程的规范性和数据的准确测量。

5．学习评价设计

各小组探究	课堂参与活动评价				备注
	实验探究 是否有明确分工合作	实验规范性 是否整理实验器材	研究意识 是否有不同测量方法	交流展示 数据是否遵循事实	
滑轮 1 组					
滑轮 2 组					
杠杆 1 组					
杠杆 2 组					
斜面 1 组					
斜面 2 组					

说明：对每项评价要素进行由低到高 1～10 分的赋值，整体评价看总分

6．学习活动设计

教师活动	学生活动
环节一：创设情境，引入新课	
教师活动 1 通过 PPT 展示图片，请学生观察这几幅图片并思考：生活中为什么要使用这些工具，而不是直接用手解决？	**学生活动 1** 学生观察、思考后回答出使用工具可以省力或者省距离。

<table>
<tr><td>

教师引导学生回忆力与沿力方向上移动的距离的乘积是做功的多少，从而提出问题：使用机械能省功吗？</td><td>猜想是否省功</td></tr>
<tr><td colspan="2">活动意图说明：从生活中常见机械的用途出发，联系生活实际，激发学生兴趣。引发猜想，并请学生说出猜想的理由。有的同学会从省力但费距离的角度猜测是等功，请同学们用实验探究这一猜想是否正确。</td></tr>
<tr><td colspan="2">环节二：小组设计探究实验步骤</td></tr>
<tr><td>教师活动 2</td><td>学生活动 2</td></tr>
<tr><td>教师提问：使用机械是否省功是与什么情况下做的功对比？引导学生说出是与不用机械直接提升时所做的功进行对比。
教师提问：测量做功的多少时，需要测量哪些物理量？需要哪些测量工具？由此引导学生选择合适的器材，实验中注意事项，设计出实验步骤。
（教师可将实验器材提前组装好，让学生边观察边思考实验操作中有哪些注意事项）

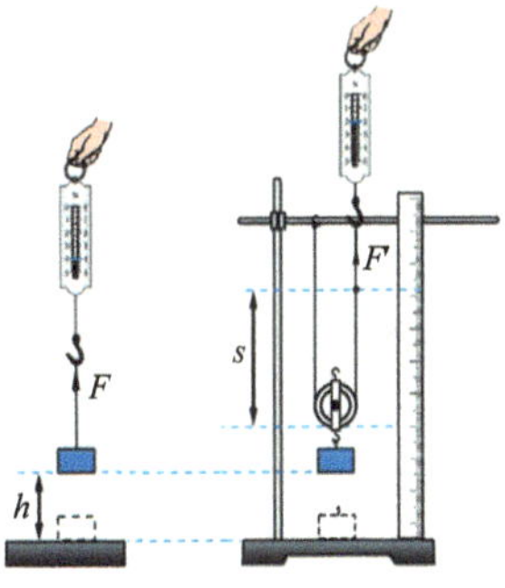

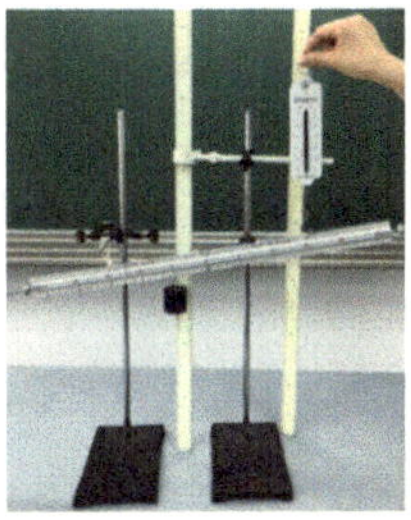</td><td>明确探究的问题，小组讨论实验注意事项和步骤，思考用什么测量，具体测量什么。
思考讨论回答
在学生间交流和教师的引导下，总结出以下实验操作要点：①提升物体时动作要缓慢，尽量保持物体匀速直线上升；②在提升过程中要实时读取测力计的示数，作为拉力大小的依据；③测量物体和测力计（绳端）的上升距离时，要记录初始位置和末位置所对应的刻度，据此计算提升的距离。</td></tr>
<tr><td colspan="2">活动意图说明：
明确研究的问题以及明确实验注意事项是实验成功的关键，通过交流讨论加深对实验设计步骤规范性的理解。不要急于做实验。</td></tr>
</table>

环节三：学生实验探究

教师活动 3	学生活动 3
教师说明：为各组准备了三种简单机械：滑轮、杠杆、斜面，来探究使用动滑轮是否省功。要求各组在实验前进行合理分工，看哪组快速准确地完成合作探究，并把数据记录在学案表格中。教师巡视，解决学生实验过程中出现的问题。	小组合作探究 学生进行实验

活动意图说明：

物理是以实验为基础的科学。让学生亲身参与实验，得到真实数据，培养探究合作能力。

环节四：不省功的原因分析，明确各个概念

教师活动 4	学生活动 4
教师提问：为什么用机械提升物体不仅不省功，还多做了一些功？提出你的猜想与假设。 学生交流讨论后得出多做的功是用来提升动滑轮和克服动滑轮的轴摩擦的。   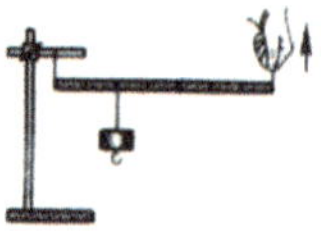	学生交流展示实验数据，发现使用这三种机械提升物体所做的功大于直接提升物体所做的功。发现使用机械不省功。 **猜想：** **数据背后的原因**
学生总结出使用其他机械都不可避免地需要克服摩擦、机械自重等因素而做功。大量的实验表明：使用任何机械都不能省功。	通过分析自己的数据，讨论交流可能的原因
教师以动滑轮为例说明：动滑轮对物体所做的功是有用的，也就是我们的目的，把这部分功叫作有用功（$W_{有用}$）；提升物体时，不可避免地要对动滑轮本身做功和克服摩擦做功，把这部分功叫作额外功（$W_{额外}$）；有用功和额外功的总和叫作总功（$W_{总}$），即 $$W_{总}=W_{有用}+W_{额外}$$	明确各概念
教师引导学生利用课本第 114 页的图 9-36 进行交流讨论，分析这个情景中人所做的功哪部分是有用功，哪部分是额外功。教师从“提水的目的”角度，引导学生分析得出对水做的是有用功，对桶和克服滑轮的轴摩擦所做的功是额外功，人拉绳端所做的功是总功，从而巩固有用功、额外功、总功的概念。	分析思考回答 
在讨论中教师引导着分析出有用功占总功比例越高、额外功占总功越少的机械，性能越好，逐渐体会效率的含义，最后给出机械效率的定义：$\eta=\frac{W_{有用}}{W_{总}}$。结	明确机械效率

合前面总结的使用任何机械都不能省功的结论推理出实际使用的机械，机械效率都小于1。 请同学们猜想：如何提高机械效率？（以动滑轮提升物体为例） 进一步分析学生刚才在动滑轮实验中测量的数据。教师在准备实验器材时，给每个组分配的动滑轮规格不统一，有的质量大，有的质量小，但提升的重物相同。通过两组数据对比，提问：如果此时需要用动滑轮提升物体，你选择哪一个？	猜测：机械效率能否超过100%？ 说出理由 **猜想：如何提高机械效率？** 说出依据 用自己真实做出的数据证明猜测。 交流
活动意图说明： 学生通过自主探究实验，收集并分析数据，找到不省功的原因，自然而然地建立各个功的概念。利用实验原始数据更有说服力。通过实例分析巩固对各概念的理解。	
环节五：课堂小结	
教师活动5	学生活动5
这节课你学到了什么？ 大量实验表明：使用任何机械都不能省功 机械效率：$\eta=\dfrac{W_{有用}}{W_{总}}$ 有用功（$W_{有用}$）：对物体所做的功（目的）。 额外功（$W_{额外}$）：不可避免地对机械本身和克服摩擦做的功。 总功（$W_{总}$）：$W_{总}=W_{有用}+W_{额外}$ 拓展问题：在日常生活中还有很多场合涉及“效率”的概念，如学习效率等，你还能举出其他例子吗？说明你所列举的这个“效率”的意义是什么？并与同学交流。 课后作业：完成学案上的题目；思考提高效率的方法与意义。	学生总结回答 思考交流 课后完成
活动意图说明： 由学生总结，加深对本节内容的理解和巩固。拓展问题，横向迁移知识、扩大视野，开展情感态度与价值观方面的教育。	
7. 板书设计	

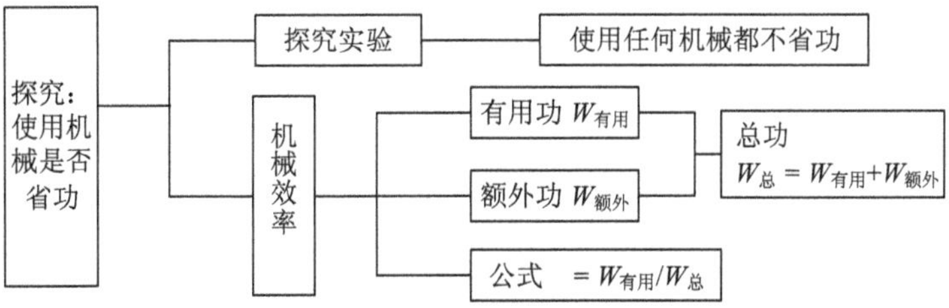

8．特色学习资源分析、技术手段应用说明 本节课将学生分组实验由教材中的一种实验扩展为三种，丰富了实验类别，使规律的得出更具普遍性。实验注意事项中配有演示和情景图片，增强了可视性，使学生更容易理解实验过程。 利用实物投影展示学生的数据分析，不仅方便清晰，而且节约了时间。在效率的拓展方面，引入了生活中各种效率的概念和节能减排的意义，使学习资源更加贴近实际生活。
9．教学反思与改进 （1）各小组之间应加强互助合作，探究较快的小组帮助较慢的小组，利用好学生资源，在有限的时间里，让学生多做些实验，提升探究合作能力。 （2）在讲解提高机械效率的途径时，理性分析较多，应多举些实例，让学生讨论、辨析。尤其是开始时学生分组进行的三种实验，应充分利用实例来加深学生的理解。 （3）学生展示交流数据时，应鼓励他们之间进行评价。对于现场生成的错误数据，不应只让操作的学生自己纠错，而应让他们重新演示操作过程，让全班同学一起思考并纠错。或者，老师在流动观察、评价学生时，可以用手机录下关键问题，再展示到电脑上，引发其他组学生的主动思考。 （4）通过课下学生完成学案作业的反馈情况来看，这节课学生掌握的概念知识比较牢固，尤其对实验数据的分析更加注重找依据，学生知道不应将问题简单化处理，思辨能力有了一定提升。

● 跨单元融合案例

课程名称：树立暗夜意识，保护黑暗夜空——认识“夜间光污染”				
课程类型	活动探究课		授课教师	王雄飞
课程时长	40 分钟	活动人数	20 人	
一、课程概况 1．课程主题 认识夜间光污染 2．教学内容 （1）认识夜间光污染，探究其成因并了解其危害； （2）通过分析人工白昼的成因，认识什么是人工白昼； （3）认识“人造天空亮度地图”，分析并了解夜间光污染的等级。 3．教学理念 建构主义教学理念 4．教学方法 启发法、观察法、讨论法 5．活动形式 实践探究、观察分析、小组讨论、辩论展示 二、教学对象与受众分析 1．教学对象 初中学生 2．受众分析 具备一定的光学知识和地理知识，可以根据光学现象做出合理的推断，能结合地理位置对讨论地点的光污染等级进行分析。				

三、教学目标

1．物理观念

（1）知道光在空气中沿直线传播，知道行进中的光遇到物体时会发生反射现象，光的传播方向会发生变化。

（2）了解光的反射定律和折射现象；知道平面镜、凹面镜、凸面镜成像的特点和应用。

（3）认识夜间光污染及其成因，特别是人工白昼的产生原因，了解夜间光污染的等级。

（4）认识到人类活动会影响自然环境，说出人类不合理活动对自然环境的影响，树立保护环境的意识，能够针对现实环境问题提出适当建议。

2．科学思维

（1）会用模型分析常见的物理问题，能对相关问题和信息进行分析并得出结论。

（2）有利用证据对所研究的问题进行分析和解释的意识，能使用简单和直接的证据表达自己的观点，具有初步的科学论证能力。

（3）能独立思考相关信息、方案和结论，提出自己的见解，具有质疑、创新的意识。

3．科学探究

（1）通过实验寻找证据，运用逻辑推理分析问题、得出结论、解决问题，并通过评价与交流达成共识。

（2）运用分析、比较、概括、推理等思维方法，发展学习能力、实践能力，初步了解科学探究过程。

4．科学态度与责任

（1）培养对自然现象的好奇心和探究热情，乐于参加观察、实验等科学活动，并能在活动中克服困难，完成预定的任务。

（2）学会倾听，理解不同意见和想法，实事求是。在科学探究活动中主动与他人合作，积极参与交流和讨论，尊重他人。

（3）初步了解所学科学知识在日常生活中的应用。初步了解人类活动对自然环境、生活条件及社会变迁的影响。

（4）热爱自然、珍爱生命，具有保护环境的意识和社会责任感。

四、教学重点难点

1．教学重点

①认识夜间光污染的成因和危害；

②了解并认识“人工白昼”的产生原因和光污染的等级划分。

2．教学难点：理解根据人工白昼对夜间光污染进行的等级划分；能根据人工亮度地图正确判断一个地区的光污染等级。

五、教学准备

1．教具、器材准备

（1）为教师准备：

序号	物品名称	数量 （单位）	备注 （型号、规格等）
1	激光笔	1只	
2	白板	2块	
3	马克笔	2支	

（2）为受众准备：

序号	物品名称	数量（单位）	备注（型号、规格等）
1	布料（布袋子）	每组 1 个	
2	镜子	每组 1 个	
3	记号笔	每组 1 支	
4	勺子	每组 1 个	
5	彩色纸	每组 3 张	
6	塑料盒	每组 1 个	
7	橡胶手套	每组 1 双	
8	树叶	每组 1～2 枚	
9	白光台灯（带灯罩）	每组 1 个	
10	黄光台灯（带灯罩）	每组 1 个	
11	两种学习单	每种 4～6 份	

注：每组 4～6 人。（4～6 组）

2．所结合的小球数据资源

序号	主题	次主题	英文名称	中文名称
1	People	Demographics	Light Pollution - Artificial Sky Brightness	光污染-人工天空亮度
2	People	History	Resilient Cities：Key to Thriving on a Changing Planet	有弹性的城市：在不断变化的地球上茁壮成长的关键

六、安全提示

课前提醒学生，在课程活动中，光线昏暗时不要随意走动，避免受伤。

七、教学过程

第一阶段：探索新知——认识夜间光污染（4 分钟）

阶段目标：

（1）学生通过观察、分析、比较，结合自己的生活经验，逐步发现和认识人工白昼，归纳总结什么是人工白昼；

（2）激发学生的学习兴趣和探索欲望，培养科学探究、科学思维的能力。

◆ 设计意图

联系学生生活实际，通过合理设问和引导，让学生自己分析并认识什么是夜间光污染。

◆ 教师活动

欢迎同学们来到小球大世界：

（1）游戏激趣：利用小球大世界的灯光控制，模拟夜晚停电；然后突然开灯，让学生感受黑夜背景下的灯光刺激，体会亮光对人的影响；

（2）引导学生联系生活实际，认识夜晚光线对人们的各种刺激，体会灯光对人类生活的危害。（播放小球资源“有弹性的城市”3 分 8 秒至 3 分 15 秒的片段）；

(3) 总结学生们的感受，启发学生初步认识夜间光线的危害，引出本课主题“夜间光污染”。 ◆ 受众活动 (1) 参与游戏活动：体会夜晚灯光对眼睛的刺激和对身体的影响； (2) 体会、联想、思考分析自身的夜晚经历，认识夜晚灯光对人类生活的不良影响； (3) 思考并认识什么是“夜间光污染”。 ◆ 教具、学具或多媒体辅助手段等 教室内的灯光控制，PPT 投影，小球视频资源。
第二阶段：探究夜间光污染的成因，了解夜间光污染的分类和危害（16 分钟）
阶段目标： (1) 探究、了解夜间光污染的成因； (2) 认识并了解夜间光污染的类别和危害。
◆ 设计意图 实验探究夜间光污染产生的原因；学生结合生活经历，认识并了解夜间光污染的 5 个类别，重点是对人工白昼产生原因的理解和认识。初步了解夜间光污染对人类、社会、环境造成的危害。 ◆ 教师活动 1．引导学生思考猜想夜间光污染产生的原因。 2．组织学生实验探究夜间光污染产生的主要原因： (1) 实验材料：各种不同质地的材料，如彩色纸、布料、镜子、勺子、塑料盒、橡胶手套，树叶等；手电筒；学习单 1。 (2) 实验步骤： ①打开手电筒，将亮度调至最大，分别将不同材质的材料放在灯下观察，在学习单 1 上记录对不同材料的观察感受。着重说明，哪些材料看着刺眼，哪些材料看着光线柔和。 ②用这些材料代表城市里的各种建筑，用灯代表光源，自己布置“城市场景”，实验、体会并思考人工白昼产生的原因。 (3) 小组讨论并回答：利用光的直线传播、光的反射、光的折射等物理规律对光污染现象进行解释。 (4) 教师总结：老师分析总结夜间光污染产生的原因（可以适当拓展反射、透射、折射、散射等科学知识)。 (5) 根据夜间光污染产生的原因，帮助学生认识夜间光污染的类别，了解不同类型夜间光污染的划分依据（特别是让同学们认识人工白昼的产生原因)。 (6) 启发、引导学生认识“夜间光污染”的危害，了解夜间光污染对人类、环境和社会的影响。 ①对人身健康的危害； ②对动物的伤害； ③能源的消耗与损失。 …… ◆ 受众活动 1．思考猜想夜间光污染产生的原因。 2．实验探究夜间光污染产生的主要原因： (1) 记录手电筒的灯光从各个方向照射各种材料后的感受。特别注意表面光滑和表面粗糙物体的反光情况； (2) 假如用手电筒代表灯光，用提供的各种材料代表城市里的各种建筑和物体，自己布置“城市场景”，通过灯光照射物体的实验、体会并思考夜间光污染产生的原因。

3．小组讨论、展示交流；结合老师的讲解，全面了解夜间光污染产生的原因。 4．根据夜间光污染的成因和影响，辨析夜间光污染的类别，知道不同类别划分的依据。了解专有名词和术语（例如，人为辉光：人为照明设备的使用，出现了人为的天空辉光现象。炫光，炫目；光侵扰；过亮；杂乱光，杂散光）。 5．思考、讨论、总结夜间光污染的危害，知道夜间光污染对人类、环境和社会的影响。 ◆ 教具、学具或多媒体辅助手段等 实验材料：彩色纸、布料、镜子、勺子、塑料盒、橡胶手套，树叶等，手电筒，学习单，白板，马克笔，PPT 投影。
第三阶段：探究认识——人工白昼的世界分布及其影响（18 分钟）
阶段目标：认识人工天空亮度地图，了解人工白昼这种光污染的世界分布，学习夜间光污染等级
◆ 设计意图 通过观察、讨论认识人工天空亮度地图（小球资源），知道地图中各种参数的含义，能根据该地图了解认识夜间光污染等级，知道光污染对天文观测的影响。通过对光污染等级的分辨和应用，深入理解光污染对不同地域的影响程度。 对比夜晚地球的卫星图片和人工天空亮度图片，思考并体会科学实验方法对研究自然现象和物质客观规律的作用，认识、了解科学建模、科学分类等科学思维方法的价值和意义 ◆ 教师活动 1．展示人工白昼下的城市图景，引导学生思考与讨论人工白昼的分布。 提出问题：不同城市的人工白昼程度一样吗？不同地区的人工白昼程度一样吗？不同国家呢？ 2．猜想：思考如何划分不同地区人工白昼所带来的光污染的严重程度（用什么科学的方法表示光污染的等级）。 （提示：人类是如何衡量噪声大小的） 3．验证猜想，展示人造天空亮度小球图片。 （1）组织学生在小球周围对人造天空亮度地图进行观察研究，并开展小组讨论，以及与家长交流。 参考问题：你从这个地图中看到了什么信息？你从中了解到什么？ （2）探究：各个区域颜色不同，不同颜色代表什么含义？ （3）从图中你能判断出哪些城市、哪些地区人工白昼严重？哪些城市、哪些地区人工白昼很弱？（中国、欧洲、美洲等） 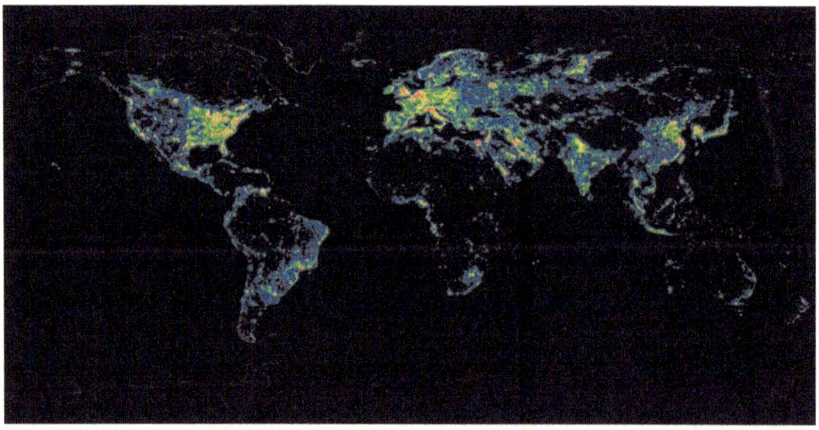

(4) 认识人造天空亮度地图数值的含义：不同颜色的数值代表什么？对你有什么启发？了解亮度的相关概念。

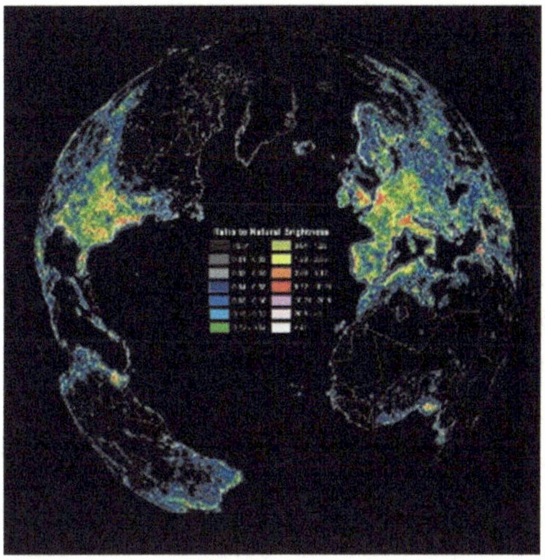

4．夜晚真实的照片是什么样的？对比夜晚地球的卫星图片进行科学验证。思考人工天空亮度图片以及亮度比率数值等科学实验方法对研究自然和宇宙的作用，认识、了解科学建模、科学分类的价值和意义。

(1) 人造天空亮度地图，是科学家根据真实的卫星亮度拍摄图片进行科学建模、分类、分析、模拟出的结果。

夜晚，在宇宙中，真实的地球又是什么样子呢？

小球展示夜晚地球的卫星图片。

(循环播放小球资源“有弹性的城市”0 分 01 秒至 0 分 05 秒的片段)

(2) 仔细观察图片：这些地方亮度强弱一样吗？哪些地方亮？哪些地方暗？

(3) 对比人造天空亮度地图和夜晚地球卫星图片，你能发现什么？讨论思考人造天空亮度地图的作用。

(4) 讨论举例：通过科学抽象和科学建模解决自然现象和生活中问题的例子。

5．根据“亮度比”对夜晚光污染等级进行科学划分。

①介绍约翰·波特尔创立了波特尔暗空分类法（Bortle scale），了解光污染等级的科学划分（9 个等级），图片展示，组织学生讨论和理解；

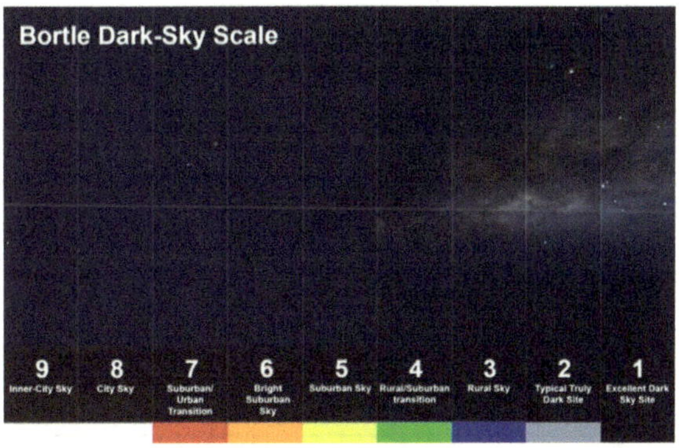

举例说明：光污染等级与“光污染——人造天空亮度地图”各个颜色区域的关系。 ②探究活动：出示学习单 2：列举（或自愿选择）多个景点、地区、城市，让学生们根据“光污染——人造天空亮度地图”判断它们的污染程度分别属于光污染的哪个等级； ③学生展示学习单 2； ④讨论，评比； ⑤播放光污染等级视频。 ◆ 受众活动 1．思考人工白昼的地区差异，讨论人工白昼的分布情况。 2．猜想人工白昼等级的科学划分方法。 3．观察并分析人造天空亮度小球图片，记录、讨论、表达、分享获得的图片信息；认识人造天空亮度地图中各个颜色对应数值的含义，了解科学的分类方法。 4．对比人造天空亮度的小球图片和夜晚地球的卫星图片，找到共同特征，思考人造天空亮度小球图片的价值，了解并认识科学实验以及数据处理对于研究客观世界的作用和意义。 5．认识光污染等级，了解其划分依据。积极参加利用光污染等级判断不同城市和地区夜间光污染程度的活动，填写学习单 3。全面认识人工白昼对人类生活以及天文观测的影响和危害。 ◆ 教具、学具或多媒体辅助手段等 小球资源、PPT 投影、学习单 2
第四阶段：总结拓展（2 分钟）
阶段目标：对本节课所学内容进行巩固和体会
◆ 设计意图 通过再次思考回顾，归纳总结本节课的学习内容，提升对人工白昼的认识。 ◆ 教师活动 1．通过这节课的学习，你有什么新的认识？ 2．课后拓展：思考并调查减少或者消除夜间光污染的方法。 3．倡议学生及家长“树立暗夜意识，保护黑暗夜空”。 ◆ 受众活动 1．思考并回答本节课的收获和体会。 2．近距离观察分析小球图片，提出对全球夜间光污染研究的设想。 3．对于改善夜间光污染和人工白昼，你有什么好的方法？ 4．树立保护黑暗夜空、改善夜晚环境的意识。 ◆ 教具、学具或多媒体辅助手段等 小球资源、PPT 投影、白板
八、教学效果检测 （1）各种学习单完成情况； （2）课堂上的提问与回答； （3）课后小结的展示与回答。 九、其他补充 【说明】相关知识背景介绍、拓展活动等。 （1）相关知识背景介绍 在人工白昼严重的“不夜城”里，光入侵造成过强的光源，影响了人们的日常休息，使夜晚难以入

睡，扰乱人体正常的生物钟，导致白天工作效率低下；天空太亮，看不见星星，影响了天文观测、航空等，很多天文台因此被迫停止工作。据天文学统计，在夜晚天空不受光污染的情况下，可以看到的星星约为7000颗，而在路灯、背景灯、景观灯乱射的大城市里，只能看到20～60颗星星。 多项研究指出，夜班工作与乳腺癌和前列腺癌发病率的增加具有相关性。原因可能是非自然光抑制了人体的免疫系统，影响激素的产生，内分泌平衡遭破坏而导致癌变。 当光线不可避免时，会对情绪产生不利影响，引发焦虑。科学家最新研究表明，彩光污染不仅有损人的生理功能，对人的心理也有影响。如果人们长期处在彩光灯的照射下，其心理积累效应也会不同程度地引起倦怠无力、头晕、阳痿、月经不调、神经衰弱等身心方面的病症。 人工白昼会伤害昆虫和鸟类，因为强光可破坏夜间活动昆虫的正常繁殖过程。同时，昆虫和鸟类可被强光周围的高温烧死。鳞翅类学者及昆虫学者指出，夜里的强光影响了飞蛾及其他夜行昆虫辨别方向的能力，这使那些依靠夜行昆虫来传播花粉的花由于得不到协助而难以繁衍，结果可能导致某些种类的植物在地球上消失。 夜蛙也会受到光污染影响。因为它们是夜行动物，它们会在没有光照时活动，然而光害使他们的活动时间推迟，令其活动及交配的时间变短。 预防光污染的办法： ①加强城市规划管理，合理布置光源，加强对广告灯和霓虹灯的管理，禁止使用大功率强光源，控制使用大功率民用激光装置，限制使用反射系数较大的材料。作为普通民众，一方面切勿在光污染地带长时间滞留，若光线太强，房间可安装百叶窗或双层窗帘，根据光线强弱作相应调节；另一方面应全民动手，在建筑群周围栽树种花，广植草皮，以改善和调节采光环境等。 ②建议国家制定与光污染有关的技术规范和相应的法律法规。另外，加强夜景观设计以及施工的规范化管理。 ③大力推广使用新型节能光源。现阶段虽然有大多数地方已改进和使用节能光源，但还有一些场所未能做到自觉使用。 （2）拓展活动 讨论并探究其他类型的光污染。

● 单元跨学科实践融合案例

生态小区
1．单元教学设计说明 随着我国基础教育改革的持续推进，国家对创新人才的需求日增，为更好地满足教育教学改革要求，更好地引导学生深入理解和践行社会主义核心价值观，利用学校本身资源和特色，以雨水收集为初期落脚点，开展特色综合实践课程建设，完成跨学科融合的特色教学探究。在本单元教学中，考虑北京地区降水实际情况，结合本地区水资源不足现状，调整研究方向，不限于雨水收集，选择可持续发展的城市建设模式——海绵城市，以及湿地、水质、水的净化、温室效应等主题，从环境、社会、经济的角度跨学科构建课程，开展研究。结合当下教育改革要求加大学生实践探究的力度，鼓励、组织学生参与实践活动，在做中学，在学中发展。
2．单元学习目标与重点难点 （1）通过该课程，提高教育工作者对开展环境、人口、可持续发展教育（EPD）以及实施可持续发展教育（ESD）重大时代意义的认识；组织学生广泛开展关注校园生态文明、节约资源、弘扬优秀传统文化、尊重文化多样性、关注与参与循环经济建设、践行可持续生活方式和关爱健康与生命的教育，更好地发

挥学校作为精神文明建设基地的作用，有效促进社区居民环境意识、健康意识、可持续发展意识以及整体文明水平的提高。

（2）通过开放式学习模式让学生学会多维度思考。

（3）通过丰富的活动让有不同爱好的学生得到多元化发展。

重点：

- 理解海绵城市设施的概念；
- 学习在海绵城市理念指导下，如何将海绵城市设施应用于小区；
- 探讨对小区现有设施进行海绵化改造。

难点：

- 海绵城市理念下生态小区的改造。

3．单元整体教学思路

海绵城市理念指导下的生态校园建设共 4 个课时，海绵城市作用及设施介绍 1 课时，海绵城市案例分析 1 课时，海绵城市理念校园实践展示及设计 1 课时，海绵城市理念下生态小区的建设 2 课时。本单元先通过对海绵城市设施作用的介绍，让学生理解海绵城市是如何从生态的角度管理雨水的，再通过案例分享，使学生进一步理解海绵城市设施实施的角度和方法，进一步理解如何践行海绵城市理念。校园内海绵城市设施情况的调查是一项作业，为课堂分享打下基础。校园内海绵城市设施情况的分享及生态校园的设计是学生对海绵城市理念的践行和升华，是本单元重要的实施部分。学生对居住小区海绵城市情况的调查与设计，是将生态文明理念、可持续发展理念辐射身边人、辐射社会的一项重要实践。本单元设计从理论到实践，再到创新，符合学生思维发展的特点，有助于学生对生态校园、可持续发展的理解和践行。

课时教学设计

课题	在海绵城市理念下建设生态校园	授课教师	杨华
课型	新授课☑　章/单元复习课☐　专题复习课☐ 习题/试卷讲评课☐　学科实践活动课☐　其他☐		

1．教学内容分析

本课时在海绵城市作用、设施及案例分析后进行，以学生开展海绵城市理念校园实践为核心，通过分享实践成果、生态校园设计，进一步践行和理解海绵城市理念，是整个单元的升华部分，更是落实学生关注生态文明、关注水资源可持续发展、建设生态校园的重要内容。

2．学习者分析

学生已经学习了海绵城市的作用、设施及案例分析，初步理解了海绵城市设施用生态方式管理雨水的理念，具有了一定的分析能力，渴望在掌握基本理论后，通过亲自实践检验所学，解决实际问题。本课时为学生提供了宝贵的实践机会，通过校园内现有设施的调查，完成海绵城市理论的升华。在该课程中学生理论联系实际会遇到一定的困难，依据海绵城市理念设计生态学校所提出的意见可能会不符合实际。

3．学习目标确定

通过校园内海绵城市设施的调查，学生能够准确描述校园现有海绵城市设施的类型、结构及运行原理，并提出至少一项生态校园改造建设；

通过校园实践，提升学生理论联系实际的能力；

通过小组合作调查校园内海绵城市设施，培养学生合作与交流的能力；

通过生态校园设计，进一步理解海绵城市设施用生态方法管理水资源的原理。

4．学习重点难点

校园海绵城市理念践行情况调查；针对校园现存问题，就建设绿色、生态校园提出建议；海绵城市理念下生态校园的改造。

5．学习评价设计

项目	A 级	B 级	C 级	个人评价	同学评价	教师评价
认真	课前认真完成校园海绵城市设施的调查	课前较好完成校园海绵城市设施的调查	课前基本完成校园海绵城市设施的调查			
积极	活动中积极参与，表现非常突出	参与活动，表现较为突出	能参与活动			
方法	探究方法正确，结果结论科学	探究方法正确，效果较好	探究效果较好			
想象	想象力丰富，大胆	有想象力	想象力比较差			
成果	完成一件制作作品	完成一份手抄报	完成基本的文字说明			
传播	利用多种手段进行宣传，使用新媒体技术	制作 PPT、展板等进行宣传	写出宣传稿等			
我这样评价自己：						
同伴眼里的我：						
老师的话：						

6．学习活动设计

教师活动	学生活动
环节一：课堂引入	
教师活动 1 展示：展示绿色校园图片 提问：对校园里的海绵城市设施可以从哪些方面入手进行调查？ 引导学生从排水、屋顶、路面、绿地等方面描述，针对学生的回答，进行反馈和补充。 	学生活动 1 观看图片 简述海绵城市设施的实践途径
活动意图说明： 通过观看生态校园图片，激发学生建设生态校园的热情，引导学生关注生态文明、树立水资源可持续发展的理念。通过开展海绵城市设施调查，帮助学生归纳和整理实践思路，解决学生理论与实际脱节的问题，为学生在分享时提供依据。	

<table>
<tr><td colspan="2">环节二：学生分享海绵城市设施在校园内的实施情况</td></tr>
<tr><td>教师活动 2</td><td>学生活动 2</td></tr>
<tr><td>组织学生分组分享调查结果，对结果进行分类归纳，指出哪些设施是符合海绵城市设施理念的，哪些不是，使学生能够明晰海绵城市理念在校园内践行的情况，纠正实践中的问题，填写评价表，对学生进行实时评价。</td><td>分组分享调查结果，并将结果分类张贴在黑板上。
</td></tr>
<tr><td colspan="2">活动意图说明：本环节是在学生对校园海绵城市设施进行调查的基础上，通过展示交流，使学生进一步明确海绵城市理念在校园内的实施状况，并为后续校园改造建言献策、进行创意设计，同时激发学生的学习兴趣与潜能。</td></tr>
<tr><td colspan="2">环节三：我的生态校园</td></tr>
<tr><td>教师活动 3</td><td>学生活动 3</td></tr>
<tr><td>指导学生分组对校园不符合海绵城市理念的设施进行改造，要求每组至少针对 3 个点进行设计，并通过大屏幕展现出来。
填写评价表，对学生设计的创新性、实用性等进行实时评价。</td><td>设计生态校园并展示。
</td></tr>
<tr><td colspan="2">活动意图说明：本环节让学生将海绵城市理念应用于生态校园设计，充分发挥学生的主观能动性，提升理论联系实际的能力。通过设计理念交流，拓宽学生思路，增强解决问题的能力，落实做中学、学中做的课堂实践。通过生态校园设计，使学生更加关注生态文明、关注环境的可持续发展，达成综合实践课程核心素养目标。</td></tr>
<tr><td colspan="2">环节四：建设生态校园，我要这样做</td></tr>
<tr><td>鼓励学生为建设文明生态校园提出自己的想法，并进一步落实。
</td><td>提出个人参与建设生态校园的具体行动</td></tr>
</table>

活动设计意图：通过“我为生态校园做事”活动，进一步深化海绵城市理念下环境可持续发展的内涵，强化学生对个人在生态校园建设、水资源合理利用中的责任认知，落实综合实践课程关注人的发展的核心素养。
7．作业与拓展学习设计 根据课堂所学内容，以小组为单位，对某小区海绵城市设施进行调查，从生态性和水资源管理等方面提出改进意见和设计方案，以 PPT 和手抄报的形式呈现。 该作业旨在延伸课堂内容，让学生关注身边生态文明和水资源可持续发展，强化对海绵城市理念的理解。由于是一项实践类型的作业，用时需要 2～4 小时。通过该作业，可以使教师了解学生对海绵城市理念的理解程度、思维发展以及兴趣形成情况，并使学生形成环保意识、产生环保行为，并带动家人、身边人一起关注生态文明和可持续发展。
8．特色学习资源分析、技术手段应用说明 PPT、实物展台
9．教学反思与改进 本节课通过学生分享校园内海绵城市理念实施现状，针对性地提出改进设计，并为建设绿色生态小区提出可操作的办法，学生进一步理解了海绵城市是如何通过生态的方式管理雨水的。通过交流分享不仅加强了学生对理论知识的理解，更提升了合作能力。通过自评、互评、师评的方式激发了学生学习的主观能动性，使学生能够正确认识自己和他人。通过生态校园设计，培养了学生的理论联系实际能力和创新能力，基本实现了本节课的教学目标。由于本节课对校园内海绵城市设施现状的分享用时较多，提前布置的任务学生完成得不理想，导致后续设计展示环节时间较为仓促，创新性体现得不是特别理想。后续教学应该提前布置更加清晰的设计任务，使学生能够在课堂上展示更好的设计。

五、生态文明教育融入物理学科的实施建议

（一）注重目标融合导向

将生态文明教育融入物理学科，首先需要明确目标融合导向。这意味着教师在制定物理课程目标时，应将生态文明作为重要的教育内容，与学科目标相结合，使学生在学习物理知识的同时，了解和掌握生态文明相关知识。例如，在讲解能量守恒定律时，引导学生思考能源的合理利用和环境保护的重要性，培养其生态文明意识。这种目标融合导向可以帮助学生在物理学科的学习中，自然接触生态文明观念，理解两者之间的内在联系。

（二）关注真实情境创设

教师可以通过实例、实验、项目等方式，将生态文明教育与物理学科知识相结合，让学生在实际情境中感受生态文明的重要性。例如，在讲解电磁波时，教师可以设计一个无线电波对环境影响的实验，让学生直观了解电磁波对环境的潜在影响。这种真实情境的创设可以帮助学生更好地理解生态文明与物理学科的关联，实现知识的有效融合。

（三）设立综合研究任务

为了让学生更深入地理解生态文明与物理学科的关系，教师可以设立一些综合性的研究任务。这些任务应涉及多个学科领域，要求学生综合运用物理知识和其他学科知识解决实际问题。例如，可以设计一个关于绿色能源的研究项目，引导学生运用物理知识，研究如何提高绿色能源的利用效率、降低对环境的影响，如上面列举的单元教学跨学科融合实践案例《生态小区》。

（四）鼓励合作深度探究

在将生态文明教育融入物理学科的过程中，教师应鼓励学生开展合作学习和深度探究。教师可以设计一些需要学习小组合作完成的综合性任务，同时鼓励学生从不同角度思考问题，进行深度探究，培养生态文明意识。

例如，上面列举的跨教学单元的融合案例《树立暗夜意识，保护黑暗夜空——认识“夜间光污染”》。

（五）提供工具促进迁移

为了让学生能够将生态文明理念与物理学科知识应用到实际生活中，教师需要提供一些工具和方法，帮助学生实现知识迁移。例如，教师可以设计一些实践活动，让学生运用物理知识解决生态文明相关问题。此外，还可以通过多媒体教学手段，为学生提供丰富的资源，帮助学生更好地理解和掌握生态文明与物理学科的融合，实现从理论到实践的跨越。

第八章

生态文明教育融入化学学科教学实施方案

一、生态文明教育融入化学学科的基本设计框架

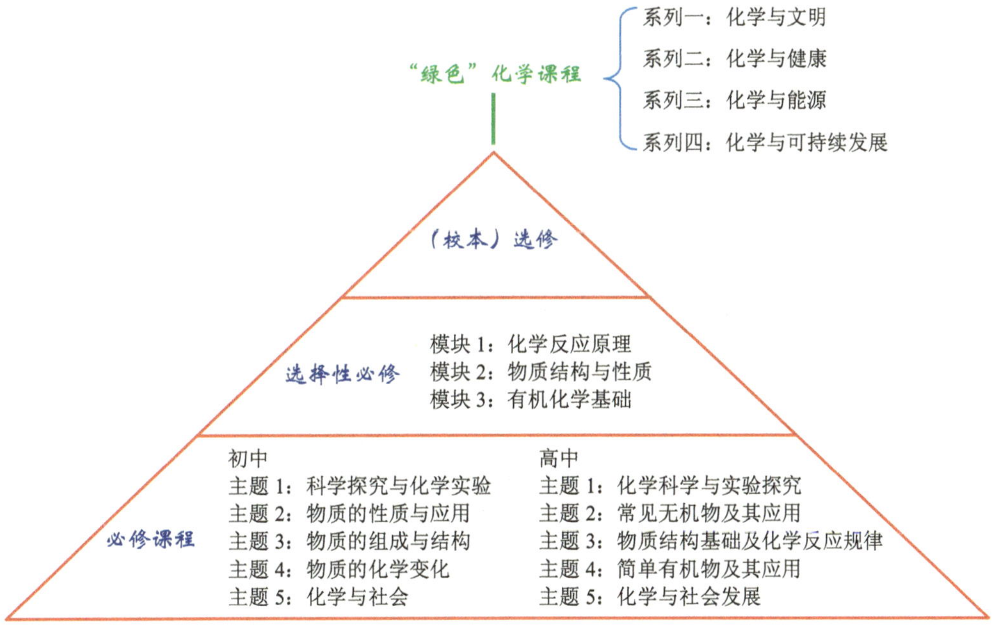

（一）生态文明教育融入化学学科的Logo设计

课程Logo简介：

左侧图形为火焰形状，同时代表字母“C”—Chemistry

火对人类文明的发展有着重要的作用，又是能源的重要标志。同我校化学课程中“化学与文明”“化学与能源”的内容相呼应

整体外形线条形似花瓣，又类似烧瓶，寓意着“绿色”化学课程是学校特色课程体系的一部分，与其他课程相互融合

右侧为一个绿色烧瓶和绿叶，代表着绿色化学以及课程中的“化学与健康”

（二）生态文明教育融入化学学科的目标设计

课程目标：

培养安全意识和严谨求实的科学态度；增强探究物质性质和变化的兴趣，关注与化学有关的社会热点问题，认识环境保护和资源合理开发的重要性，培养“绿色化学”观念和可持续发展意识；能较深刻地理解化学、技术、社会和环境之间的相互关系，认识化学对社会发展的重大贡献，能运用已有知识和方法，综合分析化学过程对自然可能带来的各种影响，强化社会责任意识，积极参与有关化学问题的社会决策。

（三）生态文明教育融入化学学科的主体内容

系列	主题	课题
化学与文明	主题一　化学发现	化学认识的开端——火的使用
		元素符号及其名称的变迁
		从元素到元素周期表
		趣谈碳和硅
		神奇的干冰
		火和氧气的关系
	主题二　化学制作	蜡烛的制作
		醋的酿造方法及醋在生活中的妙用
		自制木炭，用活性炭净化水
		粗盐变精盐
		自制汽水
		自制酸碱指示剂

系列	主题	课题
化学与健康	主题一　饮食	人类重要的营养物质
		元素与人体健康
		了解食品添加剂
化学与健康	主题一　饮食	探秘膨松剂
		水的净化
		自制米酒
	主题二　中草药	中草药的炮制过程
		化学分离方法介绍和实施
		蒸馏装置的组装和操作
		花露的提取
		海带提碘
		自制酸梅汤
		菠菜汁的色谱法分离
		水培营养液的配制
化学与能源	主题一 化学反应中的能量	我国化石燃料使用现状及使用绿色能源的重要意义
		研究车用燃料及安全气囊
		暖贴的设计与制作
		提高家用燃料燃烧效率的可行性建议
		了解火箭推进剂
	主题二　电池	制作简单的燃料电池
		设计载人航天器用化学电池
		燃油汽车与电动汽车的经济性比较
		废旧电池的污染与回收
化学与可持续发展	主题一 化学的绿色追求	索尔维制碱法和侯氏制碱法
		神奇的医用胶
		手机电池中的离子导体材料
		探秘可降解塑料
		论证重污染天气“汽车限行”的合理性
	主题二 资源的综合利用	探讨利用工业废气中的二氧化碳合成甲醇
		设计载人航天器氧气再生方案
		乙烯的生成与应用
		研究大豆资源的开发和利用
		研究海水淡化技术

（四）生态文明教育融入化学学科的实施设想

课程实施初步设想：

	初一、初二	初三	高一	高二	高三
授课范围	部分学生 课后服务时间	部分学生 课后服务时间	部分学生 选修课	部分学生 选修课	部分学生 综合课
涉及系列	化学与文明	化学与文明 化学与健康	化学与健康 以中草药课程为主	化学与能源 化学与可持续发展	化学与可持续发展

二、学科核心素养层面的融合点分析

（一）初中学段核心素养的融合点分析

化学课程要培养的核心素养主要包括化学观念、科学思维、科学探究与实践、科学态度与社会责任，是中国学生发展核心素养在化学课程中的具体化，反映了义务教育化学课程的教育价值与育人功能，体现了化学学科育人的基本要求，全面展现了化学课程学习对学生发展的重要价值。

初中学段核心素养与生态文明教育的融合点主要体现在化学观念和科学态度与社会责任上。

化学观念是人类探索物质的组成与结构、性质与应用、化学反应及其规律所形成的基本观念，是化学概念、原理和规律的提炼与升华，是认识物质及其变化，以及解决实际问题的基础。化学观念主要包括：物质是由元素组成的；物质具有多样性，可以分为不同的类别；物质是由分子、原子构成的，物质结构决定性质，物质性质决定用途；化学变化有新物质生成，其本质是原子的重新组合，且伴随能量变化，并遵循一定的规律；在一定条件下通过化学反应可以实现物质转化等。

科学态度与社会责任是指通过化学课程的学习，在理解科学、技术、社会、环境相互关系的基础上，逐渐形成对化学促进社会可持续发展的正确认识，以及所表现的责任担当。科学态度与责任主要包括：发展对物质世界的好奇心、想象力和探究欲，保持对化学学习和科学探究的浓厚兴趣；对化学学科促进人类文明和社会可持续发展的重要价值具有积极的认识；具有严谨求实的科学态度，敢于提出并坚持自己的见解、勇于修正或放弃错误观点、反对伪科学的科学精神；遵守科学伦理道德和法律法规，具有运用化学知识对生活及社会实际问题作出判断和决策的意识；形成节约资源、保护环境的习惯，树立生态文明的理念；热爱祖国，增强为实现中华民族伟大复兴和推动社会进步而勤奋学习的责任感。

案例一：化学与文明—化学制作—蜡烛的制作

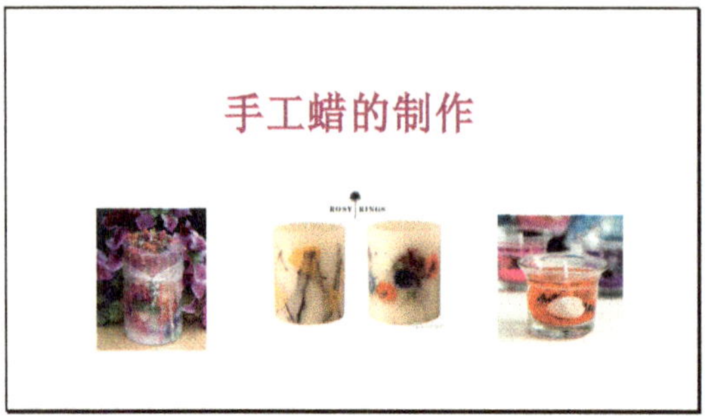

一、蜡烛的起源及制造材料

1. 蜡烛的起源

- 蜡烛起源于原始时代的火把。原始人把脂肪或者蜡一类的东西涂在树皮或木片上，捆扎在一起，做成照明用的火把。大约在公元前3世纪出现的蜜蜡可能是今日所见蜡烛的雏形。在西方，有一段时期，寺院中都养蜂，用来自制蜜蜡，供奉在教堂的祭坛上。

- 蜡烛的普及经历了一个很长的历史时期，《西京杂记》中记载，汉朝时地方向汉高帝进贡的贡品中有蜡烛，有说法认为，当时在寒食节禁火的时候，君王赏赐给侯爵以上的官员、上品官员以蜡烛，说明当时的蜡烛极为稀少。到了南北朝时期，蜡烛应用得普遍了一些，但也主要是在上层社会，而不是一般的百姓家。直到明清以后，蜡烛才渐渐地走入了寻常百姓家，人们日常生活中使用的也比较多了，但是一般的灯具，像油灯、火把依然不能和蜡烛同日而语。

- 唐代诗人李商隐有“何当共剪西窗烛”的诗句。诗人为什么要剪烛呢？当时蜡烛烛心是用棉线搓成的，直立在火焰的中心，由于无法烧尽而炭化，所以必须不时地用剪刀将残留的烛心末端剪掉。这无疑是一件麻烦的事。1820年，法国人强巴歇列发明了三根棉线编成的烛心，使烛心燃烧时自然松开，末端正好翘到火焰外侧，因而可以完全燃烧。

2. 制造蜡烛的材料

- **最常见的材料——石蜡：** 石蜡是从石油中提取出来的，主要成分是饱和烃类物质。从地底开采出来的石油叫“原油”，经过很多不同沸点的蒸馏，可以蒸馏出汽油、柴油等，稍后的产品可以得到白色固体，那就是石蜡
- **大豆蜡：** 指氢化大豆油生产制成的蜡
- **蜂蜡、鲸鱼的脂肪……**

二、自制大豆蜡

漂亮的手工蜡烛做好了！

案例二：化学与文明—化学发现—神奇的干冰

神奇的干冰

一、神奇的干冰

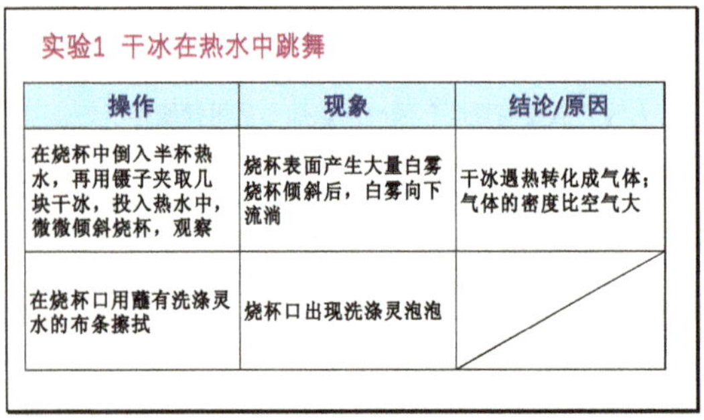

实验1　干冰在热水中跳舞

操作	现象	结论/原因
在烧杯中倒入半杯热水，再用镊子夹取几块干冰，投入热水中，微微倾斜烧杯，观察	烧杯表面产生大量白雾 烧杯倾斜后，白雾向下流淌	干冰遇热转化成气体；气体的密度比空气大
在烧杯口用蘸有洗涤灵水的布条擦拭	烧杯口出现洗涤灵泡泡	

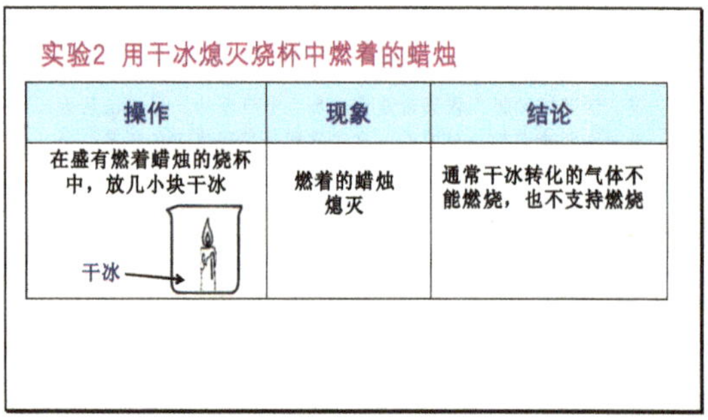

实验2　用干冰熄灭烧杯中燃着的蜡烛

操作	现象	结论
在盛有燃着蜡烛的烧杯中，放几小块干冰（图注：干冰）	燃着的蜡烛熄灭	通常干冰转化的气体不能燃烧，也不支持燃烧

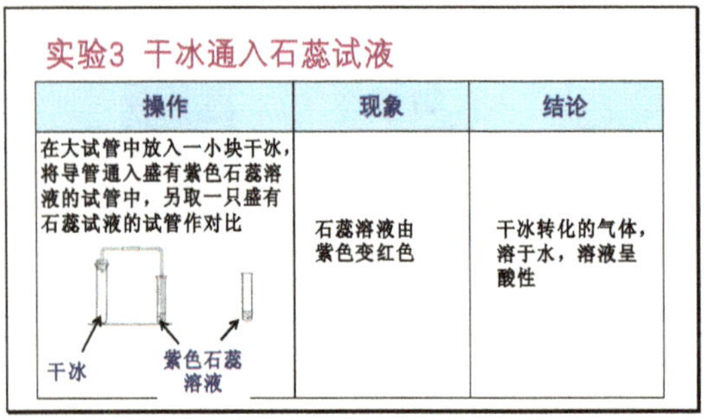

实验3　干冰通入石蕊试液

操作	现象	结论
在大试管中放入一小块干冰，将导管通入盛有紫色石蕊溶液的试管中，另取一只盛有石蕊试液的试管作对比（图注：干冰、紫色石蕊溶液）	石蕊溶液由紫色变红色	干冰转化的气体，溶于水，溶液呈酸性

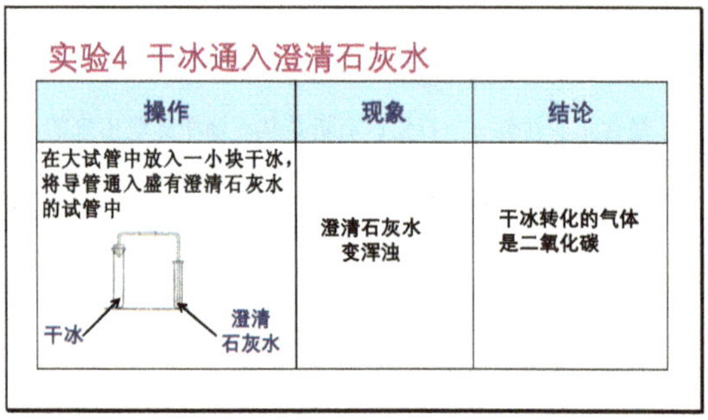

实验4　干冰通入澄清石灰水

操作	现象	结论
在大试管中放入一小块干冰，将导管通入盛有澄清石灰水的试管中（图注：干冰、澄清石灰水）	澄清石灰水变浑浊	干冰转化的气体是二氧化碳

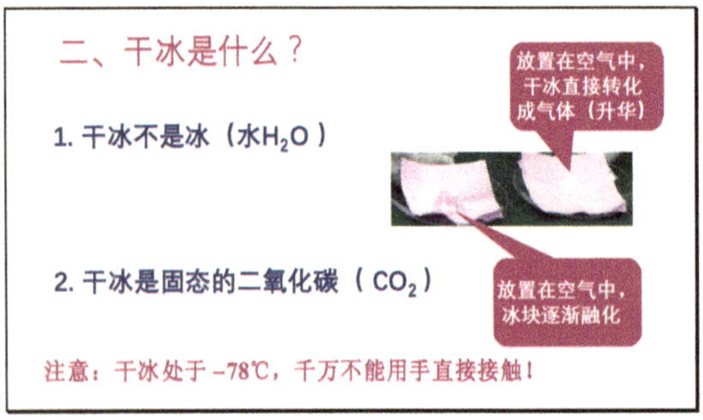

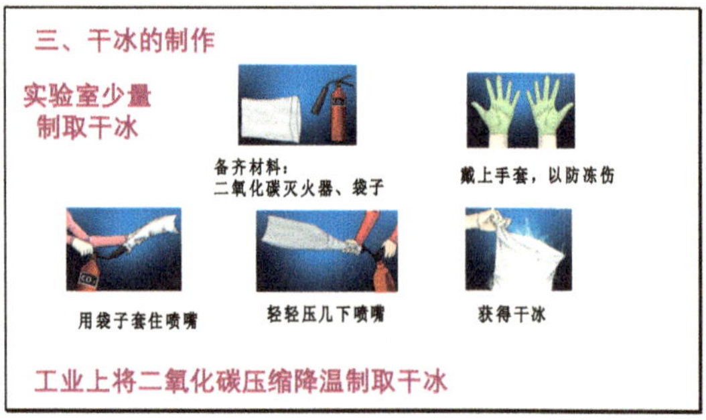

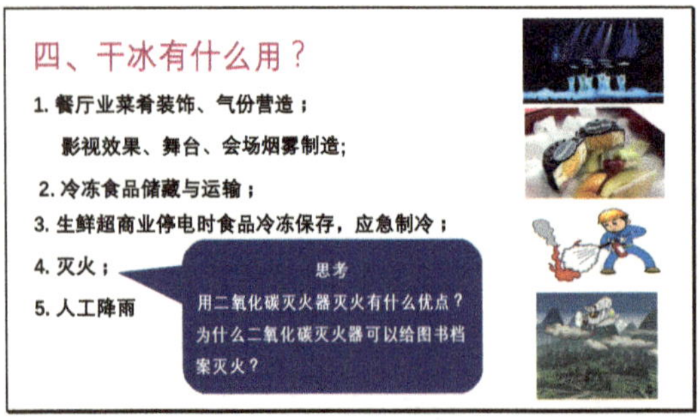

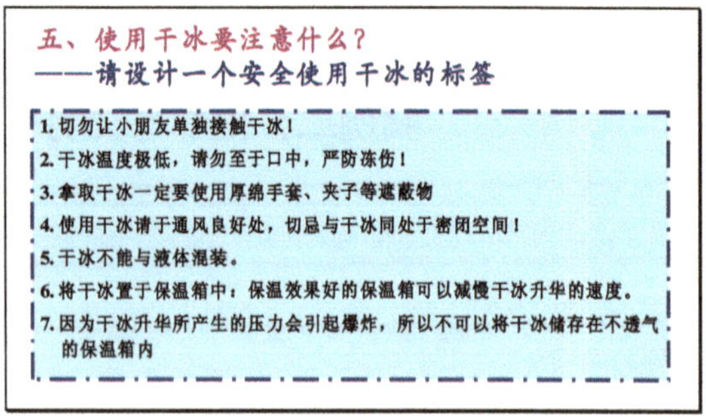

（二）高中学段核心素养的融合点分析

高中化学学科核心素养是高中生发展核心素养的重要组成部分，是学生综合素质的具体体现，反映了社会主义核心价值观下化学学科育人的基本要求，全面展现了化学课程学习对学生未来发展的重要价值。化学学科核心素养包括“宏观辨识与微观探析”“变化观念与平衡思想”“证据推理与模型认知”“科学探究与创新意识”“科学态度与社会责任”五个方面。

高中学段核心素养与生态文明教育的融合点主要体现在变化观念与平衡思想、科学探究与创新意识、科学态度与社会责任等方面。

变化观念与平衡思想

能认识物质是运动和变化的，知道化学变化需要一定的条件，并遵循一定规律；认识化学变化的本质是有新物质生成，并伴有能量的转化；认识化学变化有一定限度、速率，是可以调控的；能多角度、动态地分析化学变化，运用化学反应原理解决简单的实际问题。

科学探究与创新意识

认识科学探究是进行科学解释和发现、创造和应用的科学实践活动；能发现和提出有探究价值的问题；能从问题和假设出发，依据探究目的，设计探究方案，运用化学实验、调查等方法进行实验探究；勤于实践，善于合作，敢于质疑，勇于创新。

科学态度与社会责任

具有安全意识和严谨求实的科学态度，具有探索未知、崇尚真理的意识；深刻认识化学对创造更多物质财富和精神财富、满足人民日益增长的美好生活需要的重大贡献；具有节约资源、保护环境的可持续发展意识，从自身做起，形成简约适度、绿色低碳的生活方式；能对与化学有关的社会热点问题作出正确的价值判断，能参与有关化学问题的社会实践活动。

“变化观念与平衡思想”“证据推理与模型认知”要求学生形成化学学科的思想和方法；“科学探究与创新意识”从实践层面激励学生勇于创新；“科学态度与社会责任”进一步揭示了化学学习更高层次的价值追求。

案例：

从氧化还原和离子反应角度认识海水资源的综合利用	
教学设计依据	依据：《普通高中化学课程标准（核心素养）》 能依据实际条件并运用所学的化学知识和方法解释生产生活中简单的化学问题
教学内容分析	海水资源的综合利用在人教版必修二和选修二（化学与技术）中都有所涉及。在必修二中这部分内容比较简单，学生只是初步了解。在选修二中这部分内容相对比较具体，主要包括海水晒盐和食盐的进一步利用（氯碱工业），从海水中获取单质镁和溴，结合工业实际生产，以图示的方式简单介绍了生产流程。 本课题主要通过从海水中提取化合物、单质的方法让学生对离子反应和氧化还原反应在实际生产中的应用有所认识，帮助学生将化学概念原理的应用与实际生产过程结合起来，认识化学与技术的关系，为工业流程题的复习做铺垫。 海水资源的综合利用包括很多方面，本课题重点选择氯碱工业、钠的冶炼、海水中提取镁及海水中提取溴为主要关注点，提升学生对离子反应和氧化还原反应的认识。

<table>
<tr><td>学情分析</td><td>1．已有知识和经验
学生已经复习过的内容包括元素化合物、氧化还原反应、离子反应、化学计量。
学生在高一和高二的新授课中学习过氯碱工业、金属的冶炼，氯单质置换溴单质。
2．学习方法和技巧
能够从类别和价态的角度认识元素化合物的性质和转化；部分学生能够运用观察、比较、归纳、概括等方法对获取的信息进行加工；能与他人进行交流和讨论，表达自己的观点，进行合作学习。
3．思维水平
我校学生的基础知识相对比较薄弱，综合思考问题的能力不强，因此在教学设计中要注意学习任务的阶梯性，不宜跨度太大。</td></tr>
<tr><td>教学目标</td><td>学生经过整合海水资源利用的知识，初步形成对海水资源利用的综合认识；运用离子反应和氧化还原反应的知识，了解从海水中提取、提纯化合物和单质的方法，体会离子反应和氧化还原反应在实际生产中的应用，感受化学与技术的关系，为工业流程题的后期复习做铺垫。</td></tr>
<tr><td>重点</td><td>食盐的进一步利用、海水提镁、海水提溴化学原理中的离子反应和氧化还原反应。</td></tr>
<tr><td>难点</td><td>粗盐精制中试剂的添加顺序，海水提镁和海水提溴的基本流程。</td></tr>
<tr><td>教学环节设计</td><td><table>
<tr><th>环节</th><th>设计目的</th><th>设计理由</th></tr>
<tr><td>根据海洋中各元素的含量及学生已有知识，讨论海水的利用</td><td>回忆有关海水资源利用的知识，探讨海水可能的利用</td><td>必修二中学过一些海水的利用</td></tr>
<tr><td>任务一
粗盐的精炼和钠的冶炼原理</td><td>通过书写反应方程式落实粗盐的精炼和钠的冶炼原理</td><td>选修四中学生已学过氯碱工业中粗盐的精炼和钠的冶炼原理</td></tr>
<tr><td>任务二
根据所给信息，画出海水提溴和海水提镁的流程图。并写出相应的方程式</td><td>了解海水提溴、海水提镁的化学原理</td><td>通过示意图画出流程图，可以使海水提溴、海水提镁的化学原理更清晰</td></tr>
<tr><td>任务三
找出以上海水利用过程中的离子反应和氧化还原反应</td><td>体会离子反应和氧化还原反应在海洋开发中的应用，感受化学与技术的关系</td><td>反应中大多是离子反应和氧化还原反应</td></tr>
<tr><td>总结提升
利用海水制备物质的一般思路</td><td>归纳感受化学与技术的关系</td><td>学生具备了一定的归纳能力</td></tr>
</table></td></tr>
<tr><td>后续设计构想</td><td>1．海水中 C、N、S 元素的循环
2．海水中的能源利用</td></tr>
</table>

教学过程

<table>
<tr><th>教学环节</th><th>教师活动</th><th>学生活动</th><th>设计意图</th></tr>
<tr><td>引入环节</td><td>【图片引入】展示海水所蕴藏的丰富资源。（见附件）
【提出问题】你能说出海水资源的哪些利用？</td><td>观看、倾听、思考
交流回答</td><td>回忆有关海水资源利用的知识</td></tr>
<tr><td>海水晒盐和食盐的进一步利用</td><td colspan="2">将学生所说内容进行整理
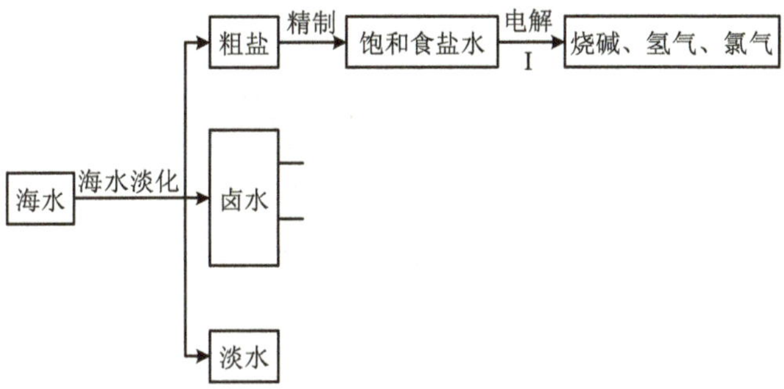

【提出任务 1】1. 将粗食盐中含有的 Mg^{2+}、Ca^{2+}和 SO_4^{2-}等杂质除去，实现粗盐的精制，写出加入的试剂及反应的离子方程式，画出转化关系图。
2. 写出冶炼金属钠和电解饱和食盐水的方程式。</td><td>回忆食盐利用中的化学原理</td></tr>
<tr><td>海水提溴和海水提镁</td><td colspan="2">【补充知识】
海水提溴：从海水中提溴约占世界溴年产量的 1/3
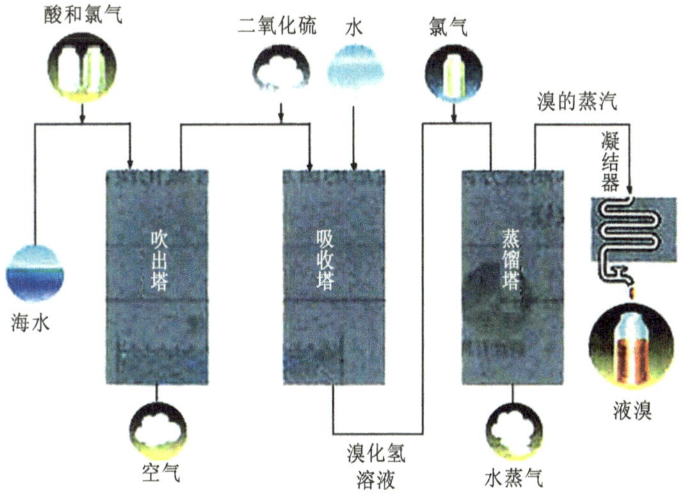

海水提溴吹出法流程</td><td>了解海水提溴、海水提镁的化学原理</td></tr>
</table>

<table>
<tr><td></td><td>
海水提镁：
海水中镁的总储量约为 2.1×10^{15} t，目前世界上60%的镁来自海水。工业规模海水提镁的流程（如图所示）：
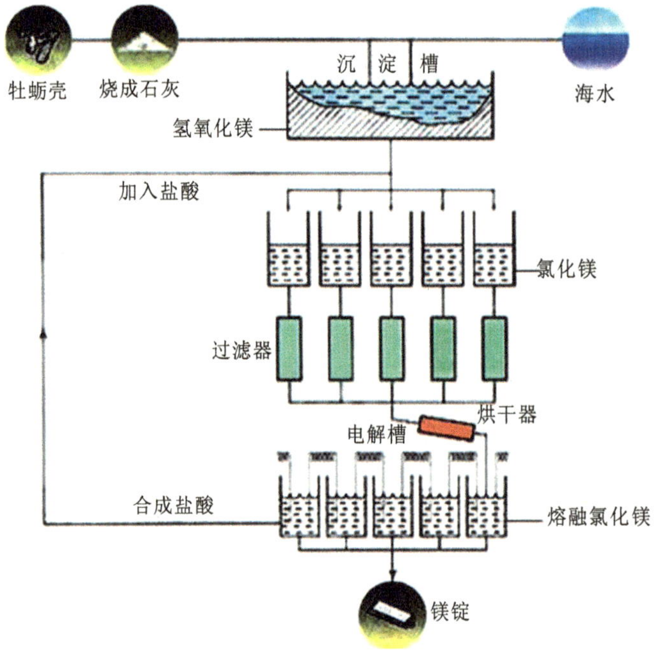

海水提镁流程
【提出任务2】根据所给信息，画出海水提溴和海水提镁的流程图，并写出相应的方程式（是离子反应的写出离子方程式）。
</td><td></td></tr>
<tr><td></td><td>
学生分组讨论，提取信息进行梳理，完成任务2
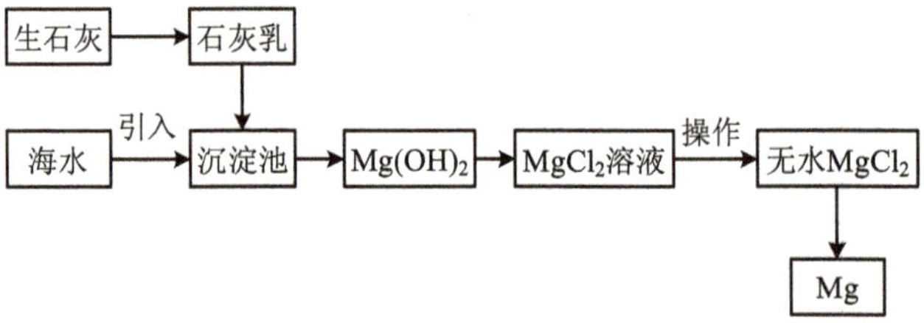

$CaCO_3 \xlongequal{高温} CaO+CO_2\uparrow$　$CaO+H_2O=Ca(OH)_2$
$Mg^{2+}+2OH^-=Mg(OH)_2\downarrow$
$Mg(OH)_2+2H^+=Mg^{2+}+2H_2O$
$Mg^{2+}+2Cl^- \xlongequal{电解} Mg+Cl_2\uparrow$
</td><td></td></tr>
</table>

	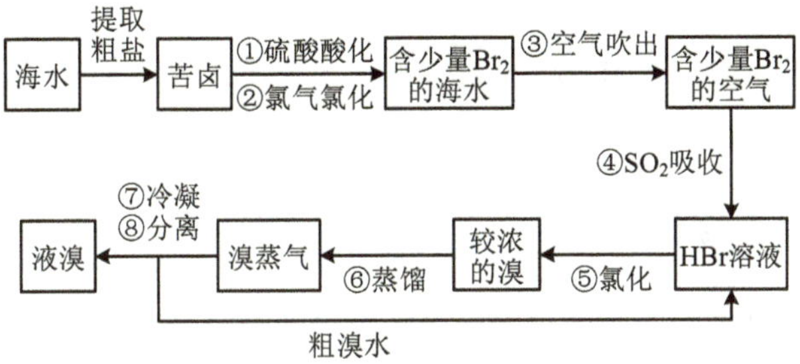 $Cl_2+2Br^-=\!=Br_2+2Cl^-$ $Br_2+SO_2+2H_2O=\!=4H^++2Br^-+SO_4^{2-}$ $Cl_2+2Br^-=\!=Br_2+2Cl^-$		
整合海水利用中的反应	【提出任务 3】找出以上海水利用过程中的离子反应和氧化还原反应	交流	明确海水利用中的离子反应和氧化还原反应
总结提升	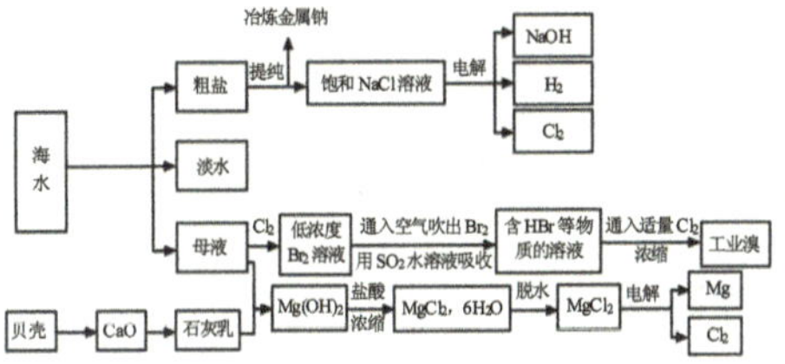	海水中的元素 —（离子反应，氧化还原反应）富集，转化→ 生活或工业中的物质	感受化学与技术的关系
习题巩固		完成练习	巩固认识

三、化学学科课程内容与生态文明议题的关联分析

化学课程对于科学文化的传承和高素质人才的培养具有不可替代的作用，是学校生态文明教育的重要组成部分。“绿色化学”课程的内容设置紧紧围绕生态文明议题展开，将化学学科特点和生态文明教育有机结合，并通过四个系列，八个主题把这种结合落实在具体议题中。

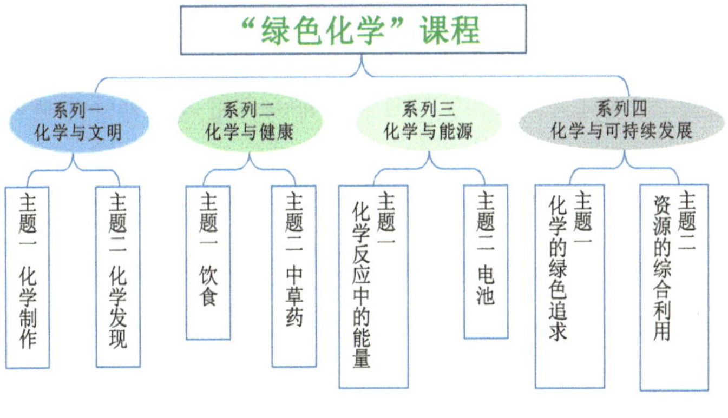

四、融合导向下的单元整体设计

（一）单元设计流程与解读

从落实化学核心素养出发，通过对素材进行整合，围绕具体的某一主题进行单元教学设计，打破教材章节间、教材间和学段间的界限，基于真实的情境，将零散、孤立的知识点系统化、结构化地组织起来，设计符合学情的教学活动，在教学实践过程中及时评价，通过作业和检测掌握学生的接受情况，最后进行教学反思。具体流程见下图。

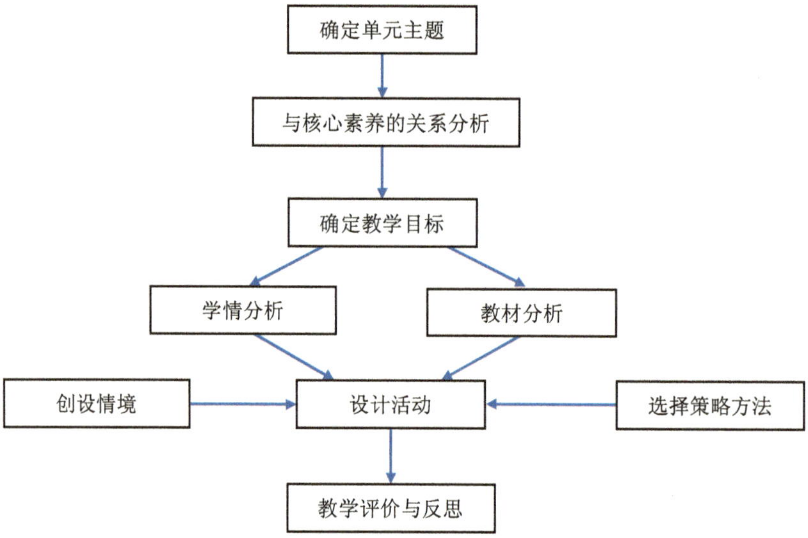

1. 选择单元教学主题

单元教学主题的选择以大概念为统领，以知识结构化为着力点，不直接采用教材中已经划分好的自然单元，而是需要综合分析课标要求、教材版本比较、学生情况等多方面因素来确定单元内容。

2. 与核心素养的关系分析

在确定大单元教学主题后，要深度思考本单元内容重点培养学生哪些化学核心素养，将化学核心素养的培养贯穿于整个教学设计过程。

3. 单元教学目标确定

确定单元教学目标时，首先要明确课程标准对单元内容的相关要求，其次在单元教学目标中渗透化学核心素养，明确单元教学内容可培养学生核心素养的具体方面。

4．教材分析

单元教学最显著的特点是突破教材文本的局限，打破单节课时孤立设计的思路。在明确单元主题后，需要认真研读课标，明确课标对主题相关内容的要求与定位，以整体性与系统性视角，将主题内容相关部分串联起来，由点连线，由线成面，实现主题内容的结构化、系统化整合。

5．学情分析

学情分析主要从学生情况和教学资源两个方面入手。针对不同学生，在讲授内容的深度广度、教学方法、活动设计等方面会有差异，需清楚了解学生的基本学习情况，客观分析后确定教学的重点与难点，进而选择恰当的教学策略与方法组织教学活动。

6．设计单元教学活动

化学核心素养的培育，依托于学生持续不断的问题思考与探究。因此，基于单元教学任务需开发各种教学活动。在设计教学活动时，要始终围绕学生达到哪些目标展开。同时，在整体的大单元设计框架下，要充分考虑真实课堂教学的实际情况，将教学内容拆分成几个课时的教学活动。设计单元教学活动要创设真实情境，在真实的情境中设置真实的任务，学生在基于任务的真实情境中可以培养分析问题与解决问题的能力。

7．单元教学评价与反思

基于化学核心素养的单元教学评价，不仅要关注结果性评价，还要重视过程性评价、关注日常性评价。单元教学结束后，要参照评价结果进行教学反思，与其他老师交流，对单元教学设计进行优化和改进。

（二）单元设计案例

<table>
<tr><td colspan="4">基本信息</td></tr>
<tr><td>学科</td><td>化学</td><td>年级</td><td>初三</td></tr>
<tr><td>教科书版本及章节</td><td colspan="3">北京初中科学实践课——污水处理
人教版九年级上册——第四单元　自然界的水　课题一和课题二水的净化
人教版化学选修——第四章　保护生存环境　第二节　爱护水资源</td></tr>
<tr><td>学习领域/模块</td><td colspan="3">化学</td></tr>
<tr><td colspan="4">单元教学设计</td></tr>
<tr><td>单元学习主题</td><td colspan="3">水的旅行
——从一张家庭自来水缴费单想到的……</td></tr>
<tr><td colspan="4">单元教学设计说明
本单元以“水”为主题，致力于从化学角度剖析和反思社会生活中的水相关问题。基于生活视角设计驱动性问题，基于化学视角解决驱动性问题，最终帮助学生自主建立认识水相关的问题的基本角度，而这些意识和角度是可迁移的，是形成化学学科社会与生活素养的核心要素。鉴于此，由一张自来水缴费通知单引发学生的思考，将初一的北京初中科学实践课“污水处理”、初三化学教材第四单元“自然界</td></tr>
</table>

的水”的课题一、课题二以及高中化学教材选修第四章“保护生存环境”的第二节进行整合，设计“水的旅行”单元。从三个维度来设计“水的旅行”，一是聚焦水在自然界中的作用、水资源现状及其保护等热点问题，属于联系实际的内容；二是探究自来水的净化流程，介绍混合物分离的方法——过滤吸附等化学实验基本操作；三是研究污水的处理流程，重点介绍中和法和沉淀法处理污水的原理，实验酸碱中和反应和复分解反应。

课题 1：设计为小组成果展示——关于水资源的四个方面的 PPT 展示。学生自己查阅资料，整合信息，合理排版，小组分享，教师通过评价量表进行评价。旨在让学生认识到水是一种重要的资源。

课题 2：通过课上教师的讲解和小组合作分析讨论，了解物质分离的基本思路和方法，以及水的净化原理，自行选择装置，设计简易净水器装置图，并在课后制作净水器。下节课通过水质检测，对净水器进行评价。

课题 3：设计是基于课题 2 的升级——污水处理，虽也是水的净化，但涉及更高层面的化学原理。学生将了解污水处理程度，明确污水处理方法（物理法、生物法、化学法）及其化学原理。通过了解污水处理流程及再生水的用途，使学生能切身感受到节约用水和爱护水资源的重要性。

单元学习目标与重点难点

了解世界和我国的水资源状况，学习用辩证思维看待水资源的丰富和有限；了解水污染、水枯竭等水危机问题；了解水污染防治、节水等应对措施；了解自来水厂水质净化的流程和原理，掌握混合物分离的基本方法；了解污水净化流程及其原理，复习酸碱中和反应和复分解反应。

单元整体教学思路（教学结构图）

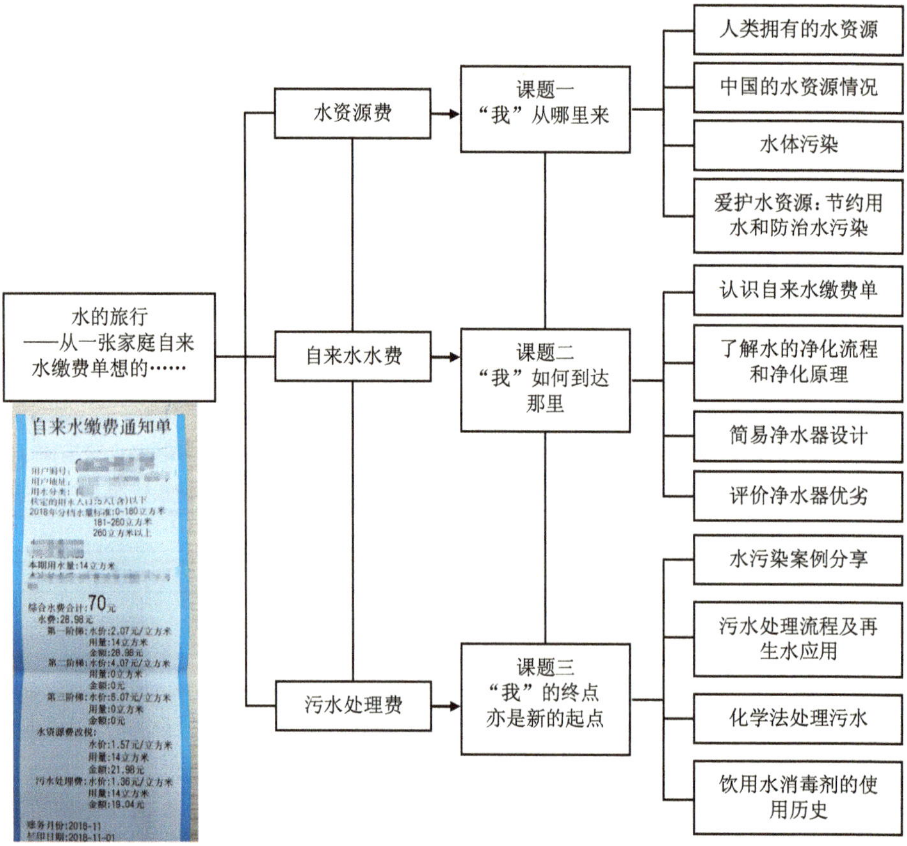

教学设计	
课题	**课题1　水的旅行之"我"从哪里来**
课型	新授课☑　　章/单元复习课☐　专题复习课☐　习题/试卷讲评课☐ 学科实践活动课☐　　其他☐

1．教学内容分析

本课题主要介绍两部分内容，一是水资源概况，二是水资源保护。水资源概况部分，一方面从储量上说明水的丰富，另一方面从可直接利用的淡水量上说明水的短缺。这种从正反两面认识事物的方法，有助于学生全面、客观地理解水资源状况，同时培养辩证思维的能力，学会用发展的眼光看问题。

水资源保护内容围绕节约用水和防治水污染展开，以图、表辅助文字说明，简洁直观。考虑到节水和水污染问题与学生的生活密切相关，相关内容也很好理解，因此，节水知识以举例的方式简要给出工农业生产、生活中的节水思路；防治水污染方面，则是简明概括水污染的成因、危害及防治方法，也就是说，这里只给学生关于节水和水污染问题的最基本、最主要的概念和思想，对于具体内容鼓励学生在课外的一些活动中自己去寻求、学习。

2．学习者分析

通过第二单元空气的学习，学生对身边的化学物质有了初步认识。本单元围绕水这种物质，从"爱护水资源"这一社会课题切入，从学生已有的经验和认识入手展开对水的学习，既符合学生的认知特点，又能帮助学生进一步形成健康、科学的生活理念。另外，北京的学生对缺水几乎没有切实体验，很多人对水的污染情况知之甚少，浪费水的现象比较普遍。因此，加强学生的爱水节水意识、培养社会责任感是本课的重要意义所在。

3．学习目标确定

知识层面：了解世界和我国的水资源状况，学会用辩证思维看待水资源的丰富和有限；了解水污染、水枯竭等水危机问题；了解水污染防治、节水等应对措施。

能力层面：通过小组合作展示的形式，锻炼学生的合作交流能力以及表达能力。

核心素养：在科学精神和社会责任方面，使学生能对化学相关的社会热点问题作出正确的价值判断。

4．学习重点难点

培养学生的自主合作意识，引导学生关注社会问题、自觉爱护水资源。

5．学习评价设计

学生评价量表	第四单元　课题1　爱护水资源			
内容（时间5分钟）	人类的水资源现状	中国的水资源现状	水体污染	爱护水资源：节约用水和防治水体污染
组长10分	___分	___分	___分	___分
组员之间的合作10分	___分 ___分 ___分 ___分 ___分	___分 ___分 ___分 ___分 ___分 ___分	___分 ___分 ___分 ___分 ___分	___分 ___分 ___分 ___分 ___分
备注：以上个人分数，由小组内成员之间互评，取平均分。				

评价	（1）PPT 设计 10 分 ①有设计感 ②板块划分清楚 ③字迹清晰				
	（2）知识本身 10 分 ①无科学性错误 ②没有质疑 ③有适当拓展延伸				
	（3）讲授者 10 分 ①仪态大方，声音明亮 ②语言简洁明了				
	（4）讲授效果 10 分 ①能够吸引大家的注意力 ②有收获				
	总分：40 分				

备注：以上小组 PPT 展示分数，由全班同学打分，取平均分；

学生的最后分数= 个人分数 + 小组 PPT 展示分数。

6．学习活动设计

教师活动	学生活动
每组展示完毕后，教师补充，并及时点评	学生小组展示 （1）人类的水资源现状； （2）中国的水资源现状； （3）水体污染； （4）爱护水资源：节约用水和防治水体污染。 每组展示后，本组组员补充，其他组的组员提问。

课题	**课题 2　水的旅行之“我”如何到达那里**
课型	新授课 ☑　章/单元复习课□　专题复习课□ 习题/试卷 讲评课□　学科实践活动课 ☑　其他□

1．教学内容分析

本课题是小组成果展示——自制简易净水器。通过课上老师的展示、讲解，学生了解物质分离的基本思路和方法，理解水的净化原理，在此基础上，自行选择装置，进行简易净水器的制作。最后通过水质的检测，对净水器进行评价。本节内容旨在让学生能够理论联系实际，在动手操作、交流分享中，深刻体会到实践活动是人们获取知识、认识世界的重要途径。

2．学习者分析

学生知道天然水是混合物，水中有不溶性杂质和细菌，但不清楚水中有可溶性杂质；对饮用水的来源有一定了解，知道生活用水来自自来水厂，但不知道自来水厂的具体生产过程，例如，活性炭是怎样吸附有颜色的物质的。学生听说过过滤，接触过生活中的过滤现象，但对具体操作和注意事项缺乏了解；虽然掌握了一些简单的化学实验操作技能，但对化学探究学习方法的了解尚处于启蒙阶段。由于本课紧密联系学生日常生活，学生的情绪和心理应处于兴奋和好奇的状态，在本课的学习中可能会遇到以下困难、问题以及常见的错误：一是将自然界中的水与纯水混淆，认为经自来水厂净化后的水为纯水；二是由于学习化学的时间较短，基础薄弱，综合能力不足，在实验方面能力欠缺，动手能力还有待提高。

3．学习目标确定

知识层面：了解自来水厂水质净化的流程，理解自来水净化的原理，掌握混合物分离的基本方法。

能力层面：锻炼科学探究的能力，从实践层面激励创新。通过对自来水厂水的净化流程和原理的学习，进一步锻炼合作与交流的能力，并能够运用观察、查询资料、实验等方法自行设计、修改、制作简易净水器。

核心素养：能主动运用所学知识理解和解决问题，并作出基于证据的解释。运用操作技能解决实际问题，将想法付诸实践。通过设计并制作净水器，发展实践创新意识和审美意识，提高实践能力。

4．学习重点难点

重点：了解自来水厂水质净化的流程，理解自来水净化的原理，能够拓展到混合物分离的层面。

难点：通过了解自来水厂水的净化原理，能够对净水器净水原理的学习，最终能完成简易净化装置的设计。

5．学习评价设计

	评价指标	A——非常好	B——比较好	C——合格	得分
教师评价简易净水器的制作	小组是否有分工	7 分—10 分	3 分—6 分	0 分—3 分	
	小组展示是否清楚	7 分—10 分	3 分—6 分	0 分—3 分	
	材料使用是否合理	11 分—20 分	6 分—10 分	0 分—5 分	
	是否在规定时间上交	11 分—20 分	6 分—10 分	0 分—5 分	
	外形是否美观	11 分—20 分	6 分—10 分	0 分—5 分	
	效果是否良好	11 分—20 分	6 分—10 分	0 分—5 分	

6．学习活动设计

教师活动	学生活动
环节一：自来水缴费单引入	
教师活动 1 科学家研究发现，人不吃饭可以生存 10 天，但不喝水只能生存 3～5 天。水是一种重要的资源。那么我们家里每天使用的自来水，经过哪些流程来到我们家里呢？ 提问：雯雯家某个月的自来水缴费通知单，综合水费包括哪些收费项目？ 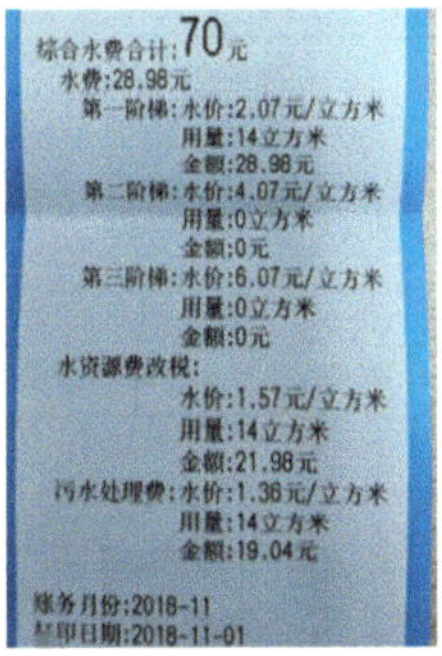	学生活动 1 预测回答： 自来水费 水资源费 污水处理费 自学【资料一】 了解水资源费和污水处理费的征收条例

综合水费合计:70元
水费:28.98元
第一阶梯:水价:2.07元/立方米
用量:14立方米
金额:28.98元
第二阶梯:水价:4.07元/立方米
用量:0立方米
金额:0元
第三阶梯:水价:6.07元/立方米
用量:0立方米
金额:0元
水资源费改税:
水价:1.57元/立方米
用量:14立方米
金额:21.98元
污水处理费:水价:1.36元/立方米
用量:14立方米
金额:19.04元
账务月份:2018-11
[illegible]日期:2018-11-01

	活动意图说明： 让学生围绕家庭生活中的问题，展开思考，初步形成“独立生活”意识	
	环节二：了解自来水厂中水的净化流程	
	教师活动 2	学生活动 2
	水库的水或地下水都是混合物，在自来水厂要经历哪些净化流程？ （1）沉淀池——除去大量悬浮物； （2）过滤池——除去水中的难溶性固体杂质； （3）活性炭吸附池——除去水中的臭味及色素等杂质； （4）清水池投药消毒——药物除去大肠杆菌等病菌。 【小结】水的净化过程中，先除去大颗粒的杂质，后除去小颗粒的杂质。	看流程图 结合【资料二】中①絮凝剂和②清水池的相关信息，小组讨论分析 总结每个设备的净化原理
	活动意图说明： 了解净化基本原则，为自制净水器做好理论铺垫	
	环节三：简易净水器介绍	
	教师活动 3	学生活动 3
	介绍实验室准备的实验用品和实验仪器	（1）自学【资料三】，了解①石英砂、②沸石、③活性炭、④无纺布、⑤微孔吸附片。 选择实验用品，并思考用品如何放置。 （2）小组合作：讨论设计，绘制草图
	活动意图说明： 将净水思路与方法进行迁移和应用	
	环节四：评价净水器优劣	
	教师活动 4	学生活动 4
	（1）展示北京市自来水集团的监测机制 （2）展示自来水厂出来的末梢水的检测报告 ——主要看检测项目 （3）下节课使用浊度计当场检测净化前后水的浑浊度	（1）了解自来水的检测项目 （2）自学【资料四】，了解浊度计
	活动意图说明： 了解自来水的饮用评价标准，通过数值量化评价所制的成品效果	

7．板书设计

水的旅行

——“我”如何到达那里？

自来水厂净化流程：水库 ————————→ 用户

静置沉淀 → 过滤→活性炭吸附→ 消毒

课题	**课题 3　水的旅行之“我”的终点亦是新的起点**		
课型	新授课 ☑	章/单元复习课 ☑	专题复习课☐
	习题/试卷讲评课☐	学科实践活动课☐	其他☐

1．教学内容分析

本课题以“日本的水俣病和痛痛病”“赤潮”“世界上最大的原油泄漏事件”三个典型案例为切入点，介绍不同类型的水体污染，使学生认识到水体污染的危害，掌握污水处理的主要方法（中和法和沉淀法）及其原理。考虑到学生的知识基础，从降低难度的角度出发，结合初三化学酸碱中和反应和复分解反应内容进行学习。最终使学生认识到化学物质在造福人类的同时，也可能对生态环境和人体健康带来一些负面影响，从而理解科学发展的局限性，并形成合理使用化学物质的意识。

2．学习者分析

学生学习了水资源状况和水的净化原理，并且已经掌握了酸碱中和反应和复分解反应，知道这两种反应的定义，但不能熟练书写常见的化学方程式，也不能灵活地迁移和应用。

3．学习目标确定

知识层面：了解污水净化的流程及其原理，并复习酸碱中和反应和复分解反应。

能力层面：通过学习让学生体验从个别到一般、从宏观到微观的科学思维方法。

核心素养：能够多角度、动态地分析化学反应及化学相关问题，并运用化学反应原理解决实际问题。

4．学习重点难点

重点：了解几种主要的污水处理方法及原理。

难点：中和法、沉淀法在污水处理中的应用。

5．学习活动设计

	教师活动	学生活动
	环节一：案例分享	
	教师活动 1 （1）介绍“日本的水俣病和痛痛病”“赤潮”“世界上最大的原油泄漏事件”三个典型案例。 （2）DDT 的功与过。	学生活动 1 了解污染类型：重金属污染、植物营养物质污染、石油污染等。 了解杀虫剂 DDT
	活动意图说明： 让学生认识到不合理使用化学物质会对生态环境和人体健康带来一些负面影响。	
	环节二：了解污水处理厂的污水处理流程及再生水应用	
	教师活动 2 介绍污水处理流程 一级处理：物理方法 { 格栅间；曝气沉砂池；初次沉淀池 } 二级处理：生物方法 { 曝气池；二次沉淀池 } 三级处理：化学方法	学生活动 2 倾听并观看流程图

	活动意图说明： 了解净化基本原理，由简单到复杂。	
	环节三：介绍化学法处理污水	
	教师活动 3 简单了解：混凝法原理 重点掌握： 中和法原理：熟石灰中和钢铁厂、电镀厂的酸性废水；利用硫酸或二氧化碳中和碱性废水； 沉淀法原理：以重金属汞为例。	学生活动 3 倾听 书写相关化学反应方程式。
	活动意图说明：复习酸碱中和反应和复分解反应。	
	环节四：介绍饮用水消毒剂的使用历史	
	教师活动 4 展示水厂的消毒间和消毒仪器； 介绍液氯→二氧化氯→臭氧等消毒剂。	学生活动 4 观看图片。 了解原理。
	活动意图说明： 使学生意识到采用某种化学方法处理实际问题时，不仅要考虑暂时的经济效益和社会效益，还要考虑它对生态环境和人体健康潜在的、长远的影响，认识到科学发展的局限性	

教学反思与改进 反思 1：课题 1 的课前作业设计在课堂落实上还有欠缺，可以在评价量表上加上一项——“你的收获”这种开放性的主观性作业，然后赋分。 反思 2：课题 2 的作业设计——制作简易净水器，在材料的选择上，生活中可能会有局限性，如有可能最好能在实验室操作，实验室的实验用品较多，选择范围大，净水器的种类多。 反思 3：课题 3 的作业设计除基本作业外，化学方法净水方面可以从酸碱中和反应、复分解反应两个角度加大作业的广度和强度，结合 2018 年、2019 年中考范围、难度来确定。
单元同步作业
1. 作业目标 了解世界和我国的水资源状况，学习用辩证的方法看待水资源的丰富和有限；了解自来水厂水质净化的流程，理解并应用自来水净化的原理，能够拓展到混合物分离的层面；了解污水净化的流程及其原理，并复习酸碱中和反应和复分解反应。
2. 设计思路 课题 1 作业：通过了解世界和中国的水资源情况，提升学生的小组沟通和协调能力，注重同学之间的合作，借助各种手段来完成课件的设计、制作和展示，培养学生的节水意识。 课题 2 作业：通过问卷调查，做好前测，了解学生的认知水平。通过自己缴费和制作净水器，感受化学与生活的联系。 课题 3 作业：主要落实基本知识的掌握和分析问题、解决问题的能力，同时引导学生关注社会热点问题并能做出正确的价值判断。
3. 具体内容 **课题 1　水的旅行之“我”从哪里来** 课前作业：（1）提前下发评价量表；（2）自荐组长；（3）选取小组组员（可反选）；（4）选择讲授内容；

（5）布置任务，制作 PPT；（6）课上交流展示。

课后作业：任选一个主题制作手抄报，班级展示。

课题 2　水的旅行之“我”如何到达那里？

课前作业：通过“问卷星”完成关于净水基本知识的网上调查问卷。

课后作业：（1）自己交一次家里的自来水费；

（2）小组寻找合适材料制作净水器，然后下次课带来进行水质检测。

课题 3　水的旅行之“我”的终点亦是新的起点

（1）水体富营养化的原理：请用化学方程式表示。

蛋白质在水中的分解过程：蛋白质→氨基酸→氨气。氨气在微生物作用下，进一步被氧化为亚硝酸（HNO_2）和水，亚硝酸进一步被氧化为硝酸，以硝酸盐的形式成为水生植物的养料。

（2）分析问题：

南极大陆没有人类的生产活动，但发现南极的企鹅体内有农业 DDT 的残留，原因可能是什么？

（3）书写下列反应方程式：

①用熟石灰改良酸性土壤（盐酸）；

②服用含氢氧化铝的药物治疗胃酸过多；

③用氢氧化钠溶液洗涤石油产品中残余的硫酸。

（4）参观自来水博物馆、污水处理厂，或者在网上观看污水处理的相关视频，写观后感（100 字）。

4．使用建议

（1）课题 1 的课前作业选取一个周末来做，这样学生有充分的时间去制作手抄报。

（2）课题 2 中的作业 1 要选取合适时间来做，完成之后拍照证明；作业 2 需拿到学生作品，检测效果，分析优劣，从而加以改进。

（3）课题 3 中的作业 1、2 随堂完成，作业 3、4 课后完成。

五、生态文明教育融入化学学科的实施建议

（一）充分认识化学实验的独特价值

以实验为基础是化学学科的重要特征，化学实验对于全面发展学生的化学学科核心素养有着极为重要的作用。它不仅有助于激发学生学习化学的兴趣，创设生动活泼的教学情境，更能帮助学生理解和掌握化学知识和技能，启迪科学思维，训练科学方法，培养科学态度和价值观。

（二）贴近生产、生活、社会实际，在解决问题中培养生态文明素养

真实、具体的问题情境是学生化学学科核心素养形成和发展的重要平台，也是生态文明教育契合国家大政方针的重要体现。因此，课程内容应充分挖掘生产、生活、社会中的实际问题，让学生在解决问题的过程中提升生态文明素养。

（三）充分挖掘化学教材中的素材，让校本课程成为国家课程的有力补充

举例如下：

<table>
<tr><td>单元学习主题</td><td>合成高分子化合物</td></tr>
<tr><td colspan="2">1．单元教学设计说明：
塑料、合成纤维是20世纪人类的伟大发明，也是高分子化合物领域的重要成果。在科学技术迅速发展的今天，以塑料、合成纤维为代表的合成高分子材料在给人们的生产、生活带来了巨大变化的同时，也造成了环境污染，“白色污染”已成为亟待解决的问题。
课程标准对合成高分子内容的要求是，让学生认识塑料、合成橡胶、合成纤维的组成和结构特点，了解高分子材料的优异性能及其在高新技术领域中的应用，使学生能参与材料选择与使用、垃圾处理等社会性议题的讨论，并作出科学的判断和评价。通过有机功能高分子材料制造和应用相关的主题活动，学生能够认识到化学对材料科学发展的促进作用，了解新材料的发展方向，以及化学在解决环境问题中的重要作用。
本章前两节学习了合成有机化合物的基本思路和方法，全面梳理了有机化合物、官能团、结构、反应、性质、转化和合成之间的关系。本节教材基于两条线索来构建：一是从具体的物质来看，合成高分子化合物是一大类重要且应用广泛的有机化合物；二是使学生进一步体会有机合成在推动材料发展、提高社会文明中的重要作用，同时认识到高分子化合物合成带来的环境污染问题，树立“绿色化学”思想，形成“化学、技术、社会、环境”相融合的基本理念。
第 1 课时讲解高分子化合物的基本概念，高分子化合物的合，帮助学生了解塑料、合成纤维中典型代表物的有关聚合反应、聚合物的结构、性能特点等。
第 2 课时讲解高分子化学反应，介绍常见的高分子材料和功能高分子材料。
第 3 课时关注社会性议题“白色污染”，引导学生了解可降解塑料的概念、组成，探究常见可降解塑料 PABT 和 PLA 的合成方法，选择优化合成路线，知道其降解原理。培养学生关注和爱护自然的意识，增强社会责任感，提升利用化学知识防治污染的能力。</td></tr>
<tr><td colspan="2">2．单元学习目标与重点难点
单元学习目标：
能根据单体的官能团差异，理解加聚反应和缩聚反应的原理，辨析加聚产物和缩聚产物结构与性质上的异同，建立高聚物与单体相互推断的思维模型，能运用该思维模型进行相关推断。
能辨识聚合物的官能团、结构及类型，探析出其单体。从高分子化合物所含官能团的角度，了解通过高分子化学反应可以合成带有特定功能基团的新的高分子化合物，从微观角度了解高分子材料的分类和用途，理解高分子材料结构与性质的关系。
认识可降解塑料，掌握可降解塑料 PABT 和 PLA 的合成方法，优化合成路线，知道其降解原理。
了解高分子材料在生产、生活中的应用，了解新型高分子材料的优异性能以及高分子材料对环境的污染，认识到研制环保新型高分子材料对保护环境的重要性，树立“绿色化学”观念，培养“科学态度和社会责任”的化学学科核心素养。
教学重点：有机高分子化合物的合成方法
教学难点：加聚反应和缩聚反应的原理；可降解塑料 PABT 和 PLA 的合成方法及合成路线的优化选择</td></tr>
</table>

3．单元整体教学思路

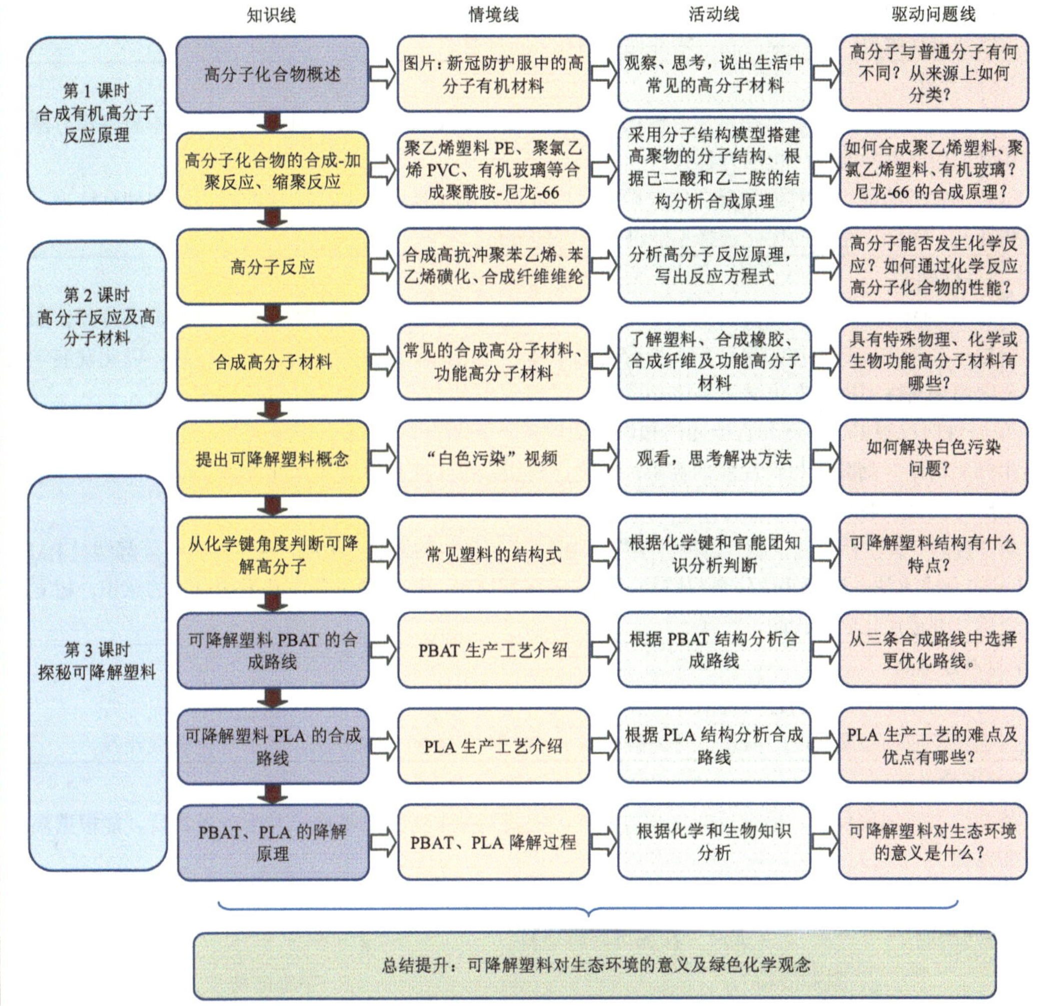

单元教学设计（1～3 课时）	
课题	合成高分子化合物
课型	新授课 ☑　章/单元复习课☐　专题复习课☐　习题/试卷讲评课☐ 学科实践活动课☐　　其他☐

1．教学内容分析

在学习本节之前，学生已经学过烃、烃的衍生物的相关性质，也了解了小分子化合物的结构、性质和用途方面的知识。但高分子化合物所发生的反应是不同于小分子的，因此进一步了解高分子化合物的知识是很有必要的。本节在设计上，既注意联系小分子化合物和高分子化合物，又力图把高分子化合物的基本概念、理论与现代高分子材料的发展结合起来，使学生对高分子科学有一个比较全面的认识。

本节首先介绍了高分子化合物的基本概念，包括单体、链节、链节数、高分子化合物的分类，加聚反应、缩聚反应原理，介绍了高分子化学反应，它实际上是以高分子化合物作为反应物的。该类反应有其特殊的用途，如用于橡胶的硫化。只有了解了高分子化学反应，我们才能更有效地利用高分子化合物。合成高分子材料因其特殊性能被广泛应用于各行各业，本节简单介绍了常见的高分子材料和功能高分子材料。

在学习上述内容的基础上，以商场、超市常见的可降解塑料袋为研究对象探秘可降解塑料，这不仅是对合成高分子材料相关知识的巩固与深化，也是对有机合成设计思路的训练。最重要的是，能让学生学会用化学方法解决白色污染问题，培养他们的社会责任感。

2．学习者分析

学生已具有的能力：已掌握常见官能团的主要性质，初步具备合成有机化合物的基本思路和方法，知道加聚反应原理并能写出相应方程式。

学生待发展的能力：对缩聚反应比较陌生，因此通过缩聚反应合成高分子的知识和技能有待进一步学习和提升。对合成路线的优化选择不能进行很好的分析。

3．学习目标确定

第 1 课时：通过氯乙烯加聚反应、己二酸与乙二醇的缩聚反应过程，构建对两种聚合反应的认知思路；能根据高聚物推断单体的聚合物和聚合物的单体，写出简单聚合反应的化学方程式。以此发展学生的“宏观辨识与微观探析”化学学科核心素养。

第 2 课时：根据化学键和官能团的知识来认识高分子化学反应，从结构上理解功能高分子材料如何满足生产生活中对高分子材料性能的需求，如吸水树脂、离子交换树脂、医用高分子等。体会高分子材料的应用对社会发展起到的重大作用。

第 3 课时：关注社会性议题“白色污染”，了解可降解塑料的概念、组成，探究常见可降解塑料 PABT 和 PLA 的合成方法，选择并优化合成路线，知道其降解原理。培养学生关注和爱护自然的意识，树立社会责任感，并运用化学知识防治污染。

4．学习重点难点

重点：有机高分子化合物的合成方法。

难点：加聚反应和缩聚反应的原理，可降解塑料 PABT 和 PLA 的合成方法，选择优化合成路线。

5．学习评价设计

能熟练书写加聚反应、缩聚反应化学方程式，能找到缩聚物的端基原子及小分子数目，能根据高聚物判断单体。

能与小组同学合作设计 PBAT、PLA 的合成路线，并能分析优缺点，优化合成路线。

6．学习活动设计　　　　第 3 课时　探秘可降解塑料

教师活动	学生活动
环节一：提出可降解塑料概念	
教师活动 1 观看“白色污染”视频，提出问题：如何用化学方法解决该“白色污染”？ 	学生活动 1 提出可降解塑料的概念： 可降解塑料是指其制品的各项性能可满足使用要求，在保存期内性能不变，而使用后在自然环境条件下能降解成对环境无害的物质的一类塑料。这类塑料能够通过堆肥处理转化为肥料、二氧化碳和水。通过种植含糖或淀粉的作物，再经过发酵或者化工加工，这些物质又能转化成用于生产高分子材料的有机分子。

展示常见塑料的结构式：

$\left[CH_2-\underset{\displaystyle CH_3}{\underset{|}{CH}}\right]_n$　$\left[CH_2-\underset{\displaystyle Cl}{\underset{|}{CH}}\right]_n$

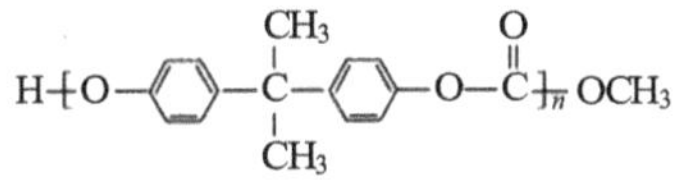

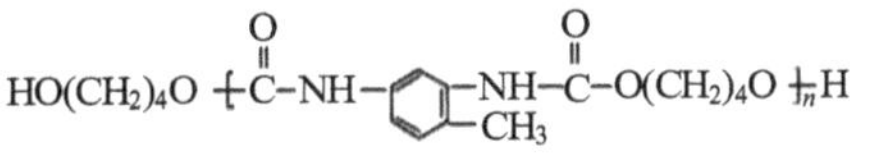

从化学键和官能团的角度初步判断可降解塑料的特点。

活动意图说明：认识唯有可降解塑料可以从根本上解决“白色污染”问题，可降解材料可以大幅减少废弃塑料对环境造成的影响，激发学生探究其结构和合成路线的好奇心。

环节二：可降解塑料的主流产品 PBAT 的合成路线

教师活动 2	学生活动 2
展示超市广泛使用的可降解购物袋	感受可降解塑料就在身边。

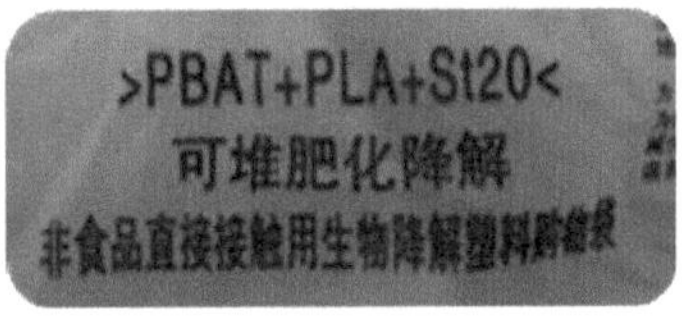

展示可降解塑料 PBAT 的分子结构：

PBAT 是己二酸丁二醇酯（BT）和对苯二甲酸丁二醇酯（BT）的共聚物

图表 16　PBAT 结构式

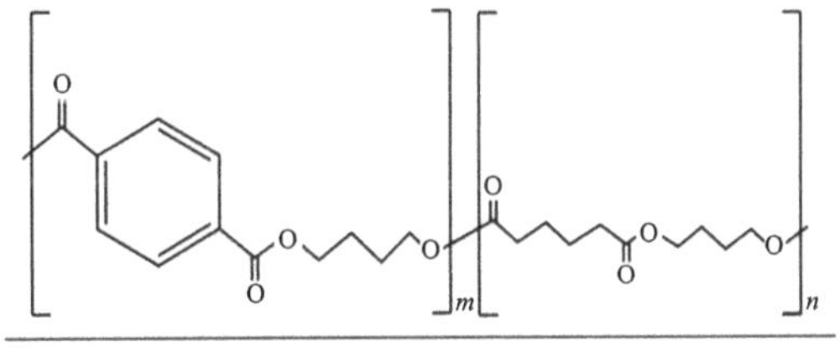

问题 1：分析 PBAT 的单体

问题 2：以石油中的烃为起始原料，设计合成 PBAT 的路线

（学生活动）根据 PBAT 的结构式分析，合成该高聚物的单体为：己二酸（AA）、对苯二甲酸（PTA）、丁二醇（BDO）。讨论以石油产品烃为起始原料合成 PBAT 路线。

教师介绍工业上 PBAT 的制备主要有三种酯化方式：共酯化、分酯化和串联酯化

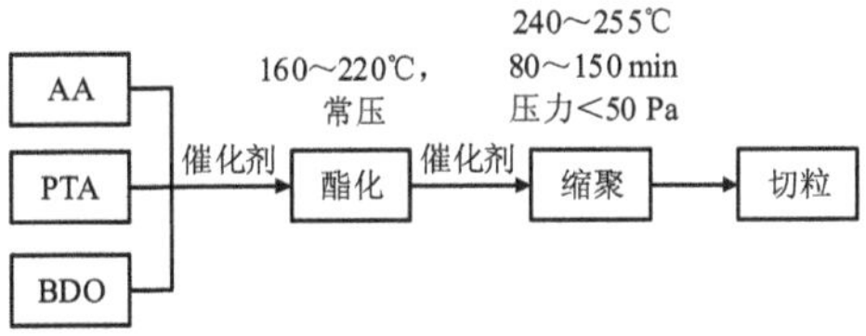

图 1　共酯化流程示意图

（学生活动）分小组分析研究三种生产工艺：

小组 1、2：共酯化

小组：3、4：分酯化

小组：5、6：串联酯化

将合成工艺的结构简式绘制在纸上，分小组展示并

<table>
<tr>
<td>
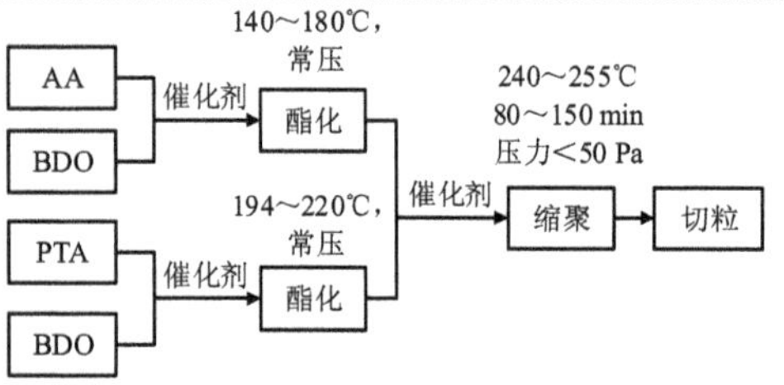

图 2　分酯化流程示意图

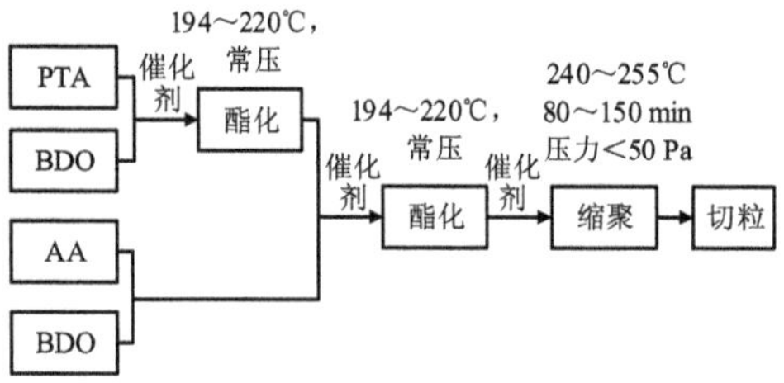

图 3　串联酯化流程示意图

一步法：优点是流程相对简单，设备投入较低。一步法是直接缩聚成高分子量的 PBAT。
两步法：与一步法的区别在于缩聚的时间长短以及后续是否通过扩链剂来提高分子量。先缩聚成低分子量的 PBAT 树脂，再加入扩链剂，最终制成高分子量的 PBAT，因此两步法在缩聚步骤所需时间更短。
目前国内主要采用共酯化（直接酯化）工艺，该方法只需一个反应釜进行一次酯化反应，但也有缺点，如反应介质酸性较强、部分 BOD 发生环化脱水反应生成四氢呋喃（THF）等，对产品质量有影响。
提出问题：THF 的结构是什么？生成 THF 的化学方程式是什么？如何去除 THF？
为解决这一问题，设置了 THF 回收装置。将 THF 与水进行分离处理，经过回收装置处理后，其 THF 的质量分数可达到 99.95%及以上，可用于直接销售。废水中 THF 的质量分数控制在 0.05%左右，将废水送至汽提塔进行汽提，提取出其中的 THF 及其他有机物，通过管道送至燃气锅炉燃烧。
</td>
<td>
讲解，尝试说出每种工艺的优点。如一步法的优点是工艺流程相对简单，设备投入较低；两步法时间短等。尝试提出可能发生的副反应。

类比乙醇分子间脱水生成乙醚，写出丁二醇生成四氢呋喃的化学方程式。

设置回收装置。
</td>
</tr>
<tr><td colspan="2">活动意图说明：体会可降解塑料的生产工艺，并对出现的问题进行分析解决。</td></tr>
<tr><td colspan="2">环节三：可降解塑料的主流产品 PLA 的合成路线</td></tr>
<tr><td>教师活动 3</td><td>学生活动 3</td></tr>
<tr>
<td>聚乳酸（PLA）
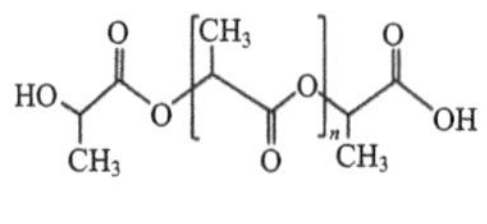

</td>
<td>高聚物分析单体。</td>
</tr>
<tr>
<td>请你以玉米秸秆为原料，设计聚乳酸（PLA）的合</td>
<td>根据酯化反应特点分析，可能存在反应可逆的情况</td>
</tr>
</table>

<table>
<tr><td>成路线。
提出问题：根据酯化反应的特点，找出该工艺的缺点。
该方法的缺点在于反应体系处在缩聚和解聚的动态平衡，体系黏度的逐渐增大导致去除副产物水的难度增加，无法及时排出的水会使反应向聚合物解聚的方向进行，进而影响 PLA 分子量的提高。
改进方法：丙交酯开环聚合法。

从环境保护的角度分析聚乳酸塑料的优势是什么。</td><td>分析丙交酯生成原理，以及丙交酯开环生成聚乳酸的原理
图表 8　PLA 制备化学
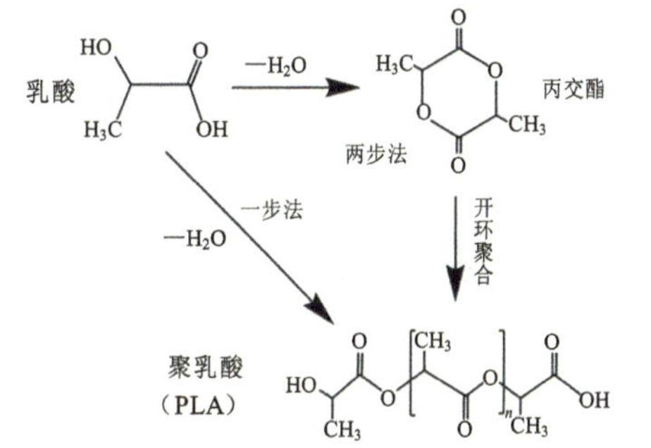
PLA 原料来源充分且可以再生，生产过程无污染</td></tr>
<tr><td colspan="2">活动意图说明：探究以生物材料为起始原料合成聚乳酸的生产工艺，体会聚乳酸原料来源于生物，使用后降解归于自然的特点，聚乳酸发展前景广阔。</td></tr>
<tr><td colspan="2">环节四：可降解塑料的降解过程</td></tr>
<tr><td>教师活动 4</td><td>学生活动 4</td></tr>
<tr><td>分析可降解塑料的降解过程</td><td>生物可降解塑料是在土壤、沙土等自然条件下，与微生物（如细菌/霉菌/藻类等）作用降解成二氧化碳、水等小分子或低分子化合物。
图表 1　可降解塑料的降解过程
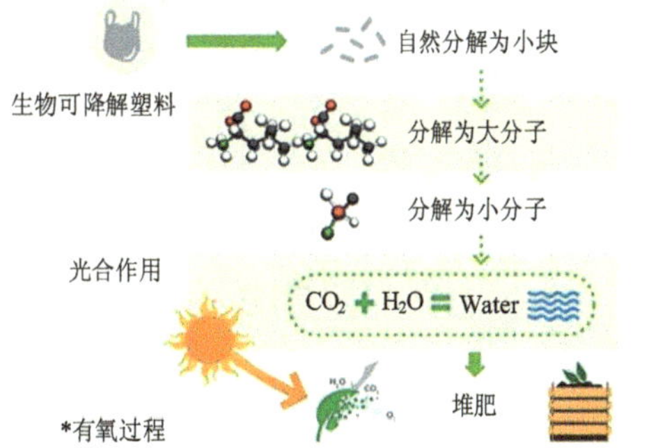</td></tr>
<tr><td colspan="2">活动意图说明：了解生物可降解高分子的降解过程，体会可降解高分子作为传统塑料的替代品可以在一定程度上解决“白色污染”问题。</td></tr>
<tr><td colspan="2">环节五：总结提升，认识可降解塑料对生态环境的意义，树立“绿色化学”观念</td></tr>
</table>

第九章

生态文明教育融入生物学科教学实施方案

一、生态文明教育融入生物学科的基本设计框架

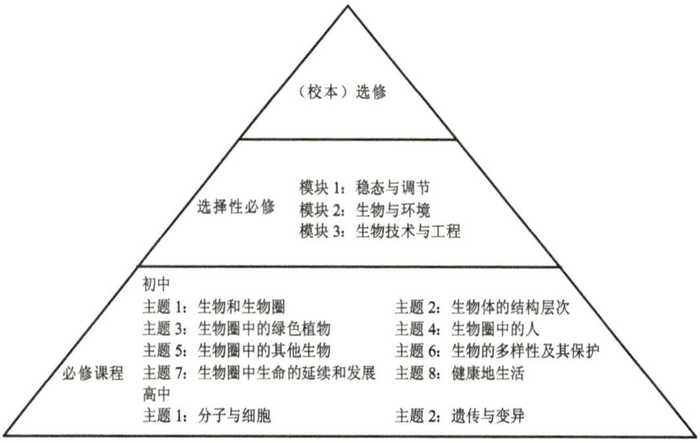

（一）生态文明教育融入生物学科的 Logo 设计

课程 Logo 简介：底部的绿色叶片一方面代表国家课程，托举的人物代表特色课程，寓意我们的校本特色课程根植于国家课程，也预示着基于我校校情和学情的特色课程在充足养分供给下健康成长；另一方面，绿色叶片代表生物特色课程中的绿色生态，托举的人物身体舒展、形态优美，指向健康生活；蓝色条带把人和生态连在一起，寓意着天人合一，条带上的“BIOLOGY”表示该 Logo 属于生物学科。

（二）生态文明教育融入生物学科的目标设计

（1）提高学生生物学实验基本操作技能，使其逐步形成探究实验的基本思想；具备记录、处理、分析和解释实验结果的能力；能发现问题、提出假设、设计实验方案、实施实验、得出结论，并撰写实验报告和科学小论文。

（2）指导学生运用文献和网络等资源，评价自己和同伴设计的实验方案、实验过程和结果，分析异常实验结果产生的原因；运用生物学知识解决实际问题，领悟解决问题的思路和方法，提升实践能力。

（3）在小组合作、互助探究的过程中，发展学生合作学习和探究性学习的能力，并在实践过程中，逐步养成严谨的科学态度，认同生命科学的发展需要多人的共同努力和不断探索，从而达成新课标的目标要求，即帮助学生更好地适应生活、就业，满足部分学生选择从事科学研究的需求。

（4）学生能主动关注不同人群的健康状况，向他人宣传关爱生命的观念和知识，运用相关生物学知识提出合理建议，崇尚健康文明的生活方式。

（5）培养学生造福人类的态度和价值观，树立并践行绿水青山就是金山银山理念，形成生态意识，参与环境保护实践。

（6）促进教师的多元发展，提高教师国家课程教学能力、课程资源开发能力、引领能力以及与学生合作的能力。

（三）生态文明教育融入生物学科的主体内容

生物学科属于自然科学学科，是渗透生态文明教育理念的关键学科。中学生正处于价值观塑造的关键阶段，是国家未来建设发展的中坚力量，他们接受生态文明教育的程度，与国家未来的生态文明建设密切相关。因此，在生物教学中渗透生态文明教育理念，逐步培养中学生的生态文明意识至关重要。

课程内容：

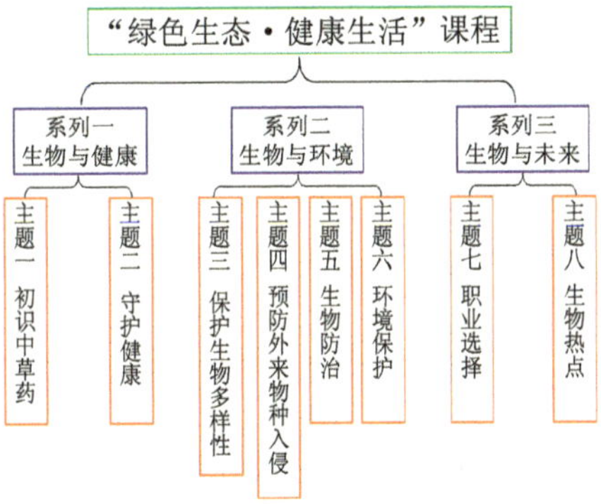

（四）生态文明教育融入生物学科的实施设想

课程实施初步设想如下：

1. 高中选修课——“我和中草药零距离”

以选修课的形式，招募同时选考生物和化学学科的学生。借助北京中医药大学、北京农学院、中国科学院植物所、中关村医院等高校、院所的资源，通过开展中草药通识培训、组织实地参观以及安排动手实验等方式，对我国延续千年的传统文化瑰宝——中草药进行学习和体验。在课程中，学生动手查找资料，寻找研究方向，解决生活中的实际问题。在学习中实践，在实践中学习，充分运用所学理论知识解决实际问题，深刻体会学习的价值，进而激发他们的学习兴趣。

2. 初中课后服务+高中选修课

组织学生关注生物学领域的一些公众号，如“学术经纬”“生命科学教育”“生物探索”“中国生物技术网”等，了解生物领域的新发现和新进展，请同学们分享自己所了解的生物学的热点事件，并联系当前所学的生物知识进行解读；同时，结合所学的生态学知识，分享生态保护方面的故事，如“北京正阳门雨燕保护”“荒凉的世界灭绝动物墓地”等。

3. 课堂渗透

充分利用生物课堂，以多样化形式向学生渗透生命健康的知识：开展“我是营养师——家庭食谱设计”活动、举办血糖控制游戏比赛、介绍生物相关职业、制作运动会运动安全宣传海报、歌曲欣赏——关爱阿尔茨海默患者等。通过这些活动，活跃课堂氛围，在潜移默化中向学生传播关爱生命的观念和知识，使生态文明教育思想深入学生内心。

二、学科核心素养层面的融合点分析

生物学学科核心素养包括生命观念、科学思维和科学探究、社会责任等方面，这些核心素养都与生态文明素养有着诸多融合点。

1. 生命观念

生命观念包含人文情怀和珍爱生命。人文情怀强调对人的生存、发展和幸福的关切，而要实现这些，必然离不开对人的生存环境、人的健康的关切，这与生物特色课程中绿色生态、健康生活的内容直接相关；珍爱生命要求养成健康文明的行为习惯和生活方式，这与生物特色课程中健康生活的部分完全契合。

2. 科学思维和科学探究（初中阶段为探究实践）

科学思维和科学探究，倡导崇尚真知、批判质疑、勇于探索、解决问题的素养。在生物特色课程中的中草药系列课程中，学生可以通过实验探究活动，更快更好地培养这些素养。

3．社会责任（初中阶段为态度责任）

社会责任表现为热爱并尊重自然，秉持绿色生活方式以及践行可持续发展理念等。生物特色系列课程中的多个课程都有助于培养学生相应的社会责任意识。

综上所述，生物学学科核心素养与生态文明素养相互呼应、紧密相连。

案例一：生物与健康—初识中草药—中草药通识培训

学生们在炮制中草药“王不留行”

案例二：生物与健康—守护健康—关爱老人，远离阿尔茨海默病

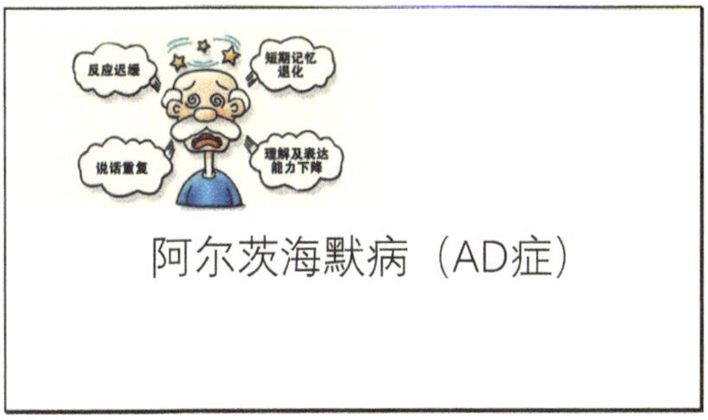

逃不过阿尔茨海默病的名人们

- 根据国际阿尔茨海默病协会的报告，全球每3秒钟就新增一例患者。中国是阿尔茨海默病患者人数最多也是增速居前的国家。一旦患病，轻则记不住事，重则出门找不到回家的路。严重影响生活质量，给家人和社会带来沉重的负担。世界上有很多经历过辉煌人生的名人，在步入老年后，却没能逃脱此病的纠缠。

美国前总统罗纳德·里根

美国第40任总统罗纳德·里根，在1994年向公众宣布自己身患阿尔茨海默病。跟其他患者一样，受病痛折磨的里根记忆力逐渐衰退，各种性格特征都慢慢发生了变化。患病6年，里根已经很难用一句完整的话来表达自己的意思了。

英国前首相撒切尔夫人

作为英国历史上首位女首相，撒切尔夫人被誉为20世纪最杰出的女性政治家之一。她的政治生涯虽然饱受争议，但不可否认的是，她在英国现代史上留下了深刻烙印。然而，晚年患上阿尔茨海默病的她，时常陷入混乱的记忆中，甚至会忘却丈夫已逝的事实，不时与并不存在的丈夫聊天说话。

作家马尔克斯

凭借《百年孤单》获得1982年诺贝尔文学奖的国际文学大家、哥伦比亚作家加西亚·马尔克斯，晚年也患上了阿尔茨海默病。这位文学巨匠经常不记得什么时候吃的早餐，连最亲近的朋友都不认得，他开始遗忘这个世界。正如《百年孤独》的中文译者范晔所感叹的，“或许他不像别人以为的‘失智’，而是脱去尘俗缠累，终于进入吉卜赛智者梅尔基亚德斯的境界。”

世界阿尔茨海默病日

- 阿尔茨海默病是一种因脑部伤害或疾病所导致生物渐进性认知功能退化综合征，且此退化的幅度远高于正常老化的进展。
- 《终结阿尔茨海默病》书中写道：“直到现在，每个人都认识一位癌症康复者，但没有人认识一位阿尔茨海默病的康复者”。
- 每年的9月21日，是世界阿尔茨海默病日。

阿尔茨海默病的形成

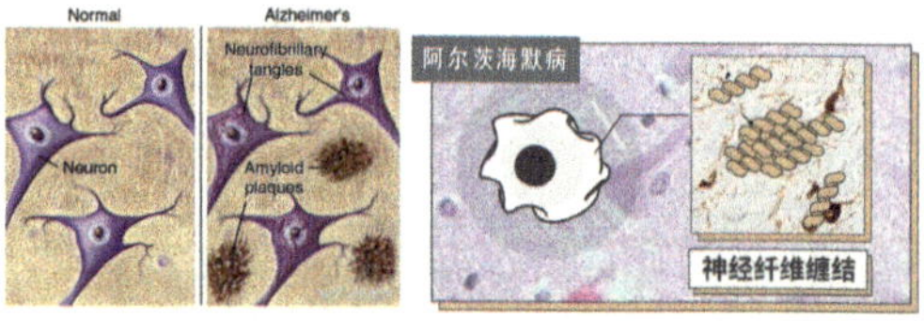

Tau蛋白是构成细胞骨架的重要蛋白质，该蛋白异常过度磷酸化成型螺旋丝，使得神经元纤维缠结，或在大脑中形成淀粉样斑块，导致突触减少，促进神经细胞凋亡，进而形成阿尔茨海默病。

阿尔茨海默病脑部影像学对比

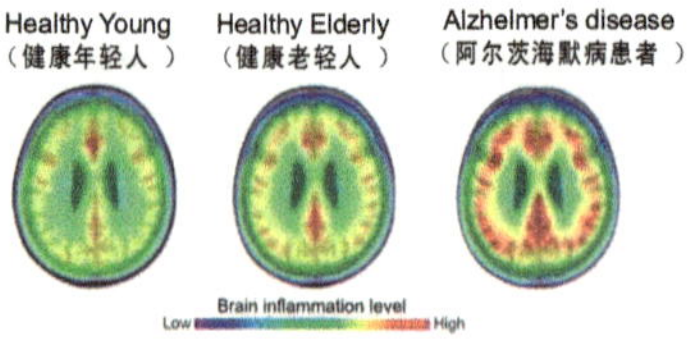

阿尔茨海默病的早期八大症状

01近期记忆退化

- **近期记忆力下降是是阿尔兹海默病最常见的早期症状之一。**主要表现为容易忘事，记不起不久前发生的事情，记不清自己刚讲过的话或别人刚告诉的某件事，如新认识的客人、新电话号码、刚看过的报纸或电视内容等。
- **另外需要注意的是：**有的患者还没有影响远期记忆力，甚至能记起很久以前发生的事情，所以他们常常会讲述以往的经历来弥补现在的不足，变得怀旧。**这常常被误认为是老人记忆力还不错，并没有什么大问题而延误。**

歌曲播放：《大伯》，作者：张博凡（我校毕业生）

案例三：生物与未来—职业选择—我是营养师

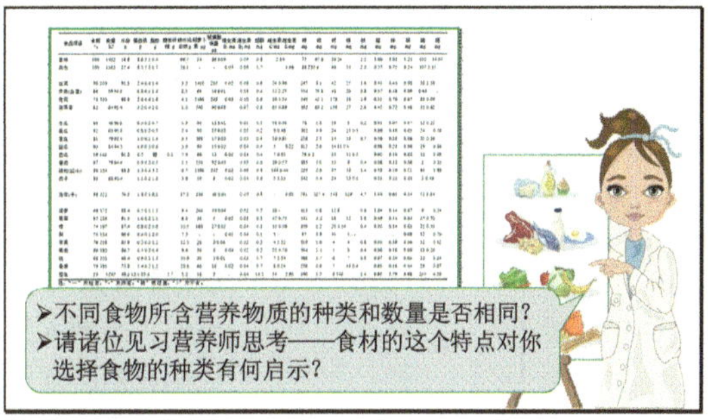

案例四：生物与环境—保护生物多样性—荒凉的世界灭绝动物墓地

讨论：

- 如何定义物种的灭绝？
- 这些物种灭绝的原因是什么？
- 一些物种的灭绝会产生什么恶果？
- 令人心痛的黑色名单！
- 作为中学生我们能做什么？

三、生物学学科课程内容与生态文明议题的关联分析

“绿色生态·健康生活”特色课程的内容设置紧紧围绕生态文明议题展开，将生物学科特点和生态文明教育有机融合，通过以下三个系列、八个主题，把这种融合落实到具体的议题中。

系列	主题	课题
生物与健康	主题一 初识中草药	中草药通识培训 对药用植物进行组织培养（铁皮石斛、长寿花、口红吊兰等） 药用植物的无土栽培（如烟草、木耳菜、莴苣等） 实践活动 课题研究
	主题二 守护健康	关爱老人，远离阿尔茨海默病 抗抑郁药的工作原理 远离致癌因子 癌症的免疫疗法 不做“小糖人” 控制血糖游戏比赛 向兴奋剂和毒品说“不” 避免运动损伤
		声带的保护 “森林浴”“有氧运动”“高压氧治疗” 安全用药——设计一个旅行小药箱的药物清单 急救——紧急呼救+胸外心脏按压+人工呼吸+出血和止血 发酵食品的制作 评价激素类药物
生物与环境	主题一 保护生物多样性	荒凉的世界灭绝动物墓地 细数国家一、二、三级保护动物 保护人类的朋友 北京正阳门雨燕保护
	主题二 预防外来物种入侵	向外来物种入侵说“不” 应对外来物种，不必见“外”色变 第四批中国外来入侵物种名录 你知道的北京外来物种
	主题三 生物防治	生物防治的主要方法 生物防治的优势 生物防治——充满挑战与机遇
	主题四 环境保护	前景广阔的沼气工程 定量评估我国陆地生态系统的固碳效应 全球性生态环境问题离我们不遥远 做地球的朋友，呵护生态家园

系列	主题	课题
生物与未来	主题一 职业选择	发酵工程制药工、病理科医师、育种工作者、测序工程师 遗传咨询师、化石标本的制作人员、影像技师、疫苗制品工 植保员、林业工程师、景观设计师、细胞培养工程师 林业工人、农业技术员、大地美容师、营养师、心血管医生 养殖专业户、兽医师、标本员、医疗救护员、心理咨询师 健康管理师
	主题二 生物热点	说说最近的诺贝尔生理学或医学奖 Science 封面文章 中外生物科技重大突破

注：职业选择主题可与学校的生涯课程结合实施。

四、融合导向下的课程设计（以几个主题为例）

（一）初识中草药系列课程

1. 中草药通识培训

课程开展形式：讲座

讲座专家：北京中医药大学吴浩忠老师

讲座题目：中草药的初相见

讲座内容：

（1）引入：介绍从原材料到患者治疗的中药应用全流程，帮助学生认识中药的生产及应用；

（2）实例：以小柴胡颗粒的制备为例，详细解读中药炮制过程以及汤剂和颗粒制剂的制作方法；

（3）野外识药：以苍耳、蒲公英、薄荷、冬青为例，介绍野外识药的要点，并以口诀的形式进行总结：草木中空善治风、对枝对叶能治红、叶边有刺皆消肿、叶中有酱拔毒功。

效果：吴老师带来了一些熟悉的中草药，深入浅出地讲解了这些药材的功效。对这些课本中学不到的和健康相关的知识学生们兴趣十足，讲座结束后还纷纷围在老师身边请教。相信这样的学习对学生的影响不是一时的，可能会对其未来的职业选择产生一定的影响。

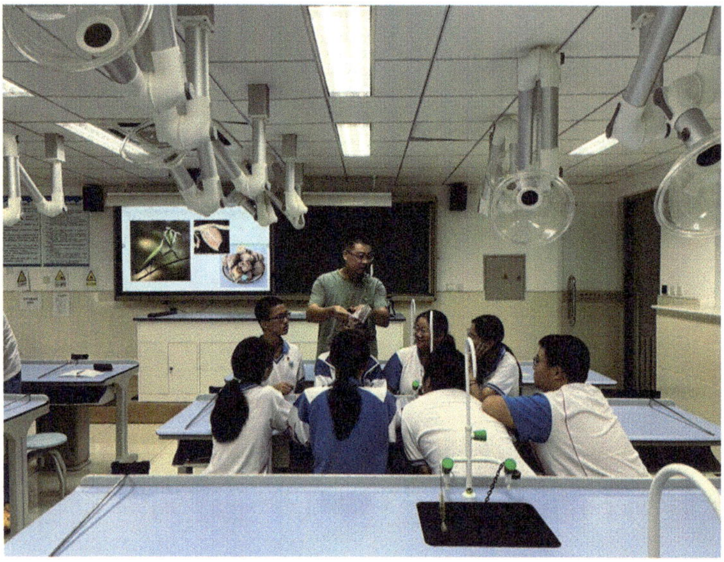

吴浩忠老师在给学生介绍“神奇的中草药”

2. 组织培养课程

课程开展形式：讲座 1 次、实验多次

指导专家：北京农学院高级实验员于涌鲲

讲座内容：植物的组织培养

（1）植物组织培养的概念、优势、应用。

（2）植物组织培养的类型。

（3）植物快速繁殖的四个阶段及操作细节：

①初代培养：外植体的选取及灭菌、培养基的配制、外植体的启动生长。

②继代培养。

③芽苗生根。

④小植株的移栽驯化。

指导实验内容：铁皮石斛的初代培养。

效果：于老师在组织培养实验操作方面达到了非常专业的水平，他通过细致的讲解和演示，帮助学生更加严谨地进行植物组织培养的实验操作。本次实验材料是药用价值极高的铁皮石斛，学生在了解其价值后，实验操作的严谨性更高了。通过该系列课程，既提高了学生关注健康的意识，又培养了他们严谨的科学态度。

于涌鲲老师在给学生介绍植物组织培养

3. 课题研究系列——光照强度对森系贝尔和吉米诺生菜生理指标的影响研究

（1）课程开展形式

小组种植，按预定时间测定数据，对实验结果进行总结。

（2）指导专家

农学院水培专家刘超杰、知春分校中草药课程导师张鋆。

（3）研究内容

①课题的确立：生菜是具有保健价值的蔬菜，面对蔬菜产量需求的提升，改变其相关的影响因素是必不可少的。

②实验过程：

a．前期准备：选择要进行研究的两种类型的生菜、配制 Hoagland's 配方营养液、调试培养箱、测量光照强度、查找文献。

b．水培苗的种植：首先，将生菜幼苗根部冲洗干净，并用浸湿的海绵块包裹根部；其次，选取长势良好的幼苗移栽至水培盘中，每孔 1 株，即每层 18 株作为一个重复，将水培盘放置在采用 Hoagland's 配方营养液的培养箱中。

c．数据采集：进行 29 天的培养（12 小时光照+12 小时黑暗），每隔 7 天进行株高、展幅和叶片数的数据采集，并记录数据。取样时用五点取样法分别在左上、左下、右上、右下和中间选取十株采集数据。在第一天用分光光度计测定植株中叶绿素 a、叶绿素 b 和类胡萝卜素的含量。最后一天进行破坏性采样，测量地上及地下部分的干重和鲜重，并用分光光度计测定植株中叶绿素 a、叶绿素 b 和类胡萝卜素的含量。

③实验结果：实验数据利用 SPSS27.0.1 统计软件进行差异显著性分析，使用 LSD 多重比较法进行方差分析，采用 WPS 作图。

a．不同光照强度对生菜生长的影响：不同光照强度处理的菜心生长差异显著。随着光照强度增高，两种生菜的株高和展幅都呈上升趋势，叶片数呈波动的趋势，光照强度为 3.88×10^3 lx（一个灯管）处理的森系贝尔的叶片数大于其他处理，光照强度为 7.99×10^3 lx（三个灯管）处理的吉米诺的叶片数大于其他处理。这表明在单一光源下森系贝尔生长适宜的光强为 6.50×10^3 lx（两个灯管），吉米诺生长适宜的光强为 7.99×10^3 lx（三个灯管）。

b．不同光照强度对生菜叶片光合色素含量的影响：不同光照强度处理下，菜心叶片光合色素含量存在显著差异。随着光照强度增高，叶绿素 a 和类胡萝卜素含量都呈先降低后升高的趋势，叶绿素 b 则呈先增高后降低的趋势。其中，叶绿素 a 在光照强度为 3.88×10^3 lx 时最高，叶绿素 b 在光照强度为 7.99×10^3 lx 时最高，类胡萝卜素在光照强度为 3.88×10^3 lx 时最高。

④总结汇报：全组同学在专家们的指导下共同查找文献，撰写论文，分析实验的成功和失败之处。

（4）效果

在老师的专业指导下，学生对课题研究的方向越来越清晰。课题组的同学们积极性非常高，经常利用课间和中午休息时间配制培养基、灭菌和接种。在实验中不断地总结和反思，遇到问题积极向专家、老师们请教。崇尚真知、批判质疑、勇于探索、解决问题的素养在不知不觉中逐渐形成。

（二）守护健康主题课程教学设计案例（高中学段）

守护健康——远离致癌因子

单元教学设计	
单元学习主题	基因突变及其他变异
1．单元教学设计说明 （1）学情分析 ①与初中知识的联系：学生在初中已了解生物变异首先与遗传物质有关，其次与环境有关。 ②与学生经验的联系：学生对生物变异现象并不陌生，但受以前生活经验和错误概念的影响，有些学生认为变异都是有害的，如基因突变引发疾病导致死亡的情况。在教学过程中，需从多个角度提供丰富的案例，引导学生辩证地认识变异，纠正错误概念，助力其理解变异的意义，为学习生物进化打下基础。 （2）本单元教材分析 本章共 3 节内容。前两节分别从分子水平和细胞水平阐述遗传物质在传递过程中发生变异的类型、特点和意义，第 3 节则以前两节为依托，阐述基因突变和染色体变异在人类遗传病中的表现，并以此讨论遗传病的检测和预防。 教材在介绍基因突变时，十分注重对实例的分析，先从两个具体实例入手，介绍基因突变的现象，再从微观层面介绍基因突变的原因，最后分析基因突变的意义。对于基因重组，鉴于学生已有减数分裂的知识基础，教材在此只是简单介绍了基因重组发生的时期和意义。如此安排，既遵从基本事实，明确学习重点，又让学生理解了生物变异的类型。 染色体变异分为染色体数目变异和染色体结构变异。在讲解染色体数目的变异时，基于人类对细胞中染色体数目变化的认知顺序而逐步展开，即先讲常见的二倍体，再由二倍体在减数分裂过程中形成配	

子的情况引出染色体组，然后阐述由不同类型的配子结合形成多倍体的原理，再结合具体人工诱导形成多倍体的方法进行说明。在学生理解二倍体、多倍体和染色体组概念后，结合实例介绍单倍体，这样安排易于学生理解。

2．单元学习目标与重点难点

（1）学习目标

①基于证据，论证可遗传的变异来自基因重组、基因突变和染色体变异（科学思维、科学探究）；

②运用统计与概率知识，解释并预测种群内某一遗传性状的分布及变化（科学思维、科学探究）；

③运用遗传与变异观点，解释常规遗传学技术在现实生产生活中的应用（生命观念、社会责任）。

（2）重点难点

①基因突变的原因、特点以及意义；

②基因重组的类型与意义；

③对染色体结构变异的类型以及染色体数目变异的理解。

3．单元整体教学思路

本章包括 3 节内容，分别是基因突变和基因重组、染色体变异、人类遗传病。本章教学可用 5 课时，第 1、2 节各用 2 课时，第 3 节用 1 课时。

第 1 节基因突变和基因重组，从航空育种入手，通过对镰刀型细胞贫血症的分析，引入并完善基因突变的概念，然后紧扣原因分析特点，有助于学生理解基因突变在生物进化中的重要地位。在基因重组部分，教材设置了“与社会的联系”栏目，旨在让学生体会基因重组机制提供的极其多样的基因组合方式。

第 2 节染色体变异包括“染色体结构的变异”和“染色体数目的变异”，以及实验“低温诱导染色体数目的变化”。

第 3 节人类遗传病包括“人类常见遗传病的类型”“遗传病的监控和预防”“人类基因组计划与人体健康”。鉴于课程标准对人类遗传病的要求只是了解水平，教材通过实例简要介绍单基因遗传病，多基因遗传病和染色体异常遗传病。

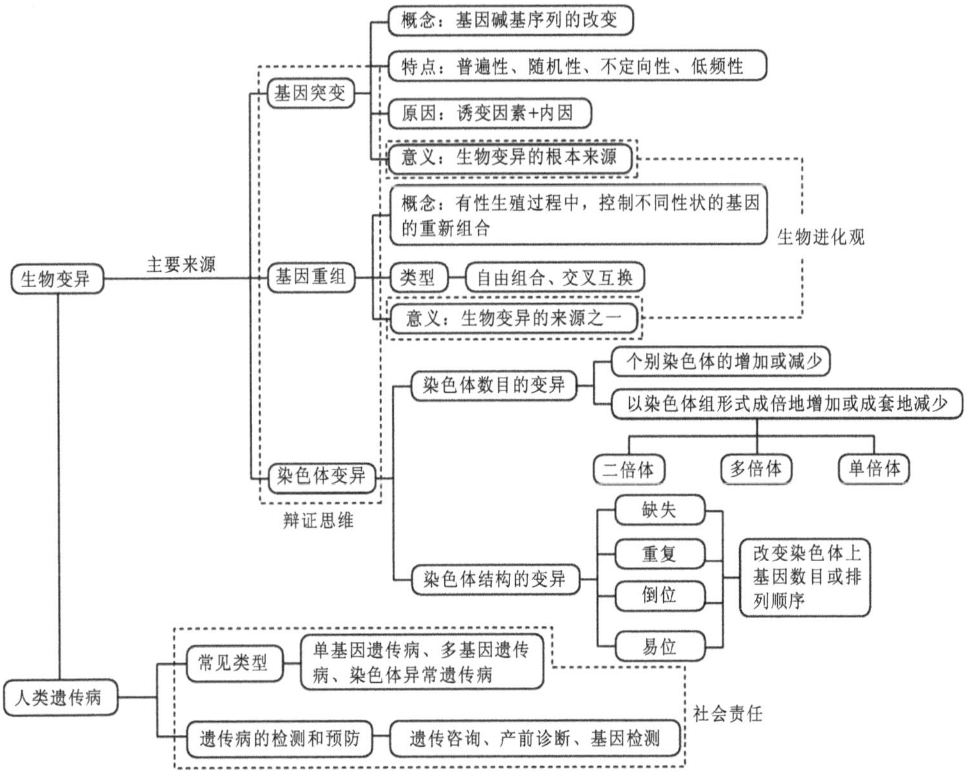

课时教学设计

（在本单元内选择1～3课时进行撰写）

课题	第1节　基因突变和基因重组（2课时）
课型	新授课☑　章/单元复习课□　专题复习课□　习题/试卷讲评课□ 学科实践活动课□　　其他□

1．教学内容分析

课程标准与本节对应的内容要求：概述碱基的替换、插入或缺失会引发基因中碱基序列的改变；阐明基因中碱基序列的改变有可能导致它所编码的蛋白质及相应的细胞功能发生变化，甚至带来致命的后果；面对在某些化学物质、射线以及病毒的作用下，基因突变概率可能提高，而某些基因突变能导致细胞分裂失控，甚至发生癌变；阐明进行有性生殖的生物在减数分裂过程中，染色体所发生的自由组合和交叉互换，会导致控制不同性状的基因重组，从而使子代出现变异。

学业要求：基于证据，论证可遗传的变异来自基因重组、基因突变和染色体变异。在教学中，从结构和功能相适应的视角，引导学生建构基因突变的概念，并通过多种途径加深对基因突变概念内涵和外延的理解。

2．学习者分析

学生在初中已经了解生物的变异首先与遗传物质有关，其次与环境有关，且对生物变异现象并不陌生，但受到以前生活经验和错误概念影响，有些学生认为变异都是有害的，如基因突变引发的疾病导致死亡的情况。学生对基因突变的理解片面且不准确，对基因重组的概念没有接触过，但在减数分裂中已经学习了非同源染色体的自由组合，结合减数分裂中染色体的行为，基因重组的概念较为易于理解。

3．学习目标确定

（1）通过对镰状细胞贫血形成原因的分析，阐明基因突变的概念；

（2）通过讨论结肠癌发生的原因，说明癌变与基因突变的关系，主动表达远离致癌因子、选择健康的生活方式的意识，增强社会责任感；

（3）阐明基因突变的原因及意义；

（4）基于自由组合定律和减数分裂的过程，阐明基因重组的意义；

（5）举例说明基因突变和基因重组的意义。

4．学习重点难点

教学重点：

（1）基因突变的概念；

（2）基因突变的原因和意义。

教学难点：基因突变的意义。

5．学习评价设计

（1）课堂教学中的参与情况以及反馈信息；

（2）学生在知识、方法等方面的收获以及学习目标的达成情况；

（3）学生课上、课下的学习态度；

（4）课下作业的完成情况以及思考拓展深度。

6．学习活动设计

教师活动	学生活动
环节一：初识基因突变	
【问题探讨】 我国的航天育种研究（教材80页）。	【分组讨论】 （1）航天育种的生物学原理是什么？

<table>
<tr><td>（给学生提供适当的帮助：将问题进一步细化，例如，为什么要把作物的种子带入太空的特殊环境中？从基因与性状关系的角度看，基因突变为什么会引起生物性状的改变？太空育种诱发的突变性状是否都是生产生活需要的优良性状？或者引导学生回忆中心法则相关内容）。</td><td>（2）如何看待基因突变造成的结果</td></tr>
<tr><td colspan="2">活动意图说明：导入，初步认识基因突变及其意义，激发学生学习兴趣。</td></tr>
<tr><td colspan="2">环节二：构建基因突变的概念</td></tr>
<tr><td>教师活动 2
【过渡】基因突变是如何产生的？又是如何影响生物体的性状的？
【任务布置】结合教材中镰状细胞贫血的资料，说出该病形成的原因。
展示教材：图 5-1 正常红细胞和镰状红细胞的电镜照片，图 5-2 血红蛋白分子（正常和异常）的部分氨基酸序列和对应的 mRNA 的碱基序列。
【问题】还有哪些情况会导致基因碱基序列的改变，进而导致蛋白质结构的改变呢？

【提供帮助 1】与圆粒豌豆的 DNA 不同的是，皱粒豌豆的 DNA 中插入了一段外来 DNA 序列，打乱了编码淀粉分支酶的基因，导致淀粉分支酶出现异常，活性大幅降低，进而使细胞内淀粉含量降低。淀粉在细胞中具有保留水分的作用，当豌豆成熟时，淀粉含量低的豌豆由于失水而皱缩。
【提供帮助 2】囊性纤维化是北美白种人中常见的一种遗传病，患者支气管被异常的黏液堵塞，常于幼年时死于肺部感染。在 70%的患者中，编码 CFTR 蛋白（一种转运蛋白）的基因缺失了 3 个碱基，导致 CFTR 蛋白在第 508 位缺少苯丙氨酸，其空间结构发生变化。
【提供帮助 3】三位同学在抄写英语句子时，分别抄错成以下句子。请将错误的句子与原句进行比较，看看意思发生了什么变化。
原句：THE CAT SAT ON THE MAT.
错句 1：THE KAT SAT ON THE MAT.
错句 2：THE HAT SAT ON THE MAT.
错句 3：THE CAT ON THE MAT.</td><td>学生活动 2
【思考回答】
阅读资料，思考、回答问题。
（1）图 5-2 中氨基酸有变化，谷氨酸变成了缬氨酸；
（2）研究发现，这个氨基酸的变化是编码血红蛋白基因的碱基序列发生改变所引起的；
（3）完成图解，并说出镰状细胞贫血形成的原因。
【初步构建概念】根据资料，尝试构建基因突变的概念。

【小组合作】结合教师提供的资料，尝试完善基因突变的概念。</td></tr>
<tr><td colspan="2">活动意图说明：
通过镰状细胞贫血实例的分析，尝试构建基因突变的概念，进一步强化结构与功能观。
帮助学生认识到科学探究是一个不断迭代的过程：基于观察到的新证据或建立的新模型，可以对已有的预测或解释进行修正和完善。</td></tr>
</table>

环节三： 分析基因突变的结果

教师活动 3	学生活动 3
【问题】细胞发生了基因突变，突变的基因能否遗传给后代？ 【过渡】基因突变若发生在配子中，将遵循遗传规律传递给后代；若发生在体细胞中，一般不能遗传。但有些植物的体细胞发生了基因突变，可以通过无性生殖遗传。 【布置任务】观察教材 82 页“思考与讨论”解释结肠癌发生的简化模型图，思考结肠癌发生的原因。	【思考回答】结合遗传规律和植物的无性生殖回答。 【讨论交流】讨论以下问题： （1）从基因水平分析，结肠癌发生的原因是什么？ （2）健康人的细胞中存在原癌基因和抑癌基因吗？ （3）根据图示推测，癌细胞与正常细胞相比，具有哪些明显的特征？

活动意图说明：

通过对结肠癌实例的思考和讨论，运用结构与功能观，描述基因突变可能导致的细胞癌变

环节四： 归纳基因突变的原因

教师活动 4	学生活动 4
【过渡】哪些因素会导致癌症的患病率提高？是否有有效的方法防止癌症？ 【联系社会】在癌症发生的早期，患者往往不表现出任何症状，因而难以及时发现；而对于癌症晚期的患者，目前还缺少有效的治疗手段。 【提供帮助 1】长时间暴晒易引发皮肤癌，吸烟人群患肺癌的概率比不吸烟人群高。 【提供帮助 2】为什么吸烟者得肺癌的多？ 一是因为烟雾中有 7000 种以上的化学物质，其中至少 69 种可致癌，能够诱导基因突变，如多链芳香烃类化合物和亚硝胺，可通过多种机制导致支气管上皮细胞 DNA 损伤，使得癌基因（如 *Ras* 基因）激活和抑癌基因（如 P53，*FHIT* 基因等）失活，进而引起细胞的转化，最终癌变。 二是烟雾对肺部细胞的损伤很大，导致组织坏死。人体本身会努力修复损伤组织，诱导干细胞增殖分化，所以长期吸烟就会产生反复的“破坏-修复-破坏-修复”，每一次细胞分裂 DNA 的双螺旋都要打开，都大大提高了基因突变的可能性。因此，这种长期的破坏-修复循环也会积累大量的基因突变，最终致癌。慢性乙肝病毒导致肝癌也是类似原因。	【小组交流】 在日常生活中怎样才能远离致癌因子？结合以下任务或问题讨论： （1）举例说明自然界中诱发基因突变的因素； （2）尝试对这些因素进行分类； （3）在没有这些外部因素影响时，细胞是否也会发生基因突变； （4）列举几种预防癌症的有效方法。

活动意图说明：

通过对基因突变原因的分析，加深学生对基因突变概念的理解，形成珍爱生命的观念，选择健康的生活方式，远离致癌因子。

环节五：总结基因突变的特点	
教师活动 5	学生活动 5
【布置任务】指导学生阅读教材 83 页小字部分内容，并总结	【自学总结】 基因突变的特点：普遍性、随机性、不定向性、低频性。
活动意图说明：引导学生理解基因突变的特点。	
环节六：学习基因重组	
教师活动 6	学生活动 6
【布置任务】引导学生绘制减数分裂四分体时期同源染色体的非姐妹染色单体互换的图解，以及减数第一次分裂后期同源染色体分离、非同源染色体自由组合的图解。	【构建模型】尝试归纳总结，并将自己的理解以图示形式表达出来，并与同组成员讨论，充分理解基因重组的概念和类型。
活动意图说明： 以图示说明，减数分裂时染色体的自由组合和互换会导致控制不同性状的基因发生重组。	
环节七：对比基因突变和基因重组的意义	
教师活动 7	学生活动 7
【任务布置】 阅读教材 84 页“与社会的联系”，提出问题，指导学生总结基因突变和基因重组的意义。	【阅读总结】阅读教材相关资料，通过以下问题总结基因突变和基因重组的意义： （1）基因突变能否产生新基因？ （2）这些新基因控制产生的新性状对生物的生存有什么意义？ （3）基因重组产生的是新基因还是新的基因型？ （4）自然环境会选择哪些个体生存下来？
活动意图说明：①帮助学生理解基因突变是生物变异的根本来源，为生物进化提供了最初的原材料；基因重组也是生物变异的来源之一，提供了生物进化的原材料；自然选择决定生物进化的方向。②拓展学生的视野，感受我国科研人员的智慧，提升学生民族自豪感和社会责任感。	
环节八：比较基因突变和基因重组	
教师活动 8	学生活动 8
【提出问题】根据本节课的学习内容，列表总结基因突变和基因重组的本质、发生时间、条件、意义。	【列表比较总结】填表，总结基因突变和基因重组的本质、发生时间、条件、意义。
活动意图设计：重复、巩固知识	
环节 9：作业布置：阅读教材 85～86 页“生物科技进展”和“STS”，查阅相关资料； 完成 85 页 “练习与应用”	
活动意图说明： （1）巩固和拓展课上所学内容。 （2）弥补课上对癌症介绍的不足，提升学生关注健康、关爱癌症患者的社会责任感。 （3）拓展学生的视野，激发学习兴趣，同时引导学生正确认识科技发展可能带来的风险。	

7．板书设计

第 5 章　基因突变及其他变异

第 1 节　基因突变和基因重组

- 基因突变
  - 实例：镰状细胞贫血
  - 概念：DNA分子中发生碱基的替换、增添或缺失，而引起的基因碱基序列的改变
  - 特点：普遍性、随机性、不定向性、低频性
  - 原因：外因（诱变因子）+内因
  - 意义：是生物变异的根本来源，是产生新基因的途径，为生物的进化提供了丰富的原材料
- 基因重组
  - 概念：在生物体进行有性生殖的过程中，控制不同性状基因的重新组合
  - 类型：自由组合、互换
  - 意义：是生物变异的来源之一，提供了生物进化的原材料

8．特色学习资源分析、技术手段应用说明

多媒体课件、图文资料

9．教学反思与改进

本节课结构完整清晰，层次分明。以学生初中学习过的、较为熟悉的航天育种为引入，带领学生初识基因突变，并结合教材的镰形细胞贫血病的病因分析来构建基因突变的概念，概念的获得水到渠成；通过对结肠癌实例的分析和思考，分析基因突变的结果和原因，加深对基因突变概念的理解，并号召学生远离致癌因子，形成珍爱生命的观念；通过阅读教材总结基因突变的特点；结合第二章减数分裂的知识，利用图示表示基因重组，并体会与基因突变的区别以及两者各自的意义。有机地结合回忆旧知识、分析教材资料、疾病分析、对比等多种方式，帮助学生逐步形成较为完善的对两个重要概念的理解。

改进：进一步深化学生对基因突变的特点以及基因突变和重组比较的学习，可以在教学中增加更多的实例，以加深学生的理解。

（三）守护健康主题课程教学设计案例（初中学段）

守护健康——用药与急救

<table>
<tr><td colspan="2">单元教学设计</td></tr>
<tr><td>单元学习主题</td><td>健康地生活</td></tr>
<tr><td colspan="2">1．单元教学设计说明
让学生学会健康地生活，是义务教育的重要培养目标之一，而初中生物课程又是承担这一重要任务的主要学科课程之一。“健康是指一种身体上、心理上和社会适应方面的良好状态，而不仅仅是没有疾病或者不虚弱”，这是世界卫生组织对健康的定义。与此相一致，课程标准也指出，“人体健康受传染病、心血管疾病、癌症及外部伤害的威胁，良好的生活习惯和医疗措施是健康的重要保障”。所以本单元安排了“传染病及其预防”“免疫与计划免疫”“用药与急救”“健康的生活方式”等内容，让学生学会健康地</td></tr>
</table>

生活。在这样的学习任务和目标的指引下，本单元的教学除介绍有关人体健康的基础知识外，还安排了丰富多彩的学生活动，如分析药品说明书、设计家庭或旅行小药箱、评价自己的健康状况等。这样设计避免了单纯枯燥的说教方式，激发了学生学习的兴趣，使他们的学习更具主动性。
2．学习者分析 在第四单元“生物圈中的人”中，学生已经了解一些卫生保健知识，但尚不系统和全面，特别是关于传染病和免疫、医药常识、急救常识、心理卫生知识等内容，难以融入人体各系统的结构和生理内容中穿插学习。与此同时，学生在第五单元“生物圈中的其他生物”的学习中，已经了解到细菌、真菌和病毒可以引起人类患病，但对于疾病的流行和防治方法，以及人体如何抵抗如此广泛存在于我们身边的病菌入侵，还缺乏了解。通过之前的学习和生活经验，学生对这些知识内容有好奇心和强烈的求知欲。
3．单元学习目标与重点难点 （1）单元学习目标 ①举例说明常见传染病的病因、传播途径和预防措施，能够说出控制传染源、切断传播途径和保护易感人群等措施可以控制传染病的流行。 ②能够举例说明威胁人体健康的常见传染病——寄生虫病、细菌性传染病和病毒性传染病。 ③了解曾经肆虐一时且与学生生活密切相关的两种传染病——新型冠状病毒感染和诺如的病原体、传染源、传播途径和易感人群，并能说出预防这两种传染病的措施。通过对社会流行传染病的了解，能够明白某些传染病，如新型冠状病毒感染会对社会、经济和科技发展产生严重影响，并认同接种疫苗能够提高人体对特定传染病的免疫力。 ④描述人体免疫的功能，通过计划免疫等措施可以预防相关传染病。 ⑤区别人体的特异性免疫和非特异性免疫，认同人体能够通过特异性免疫和非特异性免疫抵抗病原微生物的侵染。 ⑥区别处方药与非处方药。 ⑦概述安全用药的常识，能够遵从医嘱、按照药物使用说明合理用药，避免药物误用和滥用。 ⑧了解基本的急救方法，学会运用一些简单的急救方法应对生活中的突发情况，减少伤害或挽救生命。 ⑨概述什么是健康，认同生活习惯与行为选择能够影响人体健康，并学会选择健康的生活方式。 ⑩通过完成“酒精与烟草浸出液对水蚤心率的影响”的探究实验，说明酗酒与吸烟对人体健康的危害，从而认同酗酒、吸烟等不良嗜好和吸毒等违法行为对人体健康具有危害作用，并能够拒绝毒品。 ⑪学会调节情绪的技能，学会保持心理健康。 （2）单元学习重点 ①说明传染病的病因、传播途径和预防措施。 ②区别人体的特异性免疫和非特异性免疫。 ③概述安全用药的常识。 ④概述什么是健康。 ⑤举例说出生活方式对健康的影响。 （3）单元教学难点 ①说明常见传染病、新型冠状病毒感染和诺如的预防措施。 ②区别人体的特异性免疫和非特异性免疫。 ③设计家庭和旅行小药箱，了解心肺复苏的操作顺序和步骤。 ④概述什么是健康。 ⑤探究酒精或烟草浸出液对水蚤心率的影响。

4．单元整体教学思路（教学结构图）

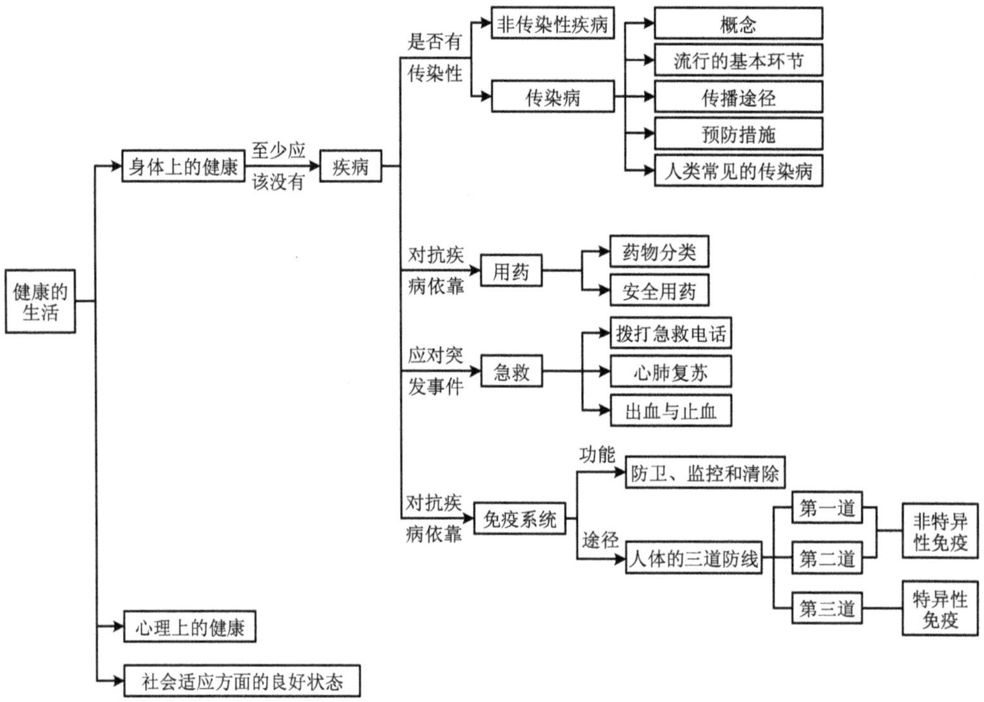

课时教学设计	
课题	第八单元第二章　用药与急救
课型	新授课☑　　章/单元复习课☐　专题复习课☐　习题/试卷讲评课☐ 学科实践活动课☐　　其他☐

1．教学内容分析

本章作为从传染病到健康问题的过渡，起着承上启下的作用，主要介绍生活中的基本药品知识、用药常识以及常见的急救方法。这些内容与学生日常生活紧密相关，实用性较强，对学生健康生活有重要的指导作用。同时，这部分内容能培养学生收集和运用信息解决实际问题的能力，也为培养医学兴趣打下基础。

2．学习目标确定

本节课的教学对象是八年级学生，他们已有一定的生活经验和实际用药体验，有较好的理解能力和分析能力。

基于以上对教材内容的分析和学生学习情况的分析，制定学习目标如下：

①通过参与团队任务二的讨论交流活动，区别处方药和非处方药。

②通过团队协作，完成三个主题任务并进行讨论交流，能够概述何为安全用药，以及安全用药的常识。

③通过观看视频资料以及与七年级血液知识的关联学习，掌握实施急救的一般步骤。

④认领“小药箱”，并阅读其中一些常见药品的说明书，能够说出一些常用药物的名称、作用和使用方法。

⑤通过视频资料的学习和教师的重点强调，了解人工呼吸和胸外心脏按压的具体操作方法。

⑥通过回顾七年级血液和血管相关知识，能够分清出血的三种情况，并学会对出血进行初步的止血处理。

⑦增强自我保健意识，养成学生用药和关心他人健康的优良品德。

3．学习重点难点

（1）学习重点

①说出一些常用药物的名称、作用。

②概述何为安全用药，以及安全用药的常识。

③能够初步运用一些急救的方法进行应急处置。

（2）学习难点

①了解人工呼吸和胸外心脏按压的具体操作方法。

②分清出血的三种情况，学会对出血进行初步处理。

4．学习评价设计

【课程学习中】

安全用药、出血与止血等课堂活动学习过程评价表

课堂环节＼评价要素	投入课堂是否积极、全神贯注	对提出的问题是否积极思考	是否积极主动、有目的地参与课堂活动	与伙伴交流是否积极主动有效	与教师的交流是否积极主动有效
安全用药					
急救——拨打急救电话					
急救——出血与止血					
急救——心肺复苏与人工呼吸					

评价量表使用说明：对每项评价要素，可以由低到高1～5分赋值，整体表现看总分高低

【课程学习后】

（1）《海淀名师伴你学》相关内容的部分习题（教师筛选）学生填写与教师反馈。

（2）家庭或旅行小药箱的设计或“安全升级”。

（3）家庭小药箱“用药温馨说明”的撰写与教师评价。

5．学习活动设计

教师活动	学生活动
环节一：创设情境，引入新课	
教师活动1	学生活动1
通过前面几节课的学习，我们已经知道在我们的生活中存在一些微小的生命体——细菌、真菌和病毒，我们了解了它们的形态结构，知道了它们的生活方式，也明白了它们在自然界中的作用。说起它们与人类的关系，可以说是让我们又爱又恨。	爱它们是因为它们可以帮助我们改善一些食物的口味，让我们可以尝到更多风味的美食；恨它们是因为它们让食品腐败，也可能使我们患病。

当我们得病后，为了更快地好起来，就需要使用一些药物。可是，药应该怎样用才是科学的、安全的？如果遇到危急的情况，我们又该怎样做到最大限度地挽救生命？ 在本章我们将了解到“用药”和“急救”两方面的内容。今天这节课我们主要来一起研究“用药”的话题。	在教师的提问中提升了本节课的学习兴趣，为进一步学习新知做好准备。 在笔记本上书写本节课标题
活动意图说明： 创设情境，与之前学习的相关知识建立联系，让学生了解本节课所学内容在生物学知识体系中的位置，以及对于我们健康生活的重要意义，从而更加愿意和主动参与到本节课的学习活动中来，为本节的学习做好知识和情感的铺垫。	
环节二：安全用药	
教师活动 2	学生活动 2
提问：如何用药才是安全的？ 发布本节课的主题任务——安全用药，为学生解读主题任务的四个环节，并划分三个学生团队。	明白本节课主题任务的四个活动环节，并结成团队，力求完成任务。
下发活动用品——小药箱及团队任务单，组织学生团队进行任务讨论和交流。	团队负责人领取活动小药箱，并进行本团队任务讨论和交流。
组织学生团队进行团队任务交流汇报： 任务 1：浏览小药箱中的药品，你能分辨出哪些是中药，哪些是西药吗？请说出你的辨别方法。	抽选到任务 1 的团队派代表在班级汇报讨论成果。
根据学生回答的问题，总结何为西药，何为中药。并延展生活中的用药现象——片剂、胶囊和糖浆如何服用？一日两次和三次的药物何时服用？饭前、饭后又该如何服用？	学生团队群策群力解决任务 1 的延展问题。
组织学生团队进行团队任务交流汇报： 任务 2：请你浏览小药箱中的药品，哪些药即使没有去医院就诊，我们也可以直接在药店购买到？请说出你的筛选方法。	抽选到任务 2 的团队派代表在班级汇报讨论成果。
根据学生所回答的问题，总结何为处方药，何为非处方药。并延展生活中的药品标识知识——甲类非处方药和乙类非处方药；保健食品。	学生团队群策群力解决任务 2 的延展问题，进一步了解药品标识知识。

<table>
<tr><td>组织学生团队进行团队任务交流汇报：
任务 3：无论是处方药还是非处方药，在使用前都应该仔细阅读药品说明书。药品说明书都可以告诉我们哪些内容？你觉得我们应该特别关注其中的哪些方面？</td><td>抽选到任务 3 的团队派代表在班级汇报讨论成果。</td></tr>
<tr><td>根据学生回答的问题，总结药品说明书上的重要内容。并延展生活中的用药问题——哪些信息是说明书上没有，但是我们在用药过程中也需要特别关注的？</td><td>学生团队群策群力解决任务 3 的延展问题。</td></tr>
<tr><td>引导学生根据课堂主题任务，认识到何为安全用药。</td><td>在教师的引导下自主归纳出“安全用药”的定义。</td></tr>
<tr><td colspan="2">活动意图说明：
八年级的学生对安全用药已有一定的生活经验和实际用药体验，也具备较好的理解、分析和接受能力。如果本部分内容只是以单纯的教授式方式组织教学，学生难免会有索然无味之感。此外，由于学生在生活中已形成一些用药习惯，因此，考虑设计授课时与学生互动的环节，以团队合作解决任务的形式，为学生提供分享生活中用药习惯的机会，通过倾听他们的表述，教师可以了解并纠正他们可能存在的错误用药方式和习惯，以突出矛盾点的方式进行正确安全用药知识的介绍，让学生在课堂上、在活动中认识到学习生物学科知识的重要性，并促进学生更健康地生活与成长。</td></tr>
<tr><td colspan="2">环节三：急救——拨打急救电话</td></tr>
<tr><td>教师活动 3</td><td>学生活动 3</td></tr>
<tr><td>展示数据资料——各国道路交通事故比较表，引导学生学习紧急救护知识。</td><td>根据教师展示的数据资料，了解相关紧急救护知识。</td></tr>
<tr><td>提问：北京市的急救电话是多少？“120”和“999”有何区别？拨通急救电话后，如何与医护人员沟通？</td><td>讨论并解决教师提出的问题，并明确如何拨打急救电话，拨打电话后需要做的事情。</td></tr>
<tr><td>提问：“拨打急救电话后我们需要做什么呢？”展示数据资料，引导学生通过数字资料的阅读，更加认可学习紧急救护知识的重要性。</td><td>根据教师展示的数据资料，进一步认同学习并了解相关紧急救护知识的必要性。</td></tr>
<tr><td colspan="2">活动意图说明：
大部分学生对于北京市应急电话有哪些，哪个是针对医疗救助的还是明白的。但是作为在社会的关怀下、父母的呵护下成长起来的孩子，基本上都没有遇到过真正紧急的事件，更没有拨打急救电话的经历，所以本环节在设计时考虑到这样的前提，将重点区分“120”和“999”两种急救电话的异同，并模拟拨打急救电话后与接线员沟通的场景，明确告知的信息和注意事项，让学生学会将来在突发事件中如何拨打急救电话，争取更多宝贵的时间。</td></tr>
</table>

环节四：急救——出血与止血	
教师活动 4	学生活动 4
展示交通事故中伤员出血的图片，并提问：遇到因外伤而出血的情况，我们该如何有效止血呢？引导学生回顾七年级所学人体血液相关知识。	回顾血液相关知识，明确动脉、静脉和毛细血管中血液流动情况的区别。
指导学生通过观察不同血管中血液流动的特点，辨别动脉、静脉和毛细血管出血情况，并讨论如何有效止血。	通过教师的引导，辨别图片中的出血情况，并根据血液在血管内流动的特点，讨论在急救中应该如何有效止血。
三个学习团队各派一名代表进行出血练习——上臂出血点处（红星表示的位置为出血点）血液喷涌而出、前臂出血点处血液汩汩流出、手指出血点处血液渗出。三个团队应用教师提供的包扎材料进行止血法练习，并进行学习评价。	止血法练习。
由毛细血管的出血和止血方式，引出巧妙使用创可贴的方法。	了解并掌握巧妙粘贴创可贴的方法。
活动意图说明： 学生通过七年级下册相关血液和血管知识的学习，已经了解了不同血管出血的特点，因此，本环节组织学生回顾相关知识，并根据不同的出血特点进行如何有效止血的讨论和模拟止血操作，旨在将理论知识应用于实际生活，解决可能发生的出血问题。当然，对于现在的孩子来说，遇到的多是毛细血管出血，常常会用到创可贴，故在本环节的最后，介绍了如何更科学地使用创可贴，让学生认识到学习生物学科知识的重要意义，并促进学生更健康地生活与成长。	
环节五：急救——心肺复苏与人工呼吸	
教师活动 5	学生活动 5
在需要我们进行紧急救助的情况中，除了主要血管破裂出血，还有一种是没有出现开放性伤口，也没有流血的情况——伤者昏迷不醒，感觉不到心跳和呼吸。由此引出心肺复苏术（CPR）的介绍，播放心肺复苏术施救方式指导视频资料。	了解何为“心肺复苏术”，并了解实施心肺复苏术的基本步骤。
结合视频内容，强调心肺复苏术的操作要点。	在教师的引导下梳理视频中的 CPR 步骤，并注意操作手法和胸外心脏按压与人工呼吸的比例。
活动意图说明： 根据市、区和学校的要求，学生在七年级时已接受过红十字救护培训，掌握了相关心肺复苏和人工呼吸的知识，部分学生还参加了医务室组织的模拟操作体验活动。因此，本环节将重点回顾心肺复苏操作位置、心肺复苏和人工呼吸的操作比例，而不再设计更多的实操型活动。	

环节六：课堂总结

教师活动 6	学生活动 6
再次回顾本节课的重要知识内容，并对学生提出希望——用所学的知识，为生命保驾护航。	回顾本节课重要知识内容

活动意图说明：
回顾本节课的重要知识内容，旨在帮助学生认识到掌握急救知识的重要性，并体会到学习生物学科知识可以让我们更健康地生活和成长。

6．板书设计

第八单元第二章　用药与急救

（一）安全用药

1．中药与西药

2．处方药与非处方药（非处方药简称 OTC）

3．安全用药：是指根据病人的病情、体质和药物的作用适当选择药物的品种，以适当的方法、剂量和时间准确用药，充分发挥药物的最佳效果，尽量减小药物对人体所产生的不良影响或危害。

（二）急救

1．急救电话——120、999

出血部位		判断依据	止血方法
外出血	动脉	鲜红色的血液喷涌而出	在伤口的近心端用绷带或止血带进行压迫止血
	静脉	暗红色的血液不断涌出	在伤口的远心端用绷带或止血带进行压迫止血
	毛细血管	红色血液缓慢渗出	在伤口处用纱布包扎，一般都能自行凝血止血

2．出血与止血

3．CPR：C→A→B（胸外心脏按压：人工呼吸=30：2）

7．特色学习资源分析、技术手段应用说明（结合教学特色和实际撰写）

常见药物（20 种左右）的药品说明书（一式三份）；医用棉球、酒精、创可贴和绷带；多媒体展示课件。

8．教学反思与改进

整节课程设计细致、内容丰富，以问题引领学生活动，以任务驱动学生学习，活动任务表述明确。通过问题引领和任务设计，让学生关注日常生活，关注生活中的学科知识，纠正用药中不好的习惯，更加健康地生活。教师在课堂上充分利用学生在问题讨论和任务完成过程中生成的资源，构建后续知识学习，充分体现了“学生为主体、教师为主导”的课堂学习模式，让学生充分体验学习过程，并在学习中体会到生活的价值，认同学科知识对生活的重要意义。当然，本节课也有需要改进的地方，比如，对于“保健食品”的讲解，应该更加明确钙片和维生素不全是保健品，其中也有非处方药品，让学生在购买时注意“OTC”的标识。另外，在时间允许的情况下，可以尝试加入保健品食用方法的介绍，注意辨析学生的一些不科学的认知——保健品可以随意吃。最后，还要关注课堂知识学习的评价，更精准更省时地评估学生对本节课重要知识的掌握程度，提升教学有效性。

（四）预防外来物种入侵主题课程教学设计（选修课、课后服务）

课程名称：预防外来物种入侵——应对外来物种，不必见“外”色变

1．教学目标

（1）让学生了解外来物种的概念、种类和影响；

（2）培养学生的生态环境保护意识，学会正确对待外来物种；

（3）提高学生的观察、分析、合作和解决问题的能力。

2．教学内容

（1）外来物种的概念和种类；

（2）外来物种对生态环境的影响；

（3）应对外来物种的方法和策略。

3．教学过程

（1）导入新课

通过图片或实物展示一些外来物种，让学生初步了解外来物种的概念和种类。

引导学生思考：为什么会有外来物种？它们是如何进入我们的生态环境的？

（2）讲解外来物种对生态环境的影响

通过案例分析，让学生了解外来物种对生态环境的负面影响，如破坏生态平衡、侵占本土物种的生存空间等。

引导学生思考：外来物种对生态环境的影响有哪些？为什么需要应对外来物种？

（3）探讨应对外来物种的方法和策略

分组讨论，让学生提出应对外来物种的方法和策略，如加强监管、科学防控、生物防治等。

引导学生思考：如何正确对待外来物种？我们应该采取哪些措施来应对外来物种？

（4）案例分析和讨论

提供一些外来物种入侵案例，让学生分析其中的问题和解决方案。

引导学生思考：在应对外来物种时，我们应该注意哪些问题？如何评估和选择合适的解决方案？

（5）总结和反思

让学生总结本次课程的重点内容和学到的知识。

引导学生反思：我们应该如何正确对待外来物种？如何将所学知识应用到实际生活中？

4．教学评价

（1）通过课堂讨论、小组活动和案例分析，评估学生对外来物种的认知水平和应对能力。

（2）关注学生在讨论中的观点表达、合作表现和问题解决能力，以及他们对生态环境保护的态度和意识。

（3）教学资源：采用图片、实物或视频素材，展示外来物种的案例；提供相关文献和资料，供学生进一步了解和研究外来物种。

（4）教学建议：在教学过程中，注重培养学生的观察、分析、合作和解决问题的能力；鼓励学生积极参与讨论和实践活动，增强他们对生态环境保护的责任感和意识；结合当地实际情况，引入相关案例和问题，助力学生更好地理解并应对外来物种带来的挑战。

五、生态文明教育融入生物学科的实施建议

生态文明教育融入生物学科是一个系统工程，可从以下多个方面进行考虑。

（1）充分挖掘生物教材中的素材，让校本课程成为国家课程的有益补充。例如，课题《向兴奋剂和毒品说“不”》就是对高中选择性必修一教材的合理拓展和补充，既深化了教材的内涵，又不会额外增加学生的学业负担。

（2）关注真实情境创设：在中草药系列课程中，应尽可能组织学生参观组织培养现场，请技术人员讲解植物组织培养的要领；在健康生活系列课程中，要紧密联系实际，创设问题情景，启发学生思维，让学生将学习健康知识同认识社会、解决与社会有关的健康问题结合起来，培养社会责任感。

（3）利用现代信息技术手段进行辅助教学也是不可忽视的策略。开发多媒体课件和互动软件，生动展示生态环境破坏的实例和生态保护的成功案例，如使用虚拟现实技术模拟不同的生态系统，让学生在虚拟环境中体验生物多样性的重要性。这些技术不仅可以激发学生的学习兴趣，还能帮助他们更深刻地理解抽象的生态概念。例如，可以通过一个虚拟小游戏模拟如何维持血糖平衡。

（4）对生物学科教师进行生态文明教育的专业培训，提高他们的生态文明素养和教学能力。搭建教师交流平台，分享生态文明教育的经验和资源。

（5）与地理、化学、物理等其他学科合作，共同构建跨学科的生态文明课程体系。例如，在讨论环境污染问题时，可以将生物学与化学知识相结合，分析污染物在生物体内的积累过程及其对生物健康的影响。通过这种方式，学生可以从多个角度深入理解生态环境问题，培养综合分析问题的能力。

将生态文明教育融入生物学科是一个系统工程，需要各方面共同努力。从教学目标的制定到教学方法的创新，从现代技术的应用到跨学科合作的拓展，再到教师能力的提升，每一个环节都不容忽视。我们期待通过这样的努力，能够在学生心中种下生态文明的种子，为建设一个和谐、可持续的未来打下了坚实的基础。

第十章

生态文明教育融入信息技术学科教学实施方案

一、生态文明教育融入信息技术学科的基本设计框架

（一）生态文明教育融入信息技术学科的 Logo 设计

课程 Logo 简介：

Logo 整体为一个魔方形象，象征着信息技术学科的变化性和其中蕴含的数学原理；左右两个侧面是“知春”的首字母缩写，底色为蓝绿渐变，这是中关村中学校标的颜色；绿色延伸至顶端平面，托起一些离散的棕色小正方形，离散代表着数字化，代表信息技术学科；棕色使小正方形看起来像一块块孕育生命的土地。

信息技术

知春分校信息科技教研组

（二）生态文明教育融入信息技术学科的目标设计

课程目标：

在学习信息技术、使用信息技术的过程中，培养学生对生态环境的关注和关爱，将环境保护融入潜意识；培养学生对生态环境问题的责任感，尝试通过信息技术手段发现问题；培养学生的环境伦理和道德观念，如尊重自然、尊重生命等；培养学生的创新精神和运用信息技术解决问题的能力，尝试为生态环境保护提供创新思路和解决方案。

（三）生态文明教育融入信息技术学科的主体内容

课程内容：

1．国家课程

初中学段围绕数据、算法、网络、信息处理、信息安全、人工智能六条逻辑主线，设计义务教育全学段内容模块，组织课程内容，体现循序渐进和螺旋式发展。

高中学段必修课程是全面提升高中学生信息素养的基础，强调信息技术学科核心素养的培养，渗透学科基础知识与技能，是每位高中生必修的课程，是选择性必修和选修课程学习的基础。高中信息技术必修课程包括“数据与计算”和“信息系统与社会”两个模块。

信息技术与社会的交互融合引发了数据量的迅猛增长，数据对社会生产和人们生活的影响日益凸显。“数据与计算”模块针对数据（包括大数据）在信息社会中的重要价值，分析数据与信息的关系，强调数据处理的基本方法与技能，发展学生利用信息技术解决问题的能力。本模块是信息技术课程后续学习的基础。

在信息社会中，现实空间与虚拟空间相互交织，形成了一个全新的社会环境，在改变人们生活、工作与学习的同时，也塑造出一种全新的生存与发展方式。“信息系统与社会”模块针对信息社会生存与发展的需要，强调利用信息系统解决问题的过程与方法，是提升学生信息安全和社会责任意识而设置的必修模块。

在初中、高中国家课程实施过程中，在学习技术的同时，将项目设计与生态文明理念相结合，以生命教育、环保意识、生态文明建设与国家安全观等为背景组织、开展项目式学习。

2．校本课程

以创客实验室为平台，开展基于湿地水质探究的项目学习，通过信息技术手段采集、处理、分析、可视化数据，将技术与学校一系列生态课程相结合，带领学生实地考察，树立学生生态观念，提升学生生态素养，观察自然、了解自然、感恩自然、尊重自然。着重通过实践活动，在校园、家庭、社会三个层面宣传生态环境与人类活动的关系，从理论到实践，从被动到主动，带领学生重新认识人地和谐发展理念，在实践中为人类保护环境作出贡献。

（四）生态文明教育融入信息学科的实施设想

项目式学习——以生命教育、环保意识、生态文明建设与国家安全观等为背景，以信息技术为工具和呈现形式。通过校本课程的实施，进行小规模实践，再对接与之相关的国家课程，推广至全体学生。活动项目有：

（1）《奥森湿地净水系统的数据分析》

（2）《智能灌溉助力农业现代化》

二、学科核心素养层面的融合点分析

（一）初中学段核心素养的融合点分析

初中阶段信息技术课程要培养的核心素养，主要包括信息意识、计算思维、数字化学习与创新、信息社会责任。这四个方面相互支持、相互渗透，共同促进学生数字素养与技能的提升。

1. 信息意识

信息意识是指个体对信息的敏感度和对信息价值的判断力。具备信息意识的学生，具有一定的信息感知力，熟悉信息及其呈现与传递方式，善于利用信息科技交流和分享信息、开展协同创新；能根据解决问题的需要，评估数据来源，辨别数据的可靠性和时效性，具有较强的数据安全意识；具有寻找有效数字平台与资源解决问题的意愿，能合理利用信息真诚友善地进行表达；崇尚科学精神、原创精神，具有将创新理念融入自身学习、生活的意识；具有自主动手解决问题、掌握核心技术的意识；能有意识地保护个人及他人隐私，依据法律法规合理应用信息，具有尊法、学法、守法、用法的意识。

2. 计算思维

计算思维是指个体运用计算机科学领域的思想方法，在问题解决过程中涉及的抽象、分解、建模、算法设计等思维活动。具备计算思维的学生，能对问题进行抽象、分解、建模，并通过设计算法形成解决方案；能尝试模拟、仿真、验证解决问题的过程，反思、优化解决问题的方案，并将其迁移运用于解决其他问题。

3. 数字化学习与创新

数字化学习与创新是指个体在日常学习和生活中通过选用合适的数字设备、平台和资源，有效地管理学习过程与学习资源，开展探究性学习，创造性地解决问题。具备数字化学习与创新的学生，能认识到原始创新对国家可持续发展的重要性，养成利用信息科技开展数字化学习与交流的行为习惯；能根据学习需求，利用信息科技获取、加工、管理、评价、交流学习资源，开展自主学习和合作探究；在日常学习与生活中，具有创新创造活力，能积极主动运用信息科技高效地解决问题，并进行创新活动。

4. 信息社会责任

信息社会责任是指个体在信息社会中的文化修养、道德规范和行为自律等方面应承担的责任。具备信息社会责任的学生，能理解信息科技给人们学习、生活和工作带来的各种影响，具有自我保护意识和能力；乐于帮助他人开展信息活动，负责任地共享信息和资源，尊重他人的知识产权。能理解网络空间是人们活动空间的有机组成部分，遵照网络法律法规和伦理道德规范使用互联网；能认识到网络空间秩序的重要性，知道自主可控技术对国家安全的重要意义。自觉遵守信息科技领域的价值观念、道德责任和行为准则，形成良好的信息道德品质，不断增强信息社会责任感。

（二）高中学段核心素养的融合点分析

全面提升学生的信息素养是普通高中信息技术课程的根本任务，学科核心素养是信息素养的具体表现。

1. 信息意识

信息意识是指个体对信息的敏感度和对信息价值的判断力，是个体在信息情境和信息活动中逐步养成的。教师在教学中要为学生创设信息情境，提供发现问题、自主解决问题的机会，引导学生主动将问题求解与信息技术进行关联。

2. 计算思维

计算思维作为一种思维方式，需要在解决问题的过程中不断经历分析思考、实践求证、反馈调适而逐步形成。教师在教学设计时，可根据教学内容提炼计算思维的具体过程与表现，将其作为学生项目学习的内在线索，引导学生在完成不同项目的情境中，反复亲历计算思维的全过程。

3. 数字化学习与创新

数字化学习与创新强调了学生在数字化环境中的发展。教师在教学设计时，可根据学生的学习基础，创设适合学生需要的数字化环境与活动，引导学生在运用计算思维完成项目的实践过程中，通过自主学习和协作学习，利用数字化资源与工具，创造性地解决问题或创作出有个性的数字化作品。

4. 信息社会责任

信息社会责任的形成需要学生直面问题，在思考、辨析、解决问题的过程中逐渐形成正向、理性的信息社会责任感。教学时可结合学习过程中的生成性资源，引导学生挖掘、观察现实世界中的典型信息事件，鼓励学生面对信息困境，通过求证、讨论和交流，作出正确的选择和行为。

生态文明素养是以节约资源、保护生态、追求可持续发展为目标的文明素养，具体内容包括遵守行为准则、尊重他人、节约水电、积极行动等。

当下，国家对生态文明建设的要求逐渐提高，生态文明建设已经纳入社会主义现代化建设的总体布局，成为当代社会主义现代化建设的重点任务。而信息技术是生态文明建设的重要手段。

三、信息技术学科课程内容与生态文明议题的关联分析

（一）初中学段：初一、初二年级

内容模块	与生态文明结合跨学科主题
人工智能与智慧社会	未来智能场景畅想 人工智能预测出行 在线数字气象站
物联网实践与探究	
互联网应用与创新	

（二）高中学段：高一年级

内容模块	与生态文明结合跨学科主题
必修一：数据与计算	奥森湿地净水系统的数据分析 智能灌溉助力农业现代化
必修二：信息系统与社会	

四、融合导向下的单元整体设计

（一）单元设计流程与解读

在“数据处理与分析”章节，以校本湿地课程“奥森龙形水系水质探究”为项目背景，以湿地课程的实地考察环节为切入点，面向全体高一学生推广宣传校本课程的研究主题，同时以湿地课程的采集数据作为项目研究数据，完成数据整理、分析，可视化最终形成结论，并结合结论提出可行性建议。在项目推进过程中，渗透生态文明理念。

（二）单元设计案例

奥森湿地净水系统的数据分析

基本信息			
姓　　名	赵希安	学　　校	北京市中关村中学知春分校
学　　科	信息技术	联系电话及邮箱	
年　　级	高一	教科书版本及章节	必修一 第3章
学习领域/模块	数据处理与应用		
单元教学设计			
单元学习主题	数据处理与应用		

1．单元教学设计意图

选择合适的工具和方法，对数据进行采集与整理，根据需要对数据进行分析，并利用数据分析结果解决实际问题，形成数据分析报告。

2．单元内容分析

本单元围绕以下四个方面展开：①数据处理的一般过程；②数据的采集与整理；③数据分析与可视化；④撰写数据分析报告。本单元的教学内容环环相扣，紧密联系在一起，非常适合开展项目式学习，基于一个问题进行研究，以数据分析报告的形式得出初步探究的结论，这样能很好地将本单元各小节中的知识点进行串联，既保证了问题研究的连贯性，又通过项目式学习激发学生探究问题的兴趣。

3．学习者分析

高一学生的年龄特征：活泼、精力充沛、好奇心强、具有较强的理解能力和初步形成的价值观；信息技术素养方面：能够使用简单的办公软件进行基本的文本编辑和图像处理；存在的问题：不能根据问题情境系统全面地分析问题、获取数据、得出结论，对数据获取的途径不是十分清楚，不能对采集到的原始数据选择恰当的方法进行整理和分析，从而也无法得出准确、全面的结论。

4．单元学习目标与重点难点

单元学习目标：

掌握数据处理的一般过程，能够选择恰当的方法采集数据，并能够对采集的数据进行整理，删除、调整错漏数据；掌握数据分析的常用方法，能够根据实际问题选择合适的方法对数据进行分析和可视化；通过数据和可视化图表，能够形成问题的结论，并能够给出解决该问题的合理化建议。

单元学习重点：

（1）研究项目的确立；
（2）数据采集的一般过程；
（3）数据整理的基本原则和方法；
（4）数据分析与可视化；
（5）撰写数据分析报告。

单元学习难点：

（1）基于研究项目进行问题分析；
（2）数据采集方法的使用；
（3）数据的整理与遴选；
（4）解读可视化图表，得出分析结果，提出合理化建议。

5．单元整体教学思路（教学结构图）

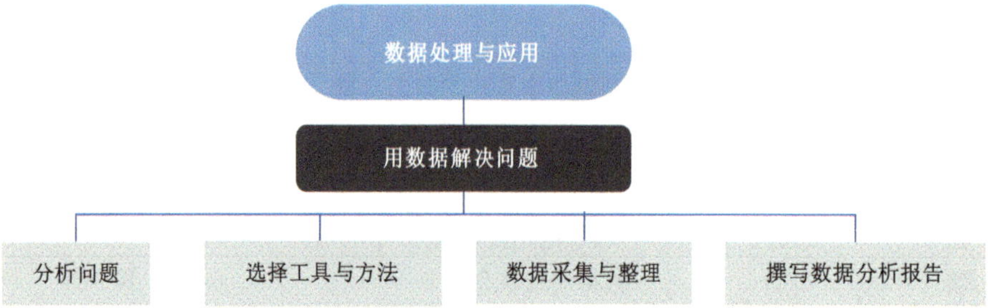

课时教学设计

课题	奥森湿地净水系统的数据分析
课型	新授课☐ 章/单元复习课☐ 专题复习课☐ 习题/试卷讲评课☐ 学科实践活动课☑ 其他☐

1．教学内容分析

高一部分同学对奥森湿地龙形水系中采集的水样进行了实验室检测，对各采样点水样中的氮、磷、溶解氧等物质的含量进行了检测，并将数据作了记录。上节课，同学们已经掌握了数据整理的基本原则和方法，并对原始数据进行了整理和遴选，本节课基于这些数据，掌握数据分析常用方法，选择合适的方法对水样数据进行合理的分析，并能够通过程序对数据进行可视化，形成直观的图表。

2．学习者分析

学生们已经掌握了数据整理的原则和一般方法，对数据有了第一面的印象。对于大量的数据，学生们非常希望看到数据分析的结果，因此，对本节课的学习意愿十分强烈。加之前面对湿地净水作用的介绍，学生们想要通过数据来验证湿地对水质的净化作用，在这种强烈的求知欲的基础上，学生们对数据分析的方法的学习就变得顺理成章，且有很强的针对性。

3．学习目标设计

本节课以氨氮含量为研究目标，分析它在奥森城市湿地净水系统中的变化情况，使用前期学生采集和整理的数据进行研究，对湿地净水效果进行验证，并分析原因。

4．学习重点难点

重点：数据分析的常用方法和可视化。

难点：选择适当的方法对数据进行分析，并能够根据数据和图表得出结论和合理化建议。

5．学习评价设计

从知识、能力、情境等方面确定学业评价指标或编制学业评价框架，从态度、方法和认知需求等方面进行过程性评价，可列出评价方式与评价工具等，通过评价持续促进学习，突出诊断性、表现性、激励性。

6．学习活动设计

教师活动	学习活动
环节一：	
教师活动 1 对比北京的奥林匹克森林公园与纽约的中央公园，它们在超大规模城市中发挥了哪些作用，对生态环境起到了哪些作用，它们是否实现了设计之初的目标。	**学生活动 1** 听课并讨论城市湿地对生态环境的作用

设计意图：
通过身边的城市湿地创设情境，引导学生基于问题发散思维，探寻城市湿地对生态环境的作用，从而激发学生验证湿地净水作用的兴趣。

环节二：

教师活动 2	学生活动 2
结合文献，将奥森龙形水系的设计报告（部分）呈现给学生，并对其净水的设计理念进行解读，根据设计理念，结合上节课整理的数据，对数据进行合理的分析。	听课并记录

设计意图：
通过文献了解奥森湿地净水的原理和目的，对前面整理的数据有更加深入的理解。

环节三：

教师活动 3	学生活动 3
结合 PPT 讲解常用的数据分析方法，以及各种方法的特点	听课并回答问题

设计意图：
理解常用的数据分析方法及它们各自的特点，能够根据问题情境，选用适当的分析方法。

环节四：

教师活动 4	学生活动 4
结合数据和奥森龙形水系的净水设计理念，请同学们讨论应该选择哪种方法进行数据分析，并进行验证。	听课并讨论

设计意图：
结合上一环节的内容，选择适当的研究方法。

环节五：

教师活动 5	学生活动 5
利用 Python 程序对数据进行分析和可视化，并通过数据和图表得出验证结论。	听课并完成图表和结论

设计意图：
通过真实数据对问题进行验证，掌握科学探究的一般方法。

环节六：

教师活动 6	学生活动 6
通过读图表和数据，提炼得出最终结论，并分析产生该结果的原因，验证城市湿地的净水作用。	听课并完善图表和研究结论

设计意图：
使学生能够结合数据和图表得出结论，敢于对问题进行大胆质疑和验证，并能通过研究和分析，思考问题背后深层次的问题和解决办法。

7. 板书设计

8. 作业与拓展学习设计 尝试使用本节课中学到的方法，对水样中的磷和溶解氧含量进行分析和可视化，你能得出哪些结论？并尝试分析产生这种结果的原因。
9. 特色学习资源分析、技术手段应用说明 利用学生实地采集的水样进行实验室检测，并对水样中的氮、磷、溶解氧等物质的含量进行数据记录和整理。
10. 教学反思与改进 学生对于户外采集水样热情很高，但是目前课程是小规模开展，如果后续想面向全体学生铺开教学，组织学生户外采样是个比较困难的工作。 另外，因为需要讲解的知识很多，总体感觉教的活动比例大于学的活动，在线下实施此教学设计时，项目数据分析与可视化、项目报告书的完成会花费大量时间，于是又绕回到项目式学习与课时的冲突这个问题上。 最后，还是希望能得到有经验的老师的指点。

奥森水系数据采集与分析活动探究

知春分校　赵希安

奥林匹克森林公园（简称“奥森”）的水系是结合现场的地形水系条件，因地制宜进行设计的。清河导流渠自西北向东南穿过园区，与仰山大沟均为承担城市水利功能的河道，其中，清河导流渠既是清河向北小河供水的途径，也是雨洪排泄的通道。水系的主要水源来自清河污水处理厂经过处理的再生水，其氮、磷等营养物质含量偏高，经过龙形水系生态湿地系统的净化作用，可有效改善水质，对水体进行净化。系统中的潜流湿地可对再生水进行第一次净化，它能够利用土壤中的某些物质与水中的部分化学元素作用，将水中的有害物质分离出来。系统中表面流湿地的作用主要是通过曝气，使再生水中的氮、氨等元素与空气中的氧气等气体发生化合，变成对人体无害的气体，从水中释放出来。表面流湿地能够有效增加水中溶解氧的含量，保证水中微生物有充足的溶解氧，从而实现对污水中有机物的氧化分解。在这一区域大量种植有净化水体功能的水生植物与湿地植物，通过植物的根系或植物分泌的液体对水体进行净化。

在对奥森进行水样采集时，我们的行进路线是：从奥森南门进入，沿龙形水系逆流而上，最终达到水系的源头——叠水花台。沿途选取 14 个采样点，包括水系的下游、表面流湿地、潜流湿地和水系源头。并在水系的下游 3 处芦苇较为密集的采样点（②、③、④进行土壤采样，土壤采样位置均为岸边芦苇的根部。见下图：

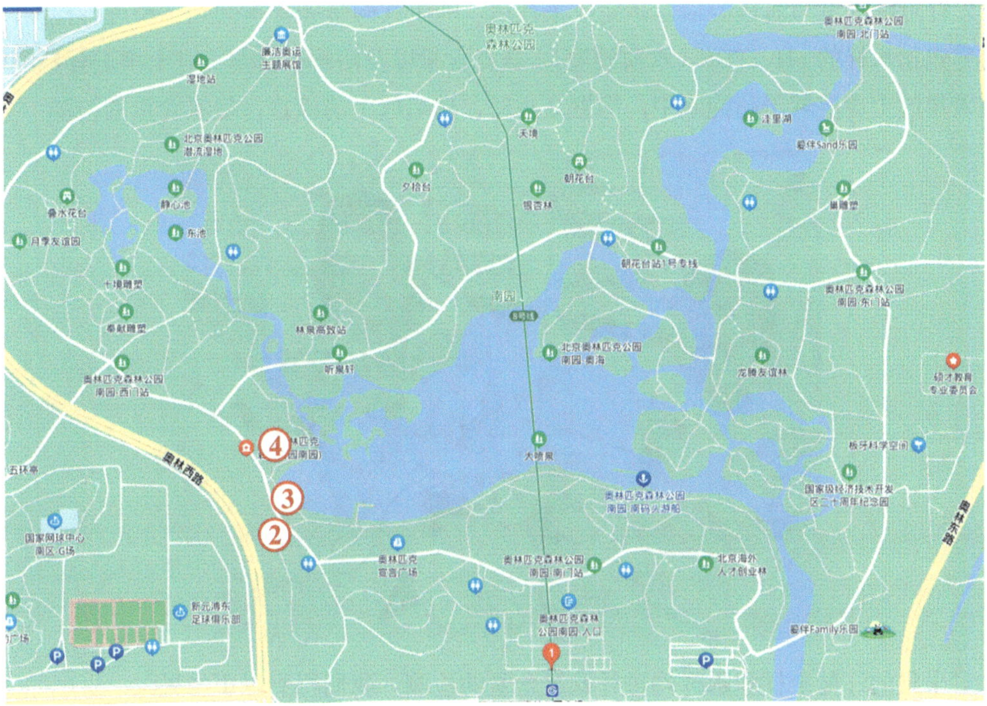

土壤采样点

学生在芦苇根部采样

2022 年 9—10 月，共进行了 4 次奥森采样活动，分别为：9 月 12 日、9 月 17 日、9 月 25 日和 10 月 5 日。参与的学生包括初二年级、高一年级、高二年级。在对 14 个采样点进行水样采集时，均采集水面下 20 cm 深处的水样，采集水样后，现场观察水样的颜色、闻气味、记录采样点周边动植物的种类和分布情况。采样时，还要记录采样时间、当前气温、采样点经纬度与海拔等信息。完成采样后，师生共同带领样本回到学校进行检测，检测内容包括水样的 pH、TDS（水质硬度）、氨氮含量以及溶解氧含量；对土壤进行检测时，先将采集的土壤溶解于超纯水中，静置 2 小时，然后取上清液进行氨氮含量的检测。

对采集的三处土样和水样均进行氨氮含量的检测，我们得到以下结果[①]：

氨氮含量检测（2022 年 9 月 17 日数据）

采样点编号	水中氨氮含量/（mg/L）	土壤中氨氮含量/（mg/L）
②	0.240	0.214
③	0.183	0.633
④	0.190	0.422

氨氮含量检测（2022 年 9 月 25 日数据）

采样点编号	水中氨氮含量/（mg/L）	土壤中氨氮含量/（mg/L）
②	0.348	0.274
③	0.288	0.352
④	0.217	0.302

从上表可以看出，除②外，③、④采样点土壤中的氨氮含量明显高于水中的氨氮含量，说明随着水的流动，会有大量的氮氮沉积在土壤中；②采样点位于水湾内，且有水网，水的流动性较差，致使岸边的土壤中没有大量氨氮的沉降，因此，水中的氨氮含量与土壤中的氨氮含量十分接近。

① 只选取其中 2 天采集较好的数据。下文其他图表同。

采样点实地照片

沉水廊道是龙形水系中一处静止的水体，水中生长着大量的萍蓬草和水烛，水体有明显异味。在对沉水廊道的两处水样进行溶解氧的检测时发现，这两处的溶解氧含量仅为0.13 mg/L和0.89 mg/L，远低于其他水样中的溶解氧的数值。

沉水廊道中的植物

沉水廊道中植物的水下部分

师生在沉水廊道进行观察和水样采集

各采样点溶解氧含量对照表（2022 年 9 月 17 日数据） 单位：mg/L

采样点编号	①	②	③	④	⑤	⑥	⑦	⑧	⑨	⑩	⑪	⑫	⑬	⑭
溶解氧含量	20.06	11.54	15.83	15.31	12.95	12.14	5.1	6.76	0.89	0.13	7.2	6.74	8.02	6.42

各采样点溶解氧含量对照表（2022 年 10 月 5 日数据） 单位：mg/L

采样点编号	①	②	③	④	⑤	⑥	⑦	⑧	⑨	⑩	⑪	⑫	⑬	⑭
溶解氧含量	11.35	10.7	9.32	8.74	8.67	8.21	5.26	6.91	3.67	1.14	9.05	10.84	10.03	10.12

在对水样的 TDS（水质硬度）进行检测时，我们发现，上游水体中的 TDS 值较低，即水中溶解性总固体的数量较少，随着下游人类活动的增加，TDS 值呈上升趋势。在水系的下游有游船活动，并有大量鲤鱼和游人投喂的情况，偶尔也可见到鸭子，这些都对水质产生了影响。

水样的 TDS 检测（2022 年 9 月 17 日数据）

采样点编号	14（上游）	12（上游）	2（下游）	1（下游）
TDS 值	189	208	355	355

水样的 TDS 检测（2022 年 9 月 25 日数据）

采样点编号	14（上游）	12（上游）	2（下游）	1（下游）
TDS 值	189	273	357	378

活动中，师生们还发现并采集了黑藻，利用黑藻进行了生物学试验。黑藻是一种多年生沉水植物，质较脆，叶 3～8 枚轮生，花单性，有雌株和雄株之分。有较强的应用能力和富集能力，是净化污水的理想植物。

叠水花台采集的黑藻

各采样点氨氮含量和溶解氧含量对比如下（2022 年 9 月 12 日和 9 月 17 日数据）。

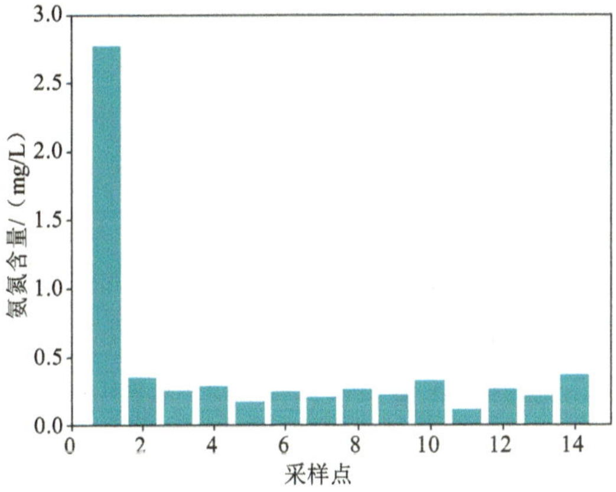

2022 年 9 月 12 日各采样点氨氮含量

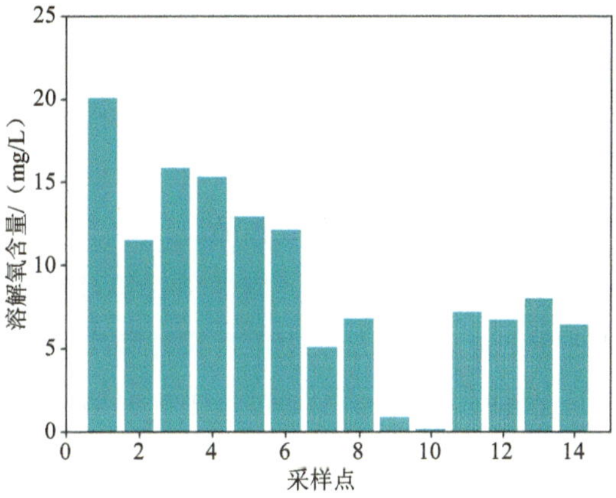

2022 年 9 月 12 日各采样点溶解氧含量

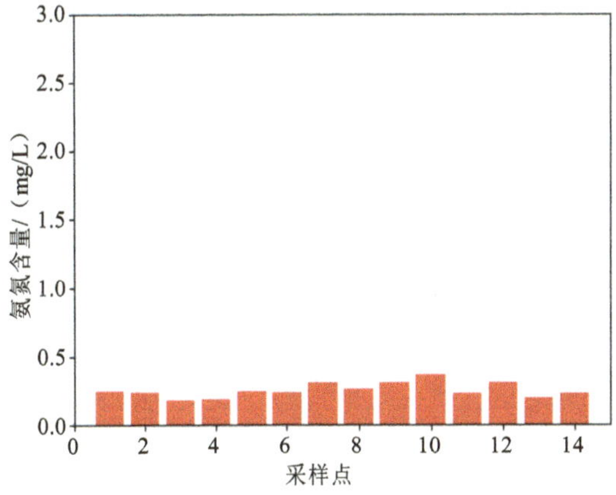

2022 年 9 月 17 日各采样点氨氮含量

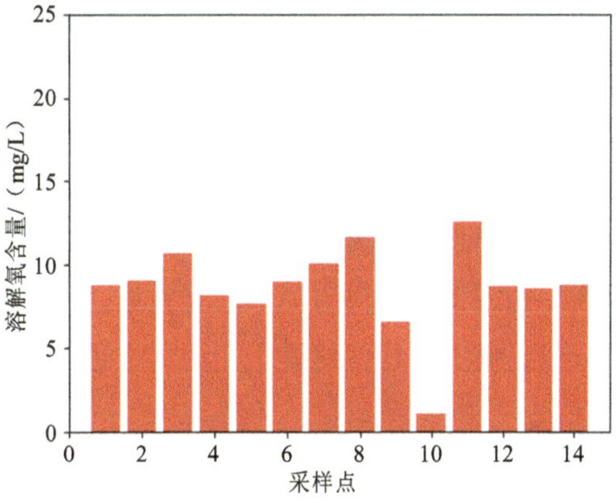

2022 年 9 月 17 日各采样点溶解氧含量

五、生态文明教育融入信息技术学科的实施建议

信息技术教学是培养学生信息技术学科核心素养的基本途径。教师在教学中要紧紧围绕学科核心素养，凸显“学主教从、以学定教、先学后教”的专业路径，把项目整合于课堂教学中，重构教学组织方式，创设有利于学生开展项目学习的数字化环境、资源和条件，引导学生在数字化学习的过程中，领悟数字化环境对个人发展的影响，养成终身学习的习惯。

信息意识是指个体对信息的敏感度和对信息价值的判断力，是在具体信息情境和信息活动中逐步养成的。教师在教学中要为学生创设信息情境，提供发现问题、自主解决问题的机会，引导学生主动将问题求解与信息技术进行关联。

基于项目的学习是指学生在教师引导下发现问题，以解决问题为导向开展方案设计、新知学习、实践探索，具有创新特质的学习活动。项目学习很大程度上还原了学习的本质，这种基于真实情境的学习能促进学生对信息问题的敏感性、对知识学习的掌控力、对问题求解的思考力的发展。在项目实施过程中，各种能力的综合也促进了学生信息技术学科核心素养的形成。开展项目学习时，创设适合学生认知特征的活动情境，引导他们利用信息技术开展项目实践、形成作品。

在项目学习特别是开放性项目学习的过程中，学生是项目的设计者、实施者和项目成果的推介者，教师是学生项目设计和实施过程中的引领者和咨询者。在教学中，淡化知识的单一讲解，鼓励学生通过自主探究解决项目中的问题，在解决问题的过程中整合知识学习，促进思维发展。教师从“学会操作”的课堂价值取向转向“形成学科核心素养”的价值诉求，引导学生从实际生活中发现项目素材，培养学生的信息意识；在“尝试→验证→修正”的“试错”过程中，发展学生的计算思维；引导学生从自主寻求项目实施所需知识和技能的过程中形成数字化学习与创新能力；在项目成果的推介交流中，提升信息社会责任。

在开展项目学习创设项目情境时，与生态文明背景相结合组织项目内容。如在《数据处理与分析》章节，以校本湿地课程的《奥森龙形水系水质探究》为项目背景，以湿地课程的实地考察环节为切入点，面向全体高一学生推广宣传校本课程的研究主题，同时将湿地课程的采集数据作为项目研究数据，完成数据整理、分析并可视化，最终形成结论，并结合结论提出可行性建议。在项目推进过程中，渗透生态文明理念。

第十一章

生态文明教育融入艺术学科教学实施方案

一、生态文明教育与学科课程性质的关系

艺术是人类精神文明的重要组成部分，是运用特定的媒介、语言、形式和技艺等塑造艺术形象，反映自然、社会及人的创造性活动。艺术教育以形象的力量与美的境界促进人的审美和人文素养的提升。艺术教育是美育的重要组成部分，其核心在于弘扬真善美，塑造美好心灵。

生态文明教育是指以教育的方式向学生普及生态环境现状常识、生态文明相关知识，增强学生对生态文明的认识和理解，促进其正确生态文明价值观的形成，使其能够辩证地看待人与自然的关系，并养成与生态文明理念相符的生活方式和行为习惯，具备基本的生态文明素养。

艺术课程的人文性、实践性与审美性与生态文明教育高度契合。从人文性来看，以生态文明为主题的艺术作品反映了人们对生态环境的认识和生态文明的理解，体现出人们的生态文明知识与价值观念。从实践性来看，通过以生态文明为主题的艺术表现，实现对生态文明理念的探索与表达，并以艺术的形式参与环保活动和解决生态问题。从审美性来看，通过欣赏与创作表现自然美的艺术作品，实现对自然的关注、亲近与热爱，进而形成积极健康的生态美学观。

二、生态文明教育融入艺术学科的 Logo 设计

艺术课程的标志设计整体选用了“艺术”英文“Art”的首字母大写“A”的形象。下

方的灰色弧形代表艺术核心课程，绿色弧形代表艺术拓展课程，二者构筑起一个桥梁的形象；其上的山形三角代表艺术定制课程。该结构象征音美教研组将在上好国家要求的核心课程和满足校情需求的拓展课程基础上，努力建构起以“生态文明”为主题的定制课程，以此构筑起我校艺术课程的三级体系。此外，标志的右上方添加了一轮红色的太阳，其既象征着我校的艺术课程将在学校的引领与支持下，以及音美科任老师的集体努力下，必将蒸蒸日上，更进一步；也象征着我校的艺术课程将点燃学生艺术学习的兴趣，引领学生在艺术道路上不断求索；坚持以美育人，培养学生的核心素养，使学生能够借助艺术的力量持续地追求人生幸福，实现自我价值。

艺术课程

Music And Fine Art Course

三、学科核心素养与生态文明素养的融合

艺术课程要培养的核心素养主要包括审美感知、艺术表现、创意实践和文化理解。审美感知是对自然世界、社会生活和艺术作品中美的特征及其意义与作用的发现、感受、认识和反应能力。艺术表现是在艺术活动中创造艺术形象、表达思想感情、展示艺术美感的实践能力。创意实践是综合运用多学科知识、紧密联系现实生活，进行艺术创新和实际应用的能力。文化理解是对特定文化情境中艺术作品人文内涵的感悟、领会、阐释能力。其中，审美感知是艺术学习的基础，艺术表现是学生参与艺术活动的必备能力，创意实践是学生创新意识和创造能力的集中体现，文化理解则以正确的价值观引领审美感知、艺术表现和创意实践。

生态文明素养内容主要包括生态文明知识、生态文明价值观和生态文明行为。生态文明知识是指了解生态环境现状，认识全球生态安全的严峻形势，掌握环境保护知识，认识人类影响环境的基本方式。生态文明价值观是指以人与自然和谐共生为核心的价值体系，主要内涵包括正确认识人与自然环境的关系，认识人类行为对环境产生的影响和对环境问题承担的责任，尊重自然、保护环境，以及辩证看待生态环境与社会发展之间的关系，形成人与自然和谐相处的观念。生态文明行为是指掌握绿色环保的生活技能和行为方式，参与环保活动并尝试解决环境问题。

艺术课程素养与生态文明素养高度适配，两相融合可建构起如下以生态文明为主题的艺术教学目标：①感知、发现、体验和欣赏人与自然和谐相处的生态美。②丰富想象力，运用媒介、技术和独特的艺术语言进行生态文明理念的表达与交流，运用形象思维创作生态文明主题的艺术作品。③发展创新思维，以创作、表演、展示、制作等艺术实践方式积极参与环保活动，学会发现并解决环境问题。④感受和理解中国传统文化中所蕴含的生态伦理思想和党领导下的中国特色社会主义事业所取得的生态文明建设成就，传承和弘扬中华优秀传统文化和社会主义先进文化，坚定文化自信，铸牢中华民族共同体意识。⑤了解不同地区、民族和国家在生态环境保护上所作出的努力，树立人类命运共同体意识。

四、学科课程内容与生态文明议题的关联

我校的艺术课程主要包括音乐和美术两门学科，以艺术实践为基础，以学习任务为抓手，有机整合学习内容，建构一体化的内容体系。艺术实践包括欣赏（欣赏·评述）、表现（造型·表现）、创造（设计·应用）和联系/融合（综合·探索），是学生学习艺术、提升艺术素养必须经历的活动和过程。学习内容是学生在艺术实践中需要掌握并有效运用的基础知识和基本技能。学习任务是艺术实践的具体化，要求学生在现实生活或特定情境中，综合运用所学的知识、技能等来完成特定项目或解决相关问题。

音乐学科在初中阶段设置了“听赏与评述”“独唱与合作演唱”“独奏与合作演奏”“编创与展示”“小型歌舞剧表演”“探索生活中的音乐”六项学习任务。其中“净音坊”，学生通过参与多种与音乐相关的艺术表现活动，展现自己的个性化理解和创意，在实践中增强交流与合作能力，学会尊重、理解和包容他人，养成守规则、负责任等良好品质。同时将生态化的理念融入教学任务中，以学生的音乐自主发展为本位，尊重音乐学习者的生活形态，引导他们进行音乐的理解和体验，从而提升其生活的意义和质量。如“听赏与评述”的学习任务中，听赏结构复杂、思想内涵较丰富的不同地区、民族和国家有代表性的优秀音乐，扩大和加深对音乐表现要素及其表现作用的感知体验与理解。结合所听音乐，了解乐队中常见乐器名称、形制、分类和奏法，扩展对音乐体裁与形式的认识，了解中外有代表性的民族民间音乐。探究音乐艺术如何唤起人的情感反应以及价值观对人情感反应的影响。音乐教育课堂活动表现为一种动态的音乐文化教育行为。呈现出开放的、生态的、有机的音乐教育课堂活动形态，要将音乐自身鲜活的生命感充分地展示出来，让学生在音乐学习的过程中，体验到音乐特有的生命性和动态性。在“独唱与合唱”学习任务中，创设真实的生态化音乐学习语境。教师可以合理选用自然或社会生活环境中的音乐现象，借助现实生活的音乐场景，激发学生的生活体验，并形成创新的、个性化的音乐体验。教师要善于挖掘歌曲所体现的社会主义先进文化、革命文化、中华优秀传统文化的深刻内涵，以

及歌曲表达的爱党、爱国、爱社会主义、爱人民的思想感情，创设与歌曲表现内容相适应的学习情境，激发学生富有感情地演唱，寓教于乐，可以将演唱教学与社会文化活动、校园文化活动结合起来，班、团队活动与节日庆典等结合起来，在真实的活动情境中锻炼学生的演唱能力，使音乐文本由抽象走向现实情境之中，启发学生用自己的生活经验走近和诠释音乐。在“独奏与合作演奏”学习任务中，教师应关注人的内心情感和音乐本身的艺术性，要将身体感觉延伸到手中的乐器，将乐器当作自己肢体的延伸，建立身体与乐器亲密的关联，在身体与乐器的交织中产生共鸣。同时，还要在身体与乐器接触的情境中，树立对音响的良好感觉。例如，在手铃乐器演奏中，采用不同演奏技法方法，试奏不同的音强和音色，要基于自己的审美体验和内心情感需求用打击乐器来演奏，而不是基于某种原则或规定，要在对音响效果的演奏尝试过程中，体验到美感和喜悦，感受到音乐像潺潺小溪一样连绵不断，这样才能产生完美的音乐表演效果，达成教学目标。在“编创与展示”学习任务中，可以与欣赏、表现及其他艺术实践活动结合，并融入演唱、演奏、听赏、探索等任务，也可采用专题活动的方式，让学生围绕环保主题进行作品的编创和表演，从而提升学生的环保意识。在“小型歌舞剧表演”任务中，歌舞剧表演是将音乐、舞蹈、戏剧、美术、文学等艺术形式融为一体，表现情境或故事，表达情感思想的综合性艺术活动。表演要结合学生实际，设计与学习和生活经验相关的主题或内容，观察大自然和动物生活，关心人类与世界发展等，表现校园生活，抒发爱国情感。小型歌舞剧的表演有助于加强音乐与其他艺术的融合，提高学生的跨学科实践能力和综合表演能力。在“探索生活中的音乐”任务中，引导学生从关注校园内的声音和音乐入手，逐步拓展到关注自己生活中的周边自然环境中的各种声音和音乐现象。对声音和音乐的探究要结合学生的生活经验，运用形象化的方法和手段，帮助学生认识和理解他们的规律和特点，还可以结合其他学科进行跨学科教学。另外，可以引导学生自制打击乐器或简易旋律乐器进行合奏，或为其他表演进行伴奏。由音乐认知向生态转变，将音乐置于整体的文化智慧之中，要将音乐融入整个文化背景和环境中加以感知和体悟，这样才能凸显出音乐的价值和意义。在“民族音乐艺术多样性”“世界多元的音乐艺术”与“理解音乐文化”学习任务中，应关注音乐与生活及其他学科的联系，引导学生将生活经验或其他学科知识运用到音乐欣赏之中，增进对音乐的理解。同时，引导学生将音乐中的重复、对比、变化等体现的辩证法迁移到生活中，帮助学生更好地看待世界和社会，认识自我和他人。对音乐的审美应建立在整体观念基础之上，教学中要注意处理好总体与部分、整体与要素、内容与形式、音乐与文化、音乐与自然之间的关系。

生态文明议题下的音乐课程内容	
课程模块	课程内容
净音坊	学生通过参与多种与音乐相关的艺术表现活动，展现自己的个性化理解和创意，增强交流与合作能力，学会尊重、理解和包容他人，养成守规则、负责任的良好品质。
欣赏与评述	结合所听音乐，了解中外有代表性的民族民间音乐，以及不同风格流派的优秀作品和代表人物，理解音乐表现要素、创作技法、作曲家背景与音乐题材、形式、风格之间的关系，探究音乐艺术如何唤起人的情感反应以及价值观对人情感反应的影响。
独唱与合唱	用自然或社会生活环境中的音乐现象，借助现实生活的音乐场景，激发学生的生活体验，并形成创新、个性化的音乐体验。
独奏与合奏	设计不同的演奏形式，或利用不同乐器的音色变化，用乐器或自制音源营造音乐情境，塑造音乐形象，带给学生丰富多样的艺术体验。
编创与展示	与欣赏、表现及其他艺术实践活动结合，融入演唱、演奏、欣赏、探索等任务，也可专题活动，让学生围绕环保主题进行作品的编创和表演，提升环保意识，树立人类命运共同体意识。
小型歌舞剧表演	歌舞剧表演是融音乐、舞蹈、动作、美术、文学等为一体，表现情境或故事、表达情感思想的综合性艺术活动。小型歌舞剧表演有助于加强音乐与其他艺术的联系，提高学生的跨学科实践能力和综合表演能力。
探索生活中的音乐	引导学生从关注校园内的声音和音乐入手，逐步拓展到关注生活周边自然环境中的各种声音和音乐现象，使学生认识到音乐与大自然的联系，例如以歌颂森林、江河为主题的艺术歌曲，其内涵体现了崇尚自然的生态观。
音乐文化理解	关注音乐现象，了解社会生活、文化环境、生态文明对音乐的影响。理解音乐作品与地域、语言和生活习俗之间的关系。通过鉴赏或创作中国传统音乐和近代优秀作品，了解中国音乐的发展脉络及不同时期主要的音乐成就。从所接触的西方音乐作品中认识其所属时期及相关的代表性作曲家与主要音乐成就，大致区分一些有代表性国家和民族的音乐特征，尊重不同国家和民族音乐为人类文化发展做出的独特贡献。

生态文明下的音乐课程听赏与评述

教学设计

基本信息			
姓　　名	牛湘漪	学　　校	北京市中关村知春分校
学　　科	音乐	联系电话及邮箱	
年　　级	高一	教科书版本及章节	人民音乐出版社《音乐鉴赏》； 第二单元　腔调情韵——多彩的民歌
学习领域/模块	民歌		

<table>
<tr><th colspan="2">单元教学设计</th></tr>
<tr><td>单元学习主题</td><td>多彩的民歌</td></tr>
<tr><td colspan="2">1．单元教学设计说明
民歌是民间的歌、人民的歌。民歌产生于劳动人民的社会实践中，经广大人民群众口头传唱、广泛流传、集体加工而成。民歌源于生活，反映着人们最质朴的感情，同时凝练了数代人的音乐智慧，是人类文化的瑰宝。
我国有着灿烂的文明，历史悠久，幅员辽阔，民族众多。在千差万别的自然条件、社会条件、生活方式和劳动方式的影响下，民歌的体裁形式、风格色彩、表现手段丰富多彩，各具特色。几千年来，民歌一直紧密地伴随着人民，是人民心灵深处的声音，深切反映了人民的生活与情感。
汉族作为中国人口最多的民族，产生了大量旋律动听、歌词优美、情绪饱满的民歌，这些民歌是我国民歌的重要组成部分。常见的体裁有劳动号子、山歌、小调三大类。本单元将以《澧水船夫号子》《脚夫调》《弥渡山歌》《姑苏风光》等作品来诠释汉族民歌的魅力。
与汉族民歌相对应，少数民族民歌具有独特风格，它们以各少数民族长期居住的地理环境、生态特点、经济形态、文化交流等为特色。本单元将以蒙古族、藏族、维吾尔族以及侗族等民族为切入点，引领学生走近少数民族民歌，深入了解其特点。</td></tr>
<tr><td colspan="2">2．单元学习目标与重点难点
（1）通过欣赏教学，使学生掌握我国民歌的类别，了解并体验各类民歌的风格特点。
（2）通过教学，让学生会唱几首具有代表性的民歌，激发学生对中国民歌的喜爱之情和学习热情。
（3）引导学生了解民歌与地理环境、生态环境的关联性，培养学生热爱祖国各民族民歌的感情，让他们懂得民歌源于生活的重要属性，从而继承和弘扬民族音乐文化。
教学重点：中国民歌的体裁分类。
教学难点：准确区分中国民歌类型并把握各类民歌的风格特点。</td></tr>
<tr><td colspan="2">3．单元整体教学思路
“多彩的民歌”是高中阶段重点学习和介绍中国民歌的单元。
民歌与人民的社会生活有着最直接、最紧密的联系，是劳动人民在长期而广泛的群众性即兴创作中，通过口传心授，在世代相传中逐渐形成和发展起来的，因而具有口头性、集体性、流传变异性。不同地区、不同民族的民歌，其音乐都各具本地区民族的风格特色，从而成为该地区、该民族音乐特征的标志。
民歌是中国传统民族民间音乐的重要组成部分，也是其他种类民族音乐（如民间歌舞、曲艺、戏曲、民族器乐等）的基础。
内蒙古自治区的音乐，特别是民歌中的长调、短调，民族乐器中的马头琴，在中华民族音乐宝库中占有独特的地位。同时，长调因其在蒙古族历史发展中的文化价值以及其悠长旷达、自由舒展、优美的旋律，被列入“人类口头和非物质遗产代表作”名单。
本单元重视音乐教学活动中的实践过程，旨在为学生创造主动参与音乐的机会。通过提供感受音乐、表现音乐、创作音乐的平台，让学生主动参与到音乐实践活动中，通过师生的共同参与，让学生更多地了解并熟悉少数民族音乐作品。
具体安排上，本课用 2/3 的课时以蒙古族长调与短调为重点，让学生在理解音乐特点的基础上感知其艺术形象及特点。用 1/3 的课时，通过拓展及体验活动，引导学生参与到音乐中来，成为蒙古族歌舞音乐中的一分子，使学生更直接地融入音乐，深层次感受音乐带来的魅力。</td></tr>
</table>

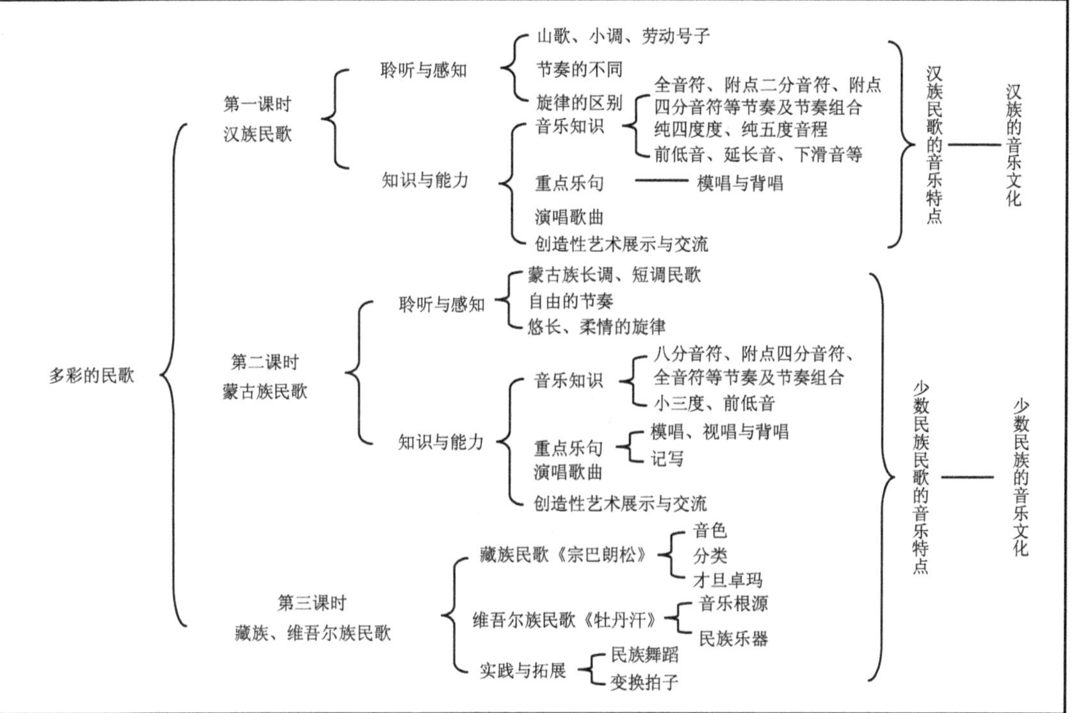

课时教学设计 （在本单元内选择 1～3 课时进行撰写）	
课题	《草原天籁》
课型	新授课☑　　章/单元复习课☐　专题复习课☐　习题/试卷讲评课☐ 学科实践活动课☐　　其他☐

1．教学内容分析

本课是人民音乐出版社音乐必修《音乐鉴赏》第二单元“腔调腔韵——多彩的民歌”中的一节鉴赏课程。本单元以中国少数民族的民歌与生态文明的联系为切入点，在音乐鉴赏和探究活动中，不但让高中生进一步理解我国民族音乐的风格特点和韵味与地理位置、生态环境的关系，而且能对少数民族音乐文化进行初步的研究，树立平等、多元的文化价值观。

《牧歌》是一首由上句和下句构成的长调民歌，其曲调悠长，连绵起伏，节奏舒展，气势宽广，优美动听。歌词在语态上流露出强烈的感叹、赞美之意，蓝天、白云、绿草、羊群展现出一幅令人神往的草原画卷，具有独特的艺术魅力。

《嘎达梅林》是蒙古族长篇叙事民歌。内容讲述的是 20 世纪 20 年代左右，在内蒙古东部哲里木盟，一位蒙古族英雄嘎达梅林（“嘎达”是指英雄在家排行最小，“梅林”是他在王府担任的一个职位很低的官名），率领人民起来反抗封建王爷和反动军阀的斗争故事。全诗很长，经常演唱的是由作曲家安波整理译配的四段词。

《草原上升起不落的太阳》由美丽其格作词作曲，创作于 1952 年，首演于中央音乐学院学生作品演唱演奏会。中央音乐学院、上海音乐学院、山东艺术学院等多所院校将这首歌曲纳入声乐教材。该曲以内蒙古民间曲调为素材，旋律宽广舒展，富有浓郁的民族风格及地方色彩。内蒙古自治区于 1977 年、2001 年先后两次以《草原上升起不落的太阳》为名，举办自治区成立 30 周年、庆祝建党 80 周年的大型文艺演出活动。50 多年来，这首歌经久不衰，成为歌颂内蒙古、宣传内蒙古最具代表性的歌曲。该作品也被评选为“20 世纪华人音乐经典”作品。

2．学习者分析

高中阶段的学生身心发展已趋于成熟，也初步具备了独立探索和分析的能力，对新鲜事物会独立地思考、追求和探索，学习兴趣也比较广泛。因此，在教学中，教师要结合学生的身心发展特点，多采用更加直观的、有趣的教学方式，增加学生的学习兴趣，也有利于学生更好地理解知识点。

高一年级学生音乐基础参差不齐，对蒙古族音乐有初步印象的同学占 45%，能说出长调短调等关键词的同学占 25%。正值青春期的高一学生大多比较害羞，在拓展体验方面，可能会遇到阻碍，还需教师积极启发与引导。

对蒙古族音乐的印象调查（40 人）

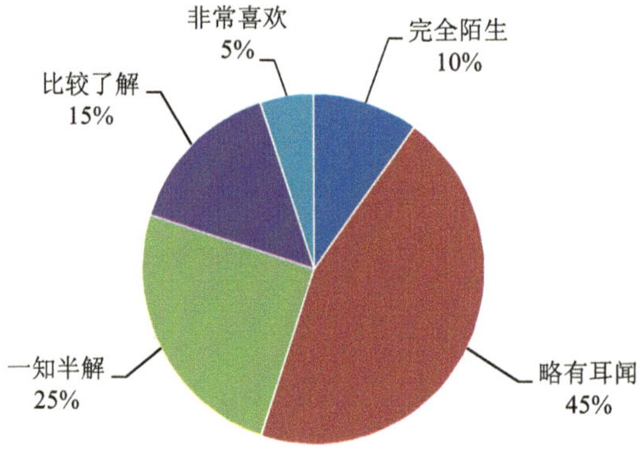

3．学习目标确定

（1）聆听《牧歌》，模唱音乐主题，能够感知蒙古族长调的艺术形象，认识到其在蒙古族音乐中的重要地位，学习装饰音——波音。

（2）赏析《嘎达梅林》，能够模唱音乐主题、辨识长调与短调并了解其各自特点。

（3）能够辨识并描述蒙古族的地理位置、生态环境等特征，理解音乐与生活、文化环境的联系，从而促进学生关注中国少数民族音乐，理解与尊重我国少数民族音乐的多样性。

4．学习重点难点

这节课的教学重点是学生们通过鉴赏总结蒙古族音乐分类的特点；难点则是结合自身所学与拓展体验，深刻理解蒙古族音乐的特点。

5．学习评价设计

本节课的学习评价依据课程标准的基本要求，采用过程性评价与终结性评价相结合，自评、互评与他评相结合的方式，在课堂中穿插进行。评价过程重视学生的自我评价，最终根据学生的具体表现作出公正合理的综合评定。

学习内容	评价等级	评价标准	自评	他评	师评
音程	及格	能够模唱音程			
	良好	能够音准较好地模唱音程			
	优秀	能够音准较好地模唱音程			
节奏	及格	能够识读节奏型			
	良好	能够识读节奏组合			
	优秀	能够识读带连音线的节奏组合			

学习内容	评价等级	评价标准	自评	他评	师评
演唱	及格	能够完整演唱歌曲			
	良好	能够准确演唱歌曲			
	优秀	能够有感情地演唱歌曲			

6. 学习活动设计

教师活动	学生活动
环节一：导入	
带着问题赏析民族管弦乐版本的《牧歌》： （1）这是歌唱我国哪个少数民族的歌曲？ （2）这里的特色乐器和特殊演唱方式叫什么？	学生完成学案第一部分： 根据初中所学，判断作品是否为蒙古族音乐，并识别出其中的马头琴和呼麦。
活动意图说明：用学生熟悉的民族管弦乐作品导入，直接切入蒙古族音乐主题，开门见山。	
环节二：长调	
教师活动 2	学生活动 2
欣赏长调与短调并分别总结其特点 （一）情景：赏析《牧歌》 （1）提问：看到了什么？听到了什么？ （2）探讨歌曲背景，并从文化、地理、历史的角度分析长调音乐特点。 （3）学习装饰音——波音的演唱  （4）旋律哼唱《牧歌》 	学生完成学案第二部分： 波音的时值练习。

（5）师生共同总结长调特点

旋律	节奏	速度	歌词
起伏大悠长	自由	慢	字少腔多

活动意图说明：

在欣赏、学唱长调歌曲《牧歌》的过程中，让学生感受长调音乐的特点。蒙古族是一个历史悠久而又富有传奇色彩的民族，过着“逐水草而迁徙”的游牧生活，中国的大部分草原都留下了蒙古族牧民的足迹，因而被誉为“草原骄子”、马背上的民族。

基于音乐理论层面，学生将学习装饰音的演唱方式，为学习《牧歌》的演唱及理解蒙古族音乐特点打下基础。

环节三：赏析短调

教师活动 3

《嘎达梅林》是蒙古族长篇叙事民歌。内容 20 世纪 20 年代前后，在内蒙古东部哲里木盟，蒙古族英雄嘎达梅林率领人民起来反抗封建王爷和反动军阀的斗争故事。全诗很长，通常演唱的是由作曲家安波整理并译配的四段词。

师生共同总结短调特点

旋律	节奏	速度	歌词
起伏小优美	整齐	稍快	字多腔少

学生活动 3

完成学案第三部分：短调特点表，并结合所学，听辨两首两种类型的作品。

活动意图说明：

让学生了解歌曲的生活背景，体会歌曲中所蕴含的情感，并从中感悟、总结短调音乐的特点。

环节四：对比辨别

教师活动 4

播放两首作品，请同学们听辨长调与短调，并追问如何分辨。

学生活动 4

根据所学，及时进行阶段性评价，并根据蒙古族音乐特点进行自主判断。学生之间可以进行互评。

活动意图说明：分别选取长调与短调的代表作，引导学生了解蒙古族音乐的特点，感受其魅力所在；并用听辨的方式，检测学生对知识点的运用。

环节五：拓展与体验

教师活动 5

（1）学唱《草原上升起不落的太阳》（选段）。

（2）学习蒙古族舞蹈基本动作。

介绍：蒙古族是能歌善舞的民族。蒙古族舞蹈的特点是节奏明快、热情奔放、语汇新颖、风格独特。保留节目有“筷子舞”“驯马舞”“盅碗舞”“挤奶员舞”等。

学生活动 5

学生完成学案第四部分：

分组就蒙古族音乐的传承与弘扬进行讨论并发言。

（3）感受蒙古族人民的载歌载舞。
学生围成圈，将蒙古族舞蹈基本动作与《嘎达梅林》相结合（鼓励学生即兴创编），实际体验载歌载舞的音乐情趣。

活动意图说明：

结合经典的内蒙古民歌风格的艺术歌曲，引导学生感受蒙古族音乐的魅力，并为歌舞拓展环节做铺垫。

带领学生聆听蒙古族极具特色的声音，初步感受蒙古族音乐的特点。在新课标的引导下，歌舞拓展环节将引导学生参与音乐表现实践，享受音乐实践的乐趣，并深化对蒙古族音乐的理解。

7．板书设计

《天籁草原》

	牧歌（长调）	嘎达梅林（短调）
旋律	起伏大　悠长	起伏小　优美
节奏	自由	整齐
速度	慢	稍快
歌词	字少腔多	字多腔少

8．特色学习资源分析、技术手段应用说明

在蒙古族音乐主题的教学中，根据学生的现阶段水平，准备了耳熟能详的作品供学生学习探究，并将学习内容整合在 PPT 文件中，力求生动形象地展现蒙古族音乐的魅力。在学习蒙古族特色乐器马头琴时，教师将实物带到教室、坐在学生旁，让学生近距离观察和接触，亲耳倾听马头琴悠扬浑厚的音色。

9．教学反思与改进

学生在初中阶段已对蒙古族音乐特点有了一定的了解，也积累了较丰富的历史、地理、文学知识。在实际教学中，拓展与体验环节设计了师生围成圈载歌载舞的活动，旨在让学生身临其境地感受蒙古族的音乐与舞蹈特点。正处青春期的学生多少有些拘谨与羞涩，很多同学不能全身心投入进来。在今后的教学当中，需要加强这方面的启发与引导，通过聆听、语言描述、视频展示等多种方式，加深学生对蒙古族音乐的审美感知、艺术表现和文化理解，让音乐在学生心底流淌。
这一节课引领学生感知了蒙古族音乐独特的艺术形象，为后续蒙古族音乐主题的学习奠定了坚实的基础。

美术学科在初中阶段设置了“领略世界美术的多样性”“传递我们的创意”“营造环境”“传承传统工艺”“创编校园微电影”“概览中外美术史”“表现无限创意”“我们与设计同行”“继承与发展文化遗产”“理解美术的贡献”10 个学习任务。其中“营造环境”主要引导学生根据“人与自然和谐共生”的设计原则，对学校或社区进行环境规划，增强其社会责任意识。此外，可将生态文明议题有机融入其他学习任务，在强化学习任务主题的同时，深化学生的艺术体验与文化认知。如在“传递我们的创意”和“表现无限创意”的学习任务中，引导学生运用传统与现代的工具、材料和媒介，以及所习得的美术知识、技能和思维方式，创作平面、立体或动态等表现形式的美术作品，创造性地表达对人与自然关系的感受、思考和认识，发展创造性思维能力。在“传承传统工艺”和“继承与发展文化遗产”的学习任务中，引导学生了解非物质文化遗产的含义，学会利用不同的工具和材料，制作传统工艺品或创作文创产品，体悟传统工艺中所蕴含的“天人合一”精神和生态伦理思想，认识继承与发展文化遗产是我们每个人的责任。在“创编校园微电影”的学习任务中，组织学生以个人或小组合作的方式，结合校园现实生活，探究环保问题，通过创编校园微电影，将不同学科的知识融为一体，增强综合探索与学习迁移的能力。在“我们与设计同行”的学习任务中，引导学生了解“设计满足实用功能与审美价值，传递社会责任”的设计原则，为满足学校或社区的学习与生活需求设计体现生态风尚的设计作品，形成生态设计意识，传递绿色生活理念，增强社会责任感。在“领略世界美术的多样性”和“概览中外美术史”的学习任务中，引导学生运用造型元素、形式原理和欣赏方法，欣赏与评述不同时代、地区、民族和国家表现自然之美和反映人与自然关系的美术作品，在领略美术的多样性与时代变迁的同时，了解不同时期的生态环境状况，认识人类行为对生态环境产生的影响，并辩证地看待生态环境与社会发展之间的关系，进而形成人与自然和谐相处的观念。在“理解美术的贡献”的学习任务中，组织学生以个人或小组合作的方式，探究美术在过去、现在和未来对推动生态建设所起的作用，认识党领导下的中国特色社会主义事业在生态文明建设上所取得的成就，铸牢中华民族共同体意识；了解不同地区、民族和国家在生态环境保护上所作出的努力，树立人类命运共同体意识，进一步提升综合探索与学习迁移的能力。

生态文明议题下的美术课程内容

营造环境	引导学生根据“人与自然和谐共生”的设计原则，对学校或社区进行环境规划，增强其社会责任意识。
传递我们的创意 表现无限创意	引导学生运用传统与现代的工具、材料和媒介，以及所习得的美术知识、技能和思维方式，创作平面、立体或动态等表现形式的美术作品，创造性地表达对人与自然关系的感受、思考和认识，发展创造性思维能力。
传承传统工艺 继承与发展文化遗产	引导学生了解非物质文化遗产的含义，学会利用不同的工具和材料，制作传统工艺品或创作文创产品，体悟传统工艺中所蕴含的“天人合一”精神和生态伦理思想，认识继承与发展文化遗产是我们每个人的责任。
创编校园微电影	组织学生以个人或小组合作的方式，结合校园现实生活，探究环保问题，通过创编校园微电影，将不同学科的知识融为一体，增强综合探索与学习迁移的能力。
我们与设计同行	引导学生了解“设计满足实用功能与审美价值，传递社会责任”的设计原则，为满足学校或社区的学习与生活需求设计体现生态风尚的设计作品，形成生态设计

	意识，传递绿色生活理念，增强社会责任感。
领略世界美术的多样性 概览中外美术史	引导学生运用造型元素、形式原理和欣赏方法，欣赏与评述不同时代、地区、民族和国家表现自然之美和反映人与自然关系的美术作品，在领略美术的多样性与时代变迁的同时，了解不同时期的生态环境状况，认识人类行为对生态环境产生的影响，并辩证地看待生态环境与社会发展之间的关系，进而形成人与自然和谐相处的生态文明理念和生态审美观念。
理解美术的贡献	组织学生以个人或小组合作的方式，探究美术在过去、现在和未来对推动生态建设所起的作用，认识党领导下的中国特色社会主义事业在生态文明建设上所取得的成就，铸牢中华民族共同体意识；了解不同地区、民族和国家在生态环境保护上所作出的努力，建立人类命运共同体意识，进一步提升综合探索与学习迁移的能力。

五、学科实施生态文明教育的关键建议

（一）采用项目式教学方式

根据学生经验、社会现实和当地文化资源，创设与生态文明相关的问题情境；在驱动性问题的激励下，引导学生于一段时间内完成一项具有环保性质的任务；在关键性问题的引导下，学生主动获取艺术学科和生态文明的知识与技能，进行综合性和创造性的艺术实践活动，以完成一系列的阶段性任务；学生在产出、展示与评价项目成果的过程中，体悟学习的意义与实践的价值，实现对生态文明主题与艺术学科观念的深刻理解，达成相应的核心素养教学目标。

（二）发挥跨学科教学优势

一方面，以各艺术学科为主体，加强与其他艺术的融合，重视与其他学科的联系，充分发挥协同育人的功能，以深化学生对生态文明主题的理解，实现对生态问题的创造性解决和环保任务的高质量完成。另一方面，将艺术学科作为手段和工具，助力其他学科的生态文明主题教学，以实现学习成果的艺术性表达与视觉化呈现。

（三）开发与利用课程资源

其一，引入校外的公共文化资源，使学生在真实的文化情境中获得丰富的艺术体验与全面的生态认知。其二，借力节庆文艺活动，一方面增强学生对生态文明主题的文化理解，另一方面使学生获得多样的艺术成果展演机会。其三，搭建数字化、信息化的资源平台，以突破教学上的时空限制，在方便资料查找、实现信息共享和增强互动实时性的同时，促

进教学方式和方法的转变与创新。

（四）展演成果与多元评价

按照“以评促学”的理念，一方面，学校举办多种类型的学生展演活动，引导学生通过学习成果的公开表演和展示，增强参与生态文明实践的主动性，获得进行艺术创造的成就感；另一方面，在教学过程中的不同阶段、借助不同的形式，将学校、教师、学生、家长和专家等纳入评价主体之中，充分发挥他们的教学评价作用，形成多方共同激励的机制，增强学生学习生态文明艺术课程的动力和信心。

第十二章

生态文明教育融入体育与健康学科教学实施方案

一、生态文明教育与学科课程性质的关系

生态文明教育和体育学科课程都是为了培养学生的全面素养，包括身体素质、心理素质和文化素质等。两者也都是基于实践的教育形式，通过实际操作来增强学生的能力和技能。

在这种关系下，体育学科课程可以作为生态文明教育的一种载体，帮助学生理解和认识环境问题，并在体育实践中探究环境问题的解决方法。例如，在体育活动中，学生可以了解运动对环境的影响，学习如何进行低碳环保运动，以及如何通过运动来促进环保和生态文明建设。

此外，体育学科课程还可以帮助学生形成一种健康的生活方式，促进个体和社会的可持续发展，这与生态文明教育的目标相一致。

综上所述，生态文明教育与体育学科课程性质密切相关，体育学科可以成为实施生态文明教育的一个重要载体和途径。

二、生态文明教育融入体育与健康学科的Logo设计

体育学科的Logo以三角梅为设计原型，三角梅所代表的热情、坚韧不拔、顽强奋进的花语内涵，与体育学科致力于培养学生积极向上的运动态度、坚韧的意志品质以及勇于拼搏的精神等核心素养理念高度契合。同时，三角梅在传统文化中也有独特价值，如《本草纲目》中记载其具有调和气血之功效，这体现了体育学科不仅关注学生的运动技能培养，还注重学生身心健康的全面发展。从生态文明教育的角度来看，以三角梅为原型的Logo寓意着以国家课程为核心，特色课程如同三角梅的枝叶般蓬勃发展，不断开枝散叶，绽放光彩。

三、学科核心素养与生态文明素养的融合

体育学科核心素养与生态文明素养的融合是实现生态文明教育的重要手段之一。具体来说，融合可以体现在以下几个方面：

1. 身体素质与环保意识的融合。体育学科核心素养包括身体素质的培养，而生态文明素养要求人们保护环境、珍惜资源。将两者融合起来，可以让学生在日常体育运动中养成良好的环保习惯，如在游泳时要注意不破坏水质，跑步时要注意不污染空气等。

2. 运动技能与环保技能的融合。在体育学科中，学生需要掌握各种运动技能，而在生态文明教育中，环保技能同样很重要。通过将两者融合，可以让学生在运动中积累环保技能，例如，在登山过程中学会保护自然资源，在野外露营时不乱丢垃圾等。

3. 体育竞赛与生态文明竞赛的融合。体育竞赛是体育学科的重要组成部分，而生态文明竞赛同样可以成为学生竞争的内容之一。将两者融合，可以鼓励学生在比赛中更加注重环保意识的培养，例如，在足球比赛中鼓励运动员使用可再生能源，在田径比赛中要求学生将垃圾带回家等。

将体育学科核心素养与生态文明素养融合起来，不仅可以促进学生的全面发展，还可以让学生在体育运动中更好地了解和认识环境问题，从而推动生态文明教育的实施。

四、学科课程内容与生态文明议题的关联

体育学科课程内容与生态文明议题紧密相连，从运动方式的选择到体育活动的开展，再到健康生活理念的养成，都蕴含着丰富的生态文明内涵，以下从多个方面具体阐述二者的关联。

低碳环保运动。低碳环保运动是体育学科的重要议题，体育学科教育可让学生了解通过运动减少碳排放、节约能源的重要性与方法，进而在实践中探索低碳环保的运动方式。例如，鼓励学生选择步行、骑行等绿色出行方式前往运动场地，减少交通碳排放；推广一些低能耗的运动项目，如飞镖、太极等，让学生在锻炼身体的同时，也为环保贡献力量。

自然保护和生态修复。体育学科能助力学生认识自然资源的重要性，掌握生态修复与环境保护的方法。例如在野外徒步、露营等活动中，学生不仅要学习正确使用燃料和工具，避免对环境造成不必要的破坏，还可参与简单的生态修复实践，如在专业人员指导下种植小型植被、清理野外垃圾等，切身体会自然保护的意义和责任。

除了在野外活动中践行环保理念，体育比赛也是学生参与环保实践、深化生态文明认知的重要场景。

体育比赛中的环保实践。在体育比赛中，学生可了解运用环保材料和设备、在运动中保护环境的相关知识，例如在田径比赛中学会垃圾分类，保持场地干净整洁；在篮球、足球等球类比赛中，使用可回收、可降解的运动器材和场地设施，减少对环境的污染。通过参与体育比赛，学生将环保意识融入到竞技活动中，形成良好的环保习惯。

健康生活和可持续发展。体育学科有助于学生养成健康的生活方式，让学生明白在追求自身健康的同时，如何通过合理的生活习惯和行为选择来保护环境，例如正确使用健身设备和用品，避免资源浪费，在日常生活中践行节能减排等理念。学生通过体育学科的学习，不仅提升了身体素质，还树立了可持续发展的观念，将健康生活与环境保护紧密联系起来。

综上所述，体育学科课程内容与生态文明议题有很强的关联，通过体育学科的教育和实践，学生可以更好地了解和认识环境问题，推动生态文明教育的实施。

基于生态文明背景下的飞镖单元教学计划

一、单元基本信息

学科	体育与健康	实施年级	高中	设计者	刘宝吉
课程标准模块	体育与健康高中模块教学				
单元名称	飞镖项目第一单元				
单元课时	18 课时				

二、单元教学计划

1. 主题名称：飞镖基础入门
2. 主题概述及分析 飞镖运动是一项风靡全球的室内体育运动，是集趣味性、竞技性于一体的易于开展的休闲运动项目。飞镖技术简单易于掌握，不需要专门的场地和设施，且运动量适宜，不受年龄、性别的限制，经济实惠，

正逐渐被中国大众所接受。空闲时间扎扎飞镖，不仅可以舒展筋骨，消除疲劳，增强人们的身体协调能力，还能磨炼人的意志和提高心理素质，训练人的注意力、协调性和精巧性。

经过科学实验和数据统计分析，飞镖运动对青少年的专注力有显著提高作用，对视力也有非常积极有效的影响。

项目	教学内容	课时安排
飞镖	1．飞镖运动介绍	1 课时
	2．软、硬飞镖场地器材设置，投掷动作要领	3 课时
	3．软、硬式飞镖投掷（站立姿势、握镖方法及投镖）	6 课时
	4．软、硬式飞镖竞赛方法及裁判法	3 课时
	5．个人赛、双人赛、团体赛	5 课时

飞镖运动是一项全身心的运动，对经常在教室学习的同学有很好的健身效果，可以锻炼眼力。飞镖运动要求眼睛节奏性地瞄准、放松，对于放松眼睛、缓解眼肌疲劳有一定好处。

飞镖运动是一项竞技性、对抗性很强的运动，同时休闲性、娱乐性也很强，可以调整心理状态，提高心理素质。飞镖运动可提高神经精确控制肌肉的能力，这种能力到一定程度就不会再增长，高水平的投镖，能够将三支镖的落点控制在 1 cm^2 之内。

飞镖运动中主要参与和收缩的肌肉和关节有指、腕、肘、肩关节、三角肌、肱三头肌、腕、指部肌肉等，特别是对于一些平时很少锻炼的有肌肉群有训练作用。飞镖运动重技巧轻体力、更重心理素质，有对抗而无身体接触，技术精巧、细腻，特别适合学生。通过练习培养优秀选手，可参加外出比赛争取优异成绩。

3．主题学情分析

高中年级学生的速度素质正处在身体发育敏感期中的第一天窗期，协调性和有氧耐力素质正处于发展的黄金时期，在此阶段加强这些身体素质的练习，会起到事半功倍的效果，配合飞镖专项体能训练，促进飞镖技能掌握。

4．开放性学习环境

课程所需设备、材料、工具：镖机、镖盘、飞镖、飞镖教室。

采用教师讲解示范、学生练习、观看比赛录像以及组织各种形式的比赛等多元化学习方式。

5．单元学习目标

（1）通过本课的教学激发学生热爱体育的情感，提高学生参与飞镖活动的积极性。

（2）使学生初步掌握飞镖的握法、投掷方法，以及正确的身体姿势。

（3）培养学生的耐心及沉着、冷静地处理事务的良好习惯。

6．教学过程

课次	主题	学习内容	练习内容	教学比赛
1	飞镖运动介绍	1．飞镖运动起源介绍与发展 2．飞镖运动的特点、价值、礼仪	1．教师讲解示范 2．观看比赛视频 3．学生简单参与飞镖礼仪	飞镖常识测试
2	软、硬飞镖场地器材设置。投掷动作要领	1．硬式飞镖的靶心高度和投镖距离 2．了解投掷动作要领	1．利用 A4 纸画出硬式飞镖站位图 2．观看视频	硬式飞镖站位图　教师评价与学生间相互评价
3	软、硬飞镖场地器材设置。投掷动作要领	1．软式飞镖的靶心高度和投镖距离 2．了解投掷动作要领	1．利用 A4 纸画出软式飞镖站位图 2．徒手模仿	软式飞镖站位图　教师评价与学生间相互评价

课次	主题	学习内容	练习内容	教学比赛
4	软、硬飞镖场地器材设置。投掷动作要领	1．飞镖的构成 2．软硬式镖靶介绍 3．飞镖运动配件 4．了解投镖动作要领	1．利用 A4 纸画出硬式与软式镖靶 2．利用纸团等练习投镖	软、硬式飞镖镖靶图教师评价与学生间相互评价
5	软、硬式飞镖投掷。（站立姿势、握镖方法及投镖）	1．飞镖的握镖（二、三指法） 2．身体素质	1．徒手握镖练习 1～2 分钟 3～4 组 2．原地站立握镖练习 1～2 分钟 3 组 3．肩负杠铃半蹲 15～20 个一组，6 组	二、三握镖指法相互评价并给出分值
6	软、硬式飞镖投掷。（站立姿势、握镖方法及投镖）	1．飞镖的握镖（四、五指法） 2．身体素质	1．原地站立投镖练习 1～2 分钟 3～4 组 2．投镖后的投镖练习 1～2 分钟 3 组 3．仰卧起坐 30 个一组，6 组	四、五握镖指法相互评价并给出分值
7	软、硬式飞镖投掷。（站立姿势、握镖方法及投镖）	1．飞镖的站立姿势 2．身体素质	1．徒手站立姿势练习 1 分钟 3～4 组 2. 徒手站立平衡性姿势练习 1 分钟 3～4 组 3．俯卧“两头起” 10 个一组，5～7 组	飞镖的站立姿势相互评价并给出分值
8	软、硬式飞镖投掷。（站立姿势、握镖方法及投镖）	1．飞镖的站立姿势 2．身体素质	1. 徒手站立平衡性姿势练习 1 分钟 2～3 组 2. 选定站立姿势后的投镖练习 1 分钟 3～4 组 3．双杆臂屈伸 2～4 个一组，8 组	投掷游戏
9	软、硬式飞镖投掷。（站立姿势、握镖方法及投镖）	1．飞镖的投掷过程（了解飞镖的飞行轨迹） 2．身体素质	1．徒手练习 30 次 2．利用辅助工具进行练习 3．反应速度练习 15 个一组，8 组	反应抓物游戏
10	软、硬式飞镖投掷。（站立姿势、握镖方法及投镖）	1．飞镖的投掷过程（瞄准、后移、加速、释放、随势动作） 2．身体素质	1．利用辅助工具进行练习 3 个动作为一次共 10 次 2．完整投掷过程练习 3 个动作为一次共 20 次 3．预测反应练习 15 个一组，6～8 组	石头剪刀布反转练习
11	软、硬式飞镖竞赛方法及裁判法	1．软式飞镖 2．单倍区投镖 3．身体素质	1．了解竞赛的准则、争先、爆镖、记分等 2．“20”“19”“18”单倍区练习 5～7 分钟。 3．开合跳、抱膝跳、前后脚交换跳，15 个一组，3 组	投掷软式飞镖 20 单倍区比赛

课次	主题	学习内容	练习内容	教学比赛
12	软、硬式飞镖竞赛方法及裁判法	1. 软式飞镖 2. 单倍区投镖 3. 身体素质	1. 了解竞赛的准则、争先、爆镖、记分等 2. "17""16""15"单倍区练习 5～7 分钟。 3. 哑铃前平举、哑铃上举、哑铃侧平举，15 个一组，3 组	投掷软式飞镖 17 单倍区比赛
13	软、硬式飞镖竞赛方法及裁判法	1. 软式飞镖裁判法 2. 红心投镖 3. 身体素质	1. 了解赛事组织、编排、比赛流程等 2. 红心投镖练习 15～20 分钟 3. 卷腹、仰卧蹬三轮、鳄鱼爬行	投掷软式飞镖红心比赛
14	个人赛、双人赛、团体赛	1. 单倍区投镖与结镖 2. 红心投镖 3. 个人赛	1. 20、19、18、17、16 投镖与结镖练习 3～4 分钟 2. 红心练习 5～10 分钟计时 3. 单人 2 分钟内投掷 16～20 单倍区累计分值排名	单人投掷软式飞镖单倍区比赛
15	个人赛、双人赛、团体赛	1. 单倍区投镖与结镖 2. 红心投镖 3. 个人赛	1. 15、14、13、12、11 投镖与结镖练习 3～4 分钟 2. 红心练习 5～10 分钟计时 3. 单人 2 分钟内投掷 11～15 单倍区累计分值排名	单人投掷软式飞镖单倍区比赛
16	个人赛、双人赛、团体赛	1. 单倍区投镖与结镖 2. 红心投镖 3. 双人赛	1. 10、9、8、7、6 投镖与结镖练习 3～4 分钟 2. 红心练习 5～10 分钟计时 3. 双人自由组合 2 分钟内投掷 6～10 单倍区累计分值排名	双人投掷软式飞镖单倍区比赛
17	个人赛、双人赛、团体赛	1. 单倍区投镖与结镖 2. 红心投镖 3. 双人赛	1. 5、4、3、2、1 投镖与结镖练习 3～4 分钟 2. 红心练习 5～10 分钟计时 3. 双人自由组合 2 分钟内投掷 1～5 单倍区累计分值排名	双人投掷软式飞镖单倍区比赛
18	个人赛、双人赛、团体赛	1. 自主投镖 2. 团队赛	1. 自主练习单倍区 5～10 分钟 2. 红心练习 5～10 分钟 3. 4 人一组任选单倍投掷区进行比赛 2 分钟内累计分值排名	团队投掷软式飞镖单倍区比赛

7. 评价建议

（1）“舒尔特方格”专注力评价（20分）

舒尔特方格是全世界范围内最简单、最有效也最科学的注意力评价方法之一。在一张方形卡片上画上1 cm× 1 cm的25个方格，格子内任意填写上阿拉伯数字1～25。测试时，要求学生用手指按1到25的顺序依次指出其位置，同时诵读出声，教师在一旁记录所用时间。数完25个数字所用时间越短，注意力水平越高。

所有学生需要完成6组不同的方格测试，分别记录所用时间。

舒尔特方格评价分为两个维度，一个维度针对单次测试，依照《舒尔特方格评价标准对照表》进行独立评分；另一个维度针对两个学期前后两次测试的成绩提升幅度进行评价。

舒尔特方格001

14	1	23	15	5
3	25	10	16	18
4	7	20	21	2
19	9	22	17	24
13	11	8	6	12

舒尔特方格评分标准对照表

等级	优秀	良好	中等	及格
5～6岁	30秒内	30～40秒	40～48秒	55秒内
7～11岁	26秒内	26～32秒	32～40秒	45秒内
12～17岁	16秒内	16～18秒	19～23秒	24秒内
18岁以上	12秒内	13～16秒	17～19秒	20秒内

（2）体能评价

①平板支撑（10分）

学生俯卧在地板上，双肘弯曲，肩关节在肘关节上方，双脚并拢，用脚趾支撑。测试开始时，收紧腹部，抬高躯干，使头部、肩部、胯部和双腿成一直线，眼睛看向地面，此时，仅仅靠脚趾和前臂支撑身体重量，记录维持这一静止姿势的时间，以分、秒为单位。该测试用于评价学生身体核心肌群力量的发展水平。

男女生平板支撑评分标准对照表

分值	0	1	2	3	4	5	6	7	8	9	10
男生	30″以下	45″	1′	1′15″	1′30″	1′45″	2′	2′15″	2′30″	2′45″	3′
女生	30″以下	45″	1′	1′15″	1′30″	1′40″	1′50″	2′	2′10″	2′20″	2′30″

②闭眼单脚站立（10分）

测试时，学生自然站立，当听到“开始”口令后，闭眼并抬起任意一只脚，同时教师开表计时，当学生支撑脚移动或抬起脚着地时，教师停表。测试两次，取最好成绩，记录以秒为单位。闭眼单脚站立是通过测量人体在没有任何可视参照物的情况下，仅依靠大脑前庭器官的平衡感受器和全身肌肉的协调运动，来维持身体重心在单脚支撑面上的时间，以反映平衡能力的强弱。

男女生闭眼单脚站立评分标准对照表

分值	2	4	6	8	10
男	3″～5″	6″～17″	18″～41″	42″～98″	98″以上
女	3″～5″	6″～15″	16″～36″	37″～90″	90″以上

（3）基本技术评价

①靶心区密集度测试（10 分）

学生需投掷 5 轮，每轮 3 镖，共 15 镖。教师记录各镖命中的区域，不同区域得分不同，其中，命中红心区 5 分，命中单倍小区 4 分，命中三倍区 3 分，命中单倍大区 2 分，命中双倍区 1 分。学生掉镖不可重新投掷，命中的区域得分之和为该项考试的成绩。

靶心区密集度测试评分标准对照表

分值	0	4	5	6	7	8	9	10
密集度分数	40 以下	40～44	45～50	51～52	53～54	55～58	59～61	62 以上

②准确度测试（10 分）

学生需投掷 6 轮，每轮 3 镖，共 18 镖。教师可以制定起始分区和投镖方向，例如，学生从分区 1 开始顺时针投掷。每个分区命中 1 镖即得 1 分，命中后方可投掷下一个分区。

准确度评分标准对照表

分值	0	1	2	3	4	5	6	7	8	9	10
命中数量	0	1	2	3	4	5	6	7	8	9	10

③实战能力（20 分）

高分、301/501 赛赛季第一、二名 20 分，前三名 18 分，前八名 16 分，前十六名 14 分，前 32 名 12 分。

（4）基础知识考核（20）

飞镖单元基础知识考核试卷

单选题

1．下列叙述错误的是（　　）。

A．先有硬式飞镖，后发展出软式飞镖

B．在进行飞镖教学前首先要强化安全意识

C．现代飞镖盘上的分区系统，是布莱恩•甘林发明的

D．飞镖运动起源于美国

2．软式飞镖比赛若使用电子计分模式，当飞镖被镖盘弹回，坠落地面时，此镖分数应（　　）。

A．按电子计分，若电子计分未显示则不予计分

B．按电子计分，若电子计分未显示则重投

C．不予计分

D．重投

3．软式镖盘使用的主要材质为（　　）

A．塑胶

B．麻

C. 不锈钢
D. 碳纤维
4. 镖盘悬挂高度为（　　）m，是从内中心圆（红心）正中心点到地面的垂直高度，镖盘正面应垂直于地面。
A. 1.71
B. 1.72
C. 1.73
D. 1.74
5. 投镖线应为突起地面的金属、木质或塑料质地的规则线或板，其高度应为 0.03 m 以上，宽度为 0.6 m 以上，并与镖盘正面平行。在软式飞镖中，从镖盘内中心圆（红心）正中心点到投镖线中心点的最短对角线距离为（　　）m。
A. 2.93
B. 2.95
C. 2.97
D. 2.99
6. 在正式比赛中，一般不允许穿（　　）、短裤、拖鞋或凉鞋等不太正规的服饰。
A. 衬衫
B. 背心
C. T 恤衫
D. 长裤
7. 下列关于投镖动作的说法，有误的是（　　）
A. 肩部是投镖过程中唯一保持不动的部位
B. 肘部在投掷过程中应该保持自然垂直，不能左右摇摆
C. 手腕在投掷过程中起到的是连接作用，同时也为飞镖准确投掷到指定位置发挥关键作用
D. 在飞镖出手后，应立刻停止前臂运动或收回前臂
8. 飞镖运动兴起于（　　）
A. 威尔士
B. 英格兰
C. 苏格兰
D. 爱尔兰
9. 为丰富广大人民群众的体育生活，适应人们日益增长的体育需求，进一步推动《全民健身计划纲要》的贯彻落实，国家体育总局在（　　）正式批准将飞镖列为我国正式体育运动项目，并由国家体育总局社会体育指导中心负责飞镖的日常管理工作。
A. 1999 年 5 月 26 日
B. 1999 年 6 月 26 日
C. 1998 年 5 月 26 日
D. 1998 年 6 月 26 日
10. 飞镖运动是一项室内运动，基本不受季节和气候的影响，但对参赛者的着装有一定的要求，（　　）是不可以出现在正式的飞镖运动竞技场上的。
A. 有领衬衫或者有领 T 恤衫
B. 深色的长裤

C．正装皮鞋 D．深色的短裤
8．教学反思 本单元是针对无飞镖基础的初中年级学生，依据飞镖运动的特性和学生的具体需求，设置了简单的、比赛中常用的基本动作和练习方法，通过设置不同条件的运动场景组织学生进行学、练、赛。同时在教学过程中安排与基本动作相匹配的专项体能学练活动，帮助学生适应比赛中的心理波动，减少失误。 通过本单元的学习，学生可以循序渐进地参与简单比赛，有效促进运动能力、健康行为和体育品德的提升。
9．单元作业/测试 观看飞镖赛事直播或视频，了解其中外飞镖的文化差异，并尝试预判参赛选手的结镖方式。

五、学科实施生态文明教育的关键建议

融入生态文明教育理念。体育学科的教育内容应当贯穿生态文明教育理念，让学生了解到保护环境的重要性，培养他们的环保意识和责任感。

推广低碳环保运动。体育学科可以引导学生在运动中践行低碳环保理念，例如骑自行车、步行和使用环保运动器材等。

加强实践环节。通过组织体育活动、野外探险等实践环节，让学生切身感受环境问题，加深对环保的认识。

鼓励学生参与社区环保行动。体育学科可以联合社区环保组织，组织学生参与社区环保活动，如植树、清理垃圾等，让学生了解环保的实际行动和意义。

设计创新的生态文明课程。将生态文明理念融入现有课程，或开发新的生态文明课程，如生态足球、绿色田径等，让学生在学习体育技能的同时，了解环保知识和实践技能。

建立生态文明教育评估体系。建立科学的评估体系，对学生的环保知识掌握情况和环保实践能力进行评估，帮助学生和家长更好地了解和掌握环保教育的效果和质量。

通过以上关键建议的实施，可以有效提高体育学科生态文明教育的质量和效果，让学生在学习体育技能的同时，更好地了解和认识环保问题，培养他们的环保意识和责任感，为推动生态文明建设贡献力量。